AF546196

Bevölkerungsaustausch in Europa

1. Auflage Januar 2019
2. Auflage als Sonderausgabe August 2021
3. Auflage als Sonderausgabe November 2022
4. Auflage als Sonderausgabe September 2024

Umschlaggestaltung: Jennifer Hellwagner
Lektorat, Satz und Layout: Thomas Mehner, Helmut Kunkel

ISBN: 978-3-86445-843-9

Gerne senden wir Ihnen unser Verlagsverzeichnis
Kopp Verlag
Bertha-Benz-Straße 10
D-72108 Rottenburg
E-Mail: info@kopp-verlag.de
Tel.: (0 74 72) 98 06-10
Fax: (0 74 72) 98 06-11

Unser Buchprogramm finden Sie auch im Internet unter:
www.kopp-verlag.de

Hermann H. Mitterer

Bevölkerungsaustausch in Europa

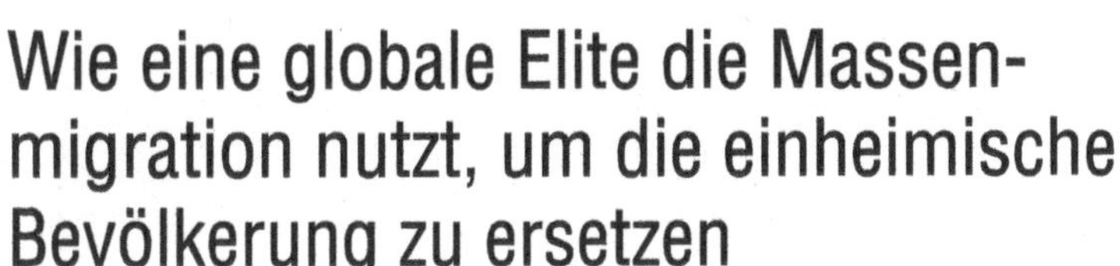

Wie eine globale Elite die Massenmigration nutzt, um die einheimische Bevölkerung zu ersetzen

KOPP VERLAG

Nicht Reichtum, nicht soziale Stellung, nicht akademische Bildung unterscheidet den Edlen vom Gemeinen. Es ist die Fähigkeit, die Bedeutung überzeitlicher Werte zu erkennen, und der Wille, zu ihrer Erhaltung persönliche Opfer und, falls erforderlich, das eigene Leben zu geben.

HERMANN H. MITTERER

Inhalt

Einleitung

Erste Gedanken

Noch vor Donald the President und Fake News ist wohl Massenmigration[1] *das* öffentliche Thema schlechthin. Zumindest seit dem Herbst 2015, als die deutsche Bundeskanzlerin Dr. Angela Merkel in Absprache mit dem damaligen österreichischen Bundeskanzler Werner Faymann am 4. September 2015 – kraft eigener Willkür und unter Inkaufnahme eklatanter Verstöße gegen geltendes Recht – die Masseneinwanderung nach Mitteleuropa beziehungsweise Europas Mitte[2] erst möglich machte.

Seither haben wir Masseneinwanderung und all ihre Folgen – vom Missbrauch des Asylrechts bis hin zu tagtäglich offenen Gewaltverbrechen, wie Vergewaltigungen, schwere Körperverletzungen, Totschlag etc. – in einem bis dahin unvorstellbaren Ausmaß erlebt. Diese Erscheinungen können ohne Übertreibung als Vorphase eines sich abzeichnenden Okkupationskrieges gesehen werden. Die immer häufiger werdenden Terroranschläge und die wiederholten militanten Unruhen und schweren Ausschreitungen zum Beispiel in Frankreich und Schweden, zuletzt im Februar 2017, sind anschauliche Beispiele dafür. Dies sind aber nur die offensichtlichen und für alle erkennbaren Konsequenzen der Migrationspolitik der EU-Politiker und ihrer Gehilfen in den diversen »nationalen« Regierungen. Die schleichende, aber massive Veränderung der Bevölkerungszusammensetzung mit all ihren Folgen für die gesellschaftliche Entwicklung, wie etwa der Verfall der inneren Sicherheit bis hin zur Zerstörung der Grundlagen der rechtsstaatlichen und demokratischen Verfasstheit unserer europäischen Staaten, wird von vielen entweder nicht erkannt oder aus ideologisch-politischen und/oder psychologisch-manipulativen Gründen verdrängt oder bestritten.

Darüber hinaus vermisst man jedoch sehr nachhaltig die Fokussierung auf jene Personen, Organisationen und Institutionen, die all dies erst ermöglichen und daher zu verantworten haben. Denn Massenmigration über geografisch weite Strecken hinweg ist nicht möglich ohne entsprechende organisatorische, materielle, finanzielle und vor allem mediale, propagandistisch-manipulative Unterstützung aus den Zielländern der Migration.

Angesichts dieser Fakten und der völlig unbrauchbaren Aktivität vonseiten der EU-Eliten stellt sich die Frage: Sind diese Leute alles Dummköpfe und Versager, oder haben sie andere Pläne? Dienen sie anderen Herrn?

Um diese Fragen beantworten zu können, muss man nun die tatsächliche Entwicklung – die Fakten und Zahlen – mit den wahrhaftigen Plänen und Handlungen der EU-Gremien und anderer migrationsaffiner Akteure vergleichen. So begrenzt und beispielhaft dies hier naturgemäß nur geleistet werden kann, so erhellend ist jedoch das Ergebnis.

In diesem Kontext ist auch die Informationskampagne »Familie Deutschland« aus dem Jahr 2001 (!) der BRD-Regierung ein möglicher Hinweisgeber. Im Zuge dieser Kampagne bewarb die Regierung der BRD mit Hochglanzbildern die multiethnische »Familie Deutschland«.[3] Die in diesen Bildern offensichtliche staatliche »Werbung« für multiethnische Familien wirft im Zusammenhang mit der seit Jahren ablaufenden Masseneinwanderung Fragen wie die folgenden auf:

- Warum sieht eine BRD-Regierung die Zukunft des Landes in einer ethnisch-kulturell gemischten Familie?
- Weshalb wird eine individuelle Partnerwahl außerhalb des eigenen Kulturkreises ganz offen politisch beworben?
- Wieso ist Europa eigentlich unfähig, seine Grenzen zu schützen?
- Gibt es hier einen Zusammenhang zwischen der politisch gesteuerten Werbung für eine multiethnische Familie und einem offensichtlichen und vollkommenen Versagen derselben politischen Akteure, die Masseneinwanderung zu unterbinden?

Nachfolgend wird aufgezeigt, dass die Entwicklung der Masseneinwanderung mit ihrem Zwischenhöhepunkt 2015 und die damit verbundene massive Veränderung der Bevölkerungszusammensetzung nicht zufällig geschehen sind. Im Gegenteil: Dahinter stehen ganze Ideengebäude und konkrete Konzepte, verbunden mit klaren Absichten – und das nicht erst seit 2015!

Ganz offensichtlich geht es um einen Vernichtungskrieg gegen die Völker Europas und letztlich gegen die Völker der ganzen Welt. Die Massenmigration als Manifestation des Globalismus,[4] des Internationalismus und des Multikulturalismus[5] ist wohl die größte Bedrohung des Weltfriedens und damit der Menschheit.

Um mit den Worten von Václav Klaus, dem ehemaligen Präsidenten der Tschechischen Republik (2003–2013), zu sprechen: Es handelt sich bei dieser tolerierten und, wie wir noch sehen werden, umfangreich geförderten Masseneinwanderung um ein »gigantisches soziales Experiment«[6] im Rahmen der »üblichen linken Sozialutopien«[7] und der »selbstmörderischen Ideologie des Multikulturalismus«[8].

Oder wie es Friederike Beck nennt: Es ist der Weg in die »grenzenlose Welt« der »totalen Migrationsgesellschaft«, ohne Nationalstaaten, ohne Grenzen und mit dem »free flow« von Menschen und Dienstleistungen.[9]

Die Netzwerke und die Akteure in diesem zerstörerischen »Spiel« sind mannigfaltig, zahllos und sehr mächtig. Jeden dieser Teilaspekte zu behandeln könnte Bücher füllen! Hier können nur einige wichtige Personen, Organisationen, Pläne etc. aufgezeigt werden. Aufgrund der Komplexität wird auch gar nicht der Anspruch auf Vollzähligkeit erhoben. Die Zielsetzung ist vielmehr, sich der Tragweite der Thematik an sich bewusst zu werden. Nur eine klare Analyse kann zeigen, wo der tatsächliche Feind der gewachsenen Völker Europas und der Welt steht. Sonst kann es leicht passieren, dass man die Falschen, zum Beispiel die Migranten, die letztlich auch nur Manipulationsmasse in diesem zynischen Machtspiel sind, beschuldigt und ins Visier nimmt.

Die Problematik des Bevölkerungsaustauschs ist spätestens 2016 im Mainstream angekommen. Dies zeigt ein von Martina Salomon stammendes Zitat aus der österreichischen Zeitung *Kurier* vom 30. Januar 2016:

> Die Arbeitslosenzahlen nähern sich beängstigend schnell der halben Million. Wir sind also längst kein Vorzeigeland mehr, obwohl die Sozialausgaben mittlerweile höher als in Schweden und jedenfalls weit über dem OECD-Schnitt liegen. […] Es ist nicht einmal mehr sicher, dass wir ein christlich geprägtes Land sind, in dem man Deutsch spricht. Bei so mancher U-Bahn-Fahrt in Wien wird man eines Besseren belehrt.[10]

Hier trifft sich Salomon wohl mit der US-amerikanischen Politikwissenschaftlerin Kelly M. Greenhill[11], wenn diese meint:

> Ein Flüchtling ist etwas Besonderes,
> zehn Flüchtlinge sind langweilig,
> hundert Flüchtlinge eine Bedrohung.[12]

Bezüglich der gegenständlichen Thematik dürfte dies wohl ein richtungsweisender Gedanke sein. Als ein weiterer richtungsweisender Gedanke hinsichtlich der Planbarkeit eines Bevölkerungsaustauschs durch die (große) Politik muss wohl ein bekanntes Zitat erwähnt werden, das dem US-Präsidenten F. D. Roosevelt zugeschrieben wird:

> In der Politik geschieht nichts zufällig. Wenn etwas geschieht, dann kann man sicher sein, dass es auch auf diese Weise geplant war![13]

Diese beiden Klarstellungen sind auch deshalb so wichtig, da besonders in Bezug auf die »Flüchtlingswelle« von Wirtschaft und Politik sowie über Medien und Sozialwissenschaft bis hin zu Vertretern der katholischen Kirche und protestantischer Glaubensgemeinschaften oft so getan wurde und wird, als sei diese »völlig überraschend über uns hereingebrochen« und überhaupt kein Problem, sondern bestenfalls eine »Herausforderung« (O-Ton Merkel: »Wir schaffen das!«). Aber war das wirklich alles überraschend? Ist das wirklich alles kein Problem?

Massenmigration: eine überraschende Entwicklung?

Für den Präsidenten des Bundesverbandes der Deutschen Industrie e.V., den deutschen »Chef der Chefs«, Ulrich Grillo,[14] war im Jahr 2014 – also noch vor der Masseneinwanderungswelle 2015 – schon klar, dass die BRD »Flüchtlinge« benötigt. So erklärte er im Dezember 2014 gegenüber der *dpa*:

> Wir sind seit langer Zeit ein Einwanderungsland und wir müssen es bleiben. […] Als Wohlstandsland … muss unser Staat sich zugestehen, mehr Flüchtlinge aufzunehmen.

Und weiter:

> Ich distanziere mich sehr deutlich von den Neonazis und den Rassisten, die sich in Dresden und anderswo versammeln.

Schließlich ganz im Stile der üblichen Argumentation:

> In Anbetracht der demografischen Entwicklung stellen wir durch die Einwanderung das Wachstum und den Wohlstand sicher.[15]

Also zumindest für den »Chef« der BRD-Wirtschaftstreibenden waren sogenannte Flüchtlinge schon im Jahr 2014 keine unangenehme Überraschung, sondern als »existenzsichernde Einwanderer« eine Überlebensfrage und daher mehr als erwünscht.

In dieses Horn bliesen auch all jene, die zumindest ab 2015 nicht nur von »Asyl« und »Hilfe« für die »Flüchtlinge« sprachen und schrieben, sondern in diesem Zusammenhang ständig und sofort Formulierungen wie »rasche Integration«, »Arbeit finden«, »eine neue Heimat schenken« etc. gebrauchten.

Ein beredtes Beispiel für die von vielen Seiten ausgesprochen positive und offenbar wohlvorbereitete Stimmung der »Willkommenskultur« stellt ein Schreiben des Erzbischofs von Salzburg, Franz Lackner, an Pfarrgemeinderäte der Erzdiözese dar. Unter anderem schrieb er dort:

> Setzen wir unsere Kräfte ein, um Menschen, die in unserem Land Zuflucht suchen, eine neue Heimat zu schenken.[16]

Bedenkt man nun die Definition von »Asyl«, dann ist »eine neue Heimat schenken« ein zumindest erklärungsbedürftiger Umstand. Denn »Asyl« ist per Definition auf zeitliche Begrenztheit angelegt und nicht auf Sesshaftwerdung![17] Daher ist auch »Asyl auf Zeit« ein politischer Kartenspielertrick und eine bewusste Irreführung der ansässigen Bevölkerung.

Darüber hinaus verpflichtet die Genfer Flüchtlingskonvention keinen Unterzeichnerstaat zur Aufnahme von Flüchtlingen![18] Gemäß internationalem Recht muss man Kriegsflüchtlingen nur so lange Schutz gewähren, bis sie wieder in ihre Heimatländer zurückkehren können. Es besteht daher keine wie auch immer geartete Verpflichtung, sie zu »integrieren«, ihnen eine »neue Heimat zu schenken« oder sie als »Neubürger« und »Neusiedler« zu begrüßen.[19]

Alle diese sofort verfügbaren Argumentationsmuster und Begrifflichkeiten sowie ihr koordiniertes Auftreten lassen wohl eher auf eine hoffnungsvolle Erwartung einer »Flüchtlingswelle« schließen denn auf eine Überraschung.

Auch der bekannte und zu Jahresbeginn 2017 leider viel zu früh verstorbene Buchautor und Journalist Udo Ulfkotte weist in seinem Buch *Die Asylindustrie* klar nach, dass die Behauptung, man habe diese Flüchtlingswelle nicht sehen können, eine glatte Lüge ist. Er wies dies unter anderem anhand zahlreicher einschlägiger *Spiegel*-Titelgeschichten nach, so zum Beispiel:[20]

- 1980 | »Die Ausländer – Asyl Deutschland« – »Ausländerwelle: Der Missbrauch durch Wirtschaftsflüchtlinge gefährdet den Bestand des Asylrechts.« [...] »Fazit: Die Bundesrepublik wurde gewissermaßen zum Selbstbedienungsladen für Asylbewerber.«
- 1986 | »Grenzen zu für Asylanten?« – »... alles klauen die [Asylanten] sich aus den Supermärkten.« Bei den Asylanten wird eine »deutlich höhere Kriminalität als bei den ortsansässigen Ausländern« festgestellt.
- 1991 | »Ansturm der Armen« – »Fast jeder ... der partout in Deutschland bleiben will und sich dabei einigermaßen clever anstellt, schafft das auch. Die Möglichkeiten, einer Abschiebung zu entgehen, sind aufgrund des Missmanagements der Ausländerbehörde und der Liberalität der Ausländergesetzgebung nahezu unbegrenzt. [...] die begehrte Sozialhilfe gleich mehrfach zu kassieren – ein Delikt, das sich vielerorts zu einem Massenphänomen zu entwickeln scheint ...«
- 1992 | »Asyl – Die Politiker versagen«.

Ulfkotte verweist darauf, dass man diese Auflistung Jahr für Jahr fortsetzen könnte und dass seit mehr als einer Generation bekannt ist, dass immer mehr Asylbewerber aus der Dritten Welt nach Europa kommen wollen.[21]

Auch der Historiker und Buchautor Walter Laqueur wies bereits 2006 den »Überraschungseffekt« zurück, indem er ausführte:

> Spätestens in den ausgehenden 1980er-Jahren läuteten die Alarmglocken bei den Experten für Demografie! Doch solche Warnungen wurden weder von der Politik noch von der Öffentlichkeit ernst genommen. Dazu kamen Millionen neuer Einwanderer aus Asien, Nahost und Afrika. Und im Gegensatz zu den Zuwanderern aus den 1950er-Jahren, die meist aus europäischen Staaten kamen (Italien, Spanien, Portugal, Jugoslawien), hatten und haben diese Einwanderer kein Verlangen, sich in die europäischen Gesellschaften zu integrieren![22]

Aber nicht nur Buchautoren und Historiker verwiesen und verweisen immer wieder auf die Problematik der Masseneinwanderung. Natürlich war diese Herausforderung auch der Politik bereits sehr lange bekannt. So war der BRD-Regierung schon lange klar, dass besonders aus Afrika ein enormer Migrationsdruck besteht!

Denn bereits 2010 wies das Bundesamt für Migration und Flüchtlinge in seinem »Forschungsbericht 7« mit dem Titel *Vor den Toren Europas? Das Potenzial der Migration aus Afrika* auf den aus mehreren Gründen steigenden Migrationsdruck in Richtung Europa hin![23]

Der britische Premierminister David Cameron sprach 2013 von einer »neuen Völkerwanderung« und warnte vor einem »Sozialleistungstourimus«[24].

Natürlich war das alles auch der EU-Kommission bekannt. So gab sie in ihrem *The 2015 Ageing Report,* der im August 2014 veröffentlicht wurde, Folgendes bekannt:

> Insgesamt hat sich die durchschnittliche jährliche Netto-Einwanderung in die EU mehr als verdreifacht; von circa 198 000 pro Jahr während der 1980er-Jahre auf circa 750 000 pro Jahr während der 1990er-Jahre. [...] Zu Beginn der 2000er-Jahre stiegen die Netto-Migrationsströme nach Europa deutlich an und erreichten im Jahr 2003 die Höhe von 1,8 Millionen. Danach pendelte sich der Zustrom auf einem Niveau von 1,5 Millionen oder etwas darüber ein, bis er in den Jahren 2009–2011 auf 700 000 abfiel. In den vorangegangenen 2 Jahren ist er wieder angewachsen und erreichte 2013 mit 1,67 Millionen ein Vorkrisenniveau.[25]

Schon Jahre vorher, 2010, hieß es in der vertraulichen internen Analyse *The Joint Report by Europol, Eurojust, and Frontex on the State of International Security in the EU* mit Stand Mai 2010, dass jedes Jahr circa 900 000 illegale Migranten in die EU kämen![26]

Es verwundert daher nicht, dass die EU-Kommission mit dem damaligen libyschen Staatschef Gaddafi zusammenarbeitete, um den Zustrom der Illegalen zu begrenzen. Sie investierte bis 2011 circa 50 Millionen Euro in einschlägige Projekte und erkannte damit an, dass die Migration eine riesige Herausforderung für die EU und ihre Mitgliedstaaten war beziehungsweise ist. Doch schon damals fehlte in der Europäischen Union ganz offenkundig der politische Wille, die Massenzuwanderung erfolgreich zu be- oder zu verhindern.[27]

Und natürlich war auch den politisch Verantwortlichen in Österreich die Lage bekannt. So titelte die Tageszeitung *Die Presse* am 6. Juli 2011 auf Seite 1:

> Zuwanderung steigt: 114 000 kamen 2010. Die sorgenvolle Miene von Integrationsstaatssekretär Sebastian Kurz verrät: Die Statistiken im Migrationsbericht zeigen Handlungsbedarf auf.[28]

Es könnten noch viele weitere Beispiele angeführt werden. Doch eines zeigen schon diese wenigen ganz klar auf, nämlich, dass von einer »überraschenden Entwicklung« weder im Jahr 2015 noch vorher und schon gar nicht heute sachlich korrekt gesprochen werden kann. Der US-Historiker und Publizist deutsch-jüdischer Herkunft Walter Ze'ev Laqueur brachte es 2006 zusammenfassend auf den Punkt:

> Somit hätte allen, spätestens ab der Jahrtausendwende, klar sein müssen, dass sich Europas Gesicht und Charakter verändert und auf eine existenzielle Krise zusteuert. Denn der Multikulturalismus hatte sich damals schon als »große Enttäuschung« erwiesen.[29]

Auch der sonst so migrationsaffine Milliardär und Börsenspekulant George Soros, dem in diesem Buch ein eigener Abschnitt gewidmet ist, meinte im September 2015:

> Der Exodus aus dem kriegsgeschüttelten Syrien hätte nie zu einer Krise werden müssen. Er war schon seit Langem abzusehen, leicht prognosti-

> zierbar, und Europa sowie die internationale Gemeinschaft hätten ihn durchaus bewältigen können.[30]

Umso überraschender ist es aber, dass eine »anerkannte Fachfrau« wie die Siegener Politologin Sigrid Baringhorst im August 2015 auf die Frage, ob das Flüchtlingsthema von der Politik unterschätzt worden sei, antwortete:

> Niemand konnte das Ausmaß vorhersehen.[31]

Baringhorst war damals laut der Website ihrer Universität »Vorsitzende des Forschungsbeirats des Bundesamts für Migration und Flüchtlinge«, Sprecherin des »Arbeitskreises Migrationspolitik« in der Deutschen Vereinigung für Politikwissenschaft und »Vertrauensdozentin« der zur SPD gehörenden Friedrich-Ebert-Stiftung. Außerdem gab bzw. gibt sie Interviews als Expertin für Migrationsströme.[32]

Wenn solche »ExpertInnen« unsere Politiker beraten, kann man dann wirklich die Politiker noch zur Verantwortung ziehen? Oder ist es nicht vielmehr so, dass solche »ExpertInnen« nur noch den Entscheidungen der Politik eine pseudowissenschaftliche Rechtfertigung verschaffen?

Dies kann hier nicht geklärt werden. Aber was hier geklärt werden soll, ist die Frage, ob die politischen Eliten nicht schon immer andere als rein humanitäre und philanthropische Pläne mit der Massenmigration verfolgten, wie es zum Beispiel Václav Klaus andenkt und äußert.[33] »Überrascht« wurde jedenfalls niemand! Wenn überhaupt, dann nur der uninformierte und lethargische »Bürger«.

Hypothese und Forschungsfragen

Um die Frage der Hintergründe, Ziele, Akteure etc. zu klären, wird hier folgende Hypothese vertreten:

> Die Masseneinwanderung wird von politischen Eliten[34] als Mittel des Bevölkerungsaustauschs eingesetzt.

Die Zielsetzungen, die mit dem »Mittel« Massenmigration verbunden sind, können mannigfaltig sein, so zum Beispiel:

- innenpolitisches Herrschaftsinstrument nach der Strategie *divide et impera,*
- Destabilisierung nationaler Gesellschaften aus geopolitischen Gründen, um etwa die Transatlantic Trade and Investment Partnership (TTIP) doch noch zu ermöglichen,
- Verhinderung der Achse Berlin–Moskau (vgl. Friedman, S. 64-66),
- generelle Absenkung des Lebensstandards oder
- Erhöhung des Drucks auf die Arbeitnehmer etc.

Der Fantasie sind hier ja leider keine Grenzen gesetzt.

Um diese Hypothese zu überprüfen, wird folgenden (forschungsleitenden) Fragen nachgegangen:

① Was versteht man unter dem Begriff »Bevölkerungsaustausch«?
② Gibt es diesen Bevölkerungsaustausch in der Realität wirklich und kann man ihn anhand von Fakten nachweisen?
③ Wenn es denn so etwas gibt, wer könnte Interesse daran haben, und was könnten die Ziele sein?
④ Interessen und Ziele sind eine Sache, aber kann man Massenmigration zur Nutzung eigener Interessen und Ziele überhaupt erzeugen und lenken?
⑤ Wenn es diesen Bevölkerungsaustausch durch gezielte Masseneinwanderung gibt, warum stellen sich dann »unsere« Eliten zum Schutze ihrer Völker nicht dagegen?

Wenden wir uns zu Beginn zwei Begriffen zu, deren Klärung für das Verständnis der Argumentation wichtig ist.

1. Bedeutung zentraler Begriffe

Eliten

»Eliten« werden hier in Anlehnung an den deutschen Soziologen Michael Hartmann verstanden als

> … jener Teil der Menschen, der national, aber auch grenzübergreifend und global aufgrund seiner Ressourcen und Machtstellungen in der Lage ist, maßgeblichen Einfluss auf gesellschaftliche Entwicklungen zu nehmen und wesentliche gesellschaftliche Entscheidungen zu treffen. Darunter fallen zum Beispiel Topmanager großer Unternehmen, Spitzenpolitiker, hohe Verwaltungsbeamte usw.[35]

Der Fokus hier liegt im Wesentlichen auf den Politikern.

Flüchtlinge & Co.

Jedem vernünftigen Menschen ist klar: Soll Kommunikation gelingen, muss man sich über den Sinngehalt der verwendeten Begriffe im Klaren sein beziehungsweise sich darüber verständigen. Denn die teilweise absichtliche Belegung ein und desselben Wortes mit unterschiedlichen Bedeutungen und Inhalten ist wohl einer der Hauptgründe für die häufigen »Missverständnisse« und Manipulationen in der heutigen Zeit. Die immer wieder beklagte »Komplexität« der Welt wäre wohl nur halb so groß, wenn nicht mit subtilen Begriffsumdeutungen bis hin zu bewusster Begriffsverwirrung gearbeitet würde.

Dass dies nicht immer nur ein »Missverständnis« ist, ist vielen schon bewusst. Denn Sprache ist ein Machtinstrument, mit dem man Bewusstsein schafft. Verfügt man über die politische Deutungshoheit und die mediale Macht, kann man mit Sprache das reale Verhalten von Menschen steuern.[36]

Nirgends hat sich das deutlicher gezeigt als in den Wochen des Sommers und Herbstes 2015 mit der öffentlich medial dargebotenen Masseneinwanderung. Begriffe wie »Migranten«, »Flüchtlinge«, »Asylanten«, »Asylbewerber«, »Schutzsuchende«, »hilfesuchende Fremde«, »Asyl auf Zeit« wurden inflationär verwendet und in ihrem realen sachlichen Bezug regelrecht auf den Kopf gestellt.

Zu Beginn haben Hauptstrommedien von »Asylanten« beziehungsweise »Asyl« gesprochen, um angesichts der unerhörten Anzahl dann rasch auf »Flüchtlinge« umzuschwenken. Da diese Begriffe aber nach internationalem Recht klar definiert sind und nur auf einen geringen Teil der Masseneinwanderer anwendbar waren und sind, einigte man sich rasch auf neue Bezeichnungen, wie zum Beispiel »Schutz- und Hilfesuchende«. Diese Begrifflichkeit hat mehrere Vorteile:

- Da dieser Begriff international nicht definiert ist, kann man jedes und alles »hineinpacken«, denn »Schutz und Hilfe« braucht schnell mal jemand.
- Darüber hinaus wird klar an die Hilfsbereitschaft der Menschen appelliert. Denn wer würde einem Schutz- und Hilfesuchenden die Unterstützung verwehren?

Also klassischer Neusprech nach George Orwell: Emotional positiv belegte Begriffe werden mit anderen Inhalten befüllt.

Schaffen wir also Klarheit!

Flüchtlinge: Artikel 1 der Genfer Flüchtlingskonvention definiert einen »Flüchtling« als

> ... Person, die sich außerhalb des Landes befindet, dessen Staatsangehörigkeit sie besitzt oder in dem sie ihren ständigen Wohnsitz hat und die wegen ihrer Rasse, Religion, Nationalität, Zugehörigkeit zu einer bestimmten sozialen Gruppe oder wegen ihrer politischen Überzeugung eine wohlbegründete Furcht vor Verfolgung hat und den Schutz dieses Landes nicht in Anspruch nehmen kann oder wegen dieser Furcht vor Verfolgung nicht dorthin zurückkehren kann. Ein Flüchtling hat das Recht auf Sicherheit in einem anderen Land.[37]

Dies bedeutet: Wer bereits beschützt/sicher ist – Stichwort »sicheres Drittland« –, ist kein Flüchtling mehr. Dies trifft auf die überwiegende Mehrzahl der Masseneinwanderer zu.

Unter »Asyl« versteht die UNO:

> … einen Zufluchtsort, der Schutz vor Gefahr und Verfolgung und die temporäre Aufnahme der Verfolgten bietet. Wirtschaftliche Not, Naturkatastrophen, Krieg oder Armut werden nicht als Fluchtgründe im Sinne des internationalen Asylrechts anerkannt. Den zum Beispiel durch Krieg vom Tode bedrohten Menschen kann jedoch ein zeitweiliger »subsidiärer Schutz« gewährt werden, etwa für die seit 2011 vom andauernden syrischen Bürgerkrieg betroffenen Menschen.[38]

Um die tatsächliche Dimension zu verdeutlichen: Laut dem italienischen Innenministerium lag die Anerkennungsquote von Flüchtlingen im Jahr 2016 bei 5,3 Prozent![39]

Die Zuerkennung des Status »Flüchtling« und/oder »Asylant« ist eine rein nationale politische Entscheidung.[40] Wir erkennen klar: Die Entscheidung im Sinne der Ermöglichung der Masseneinwanderung hinter einer angeblich »alternativlosen« (O-Ton Merkel) »humanitären Verpflichtung einer gesellschaftlichen Gruppe«[41] zu verstecken ist eine Lüge und eine hochgradige Manipulation. Denn auch im Laufe des Jahres 2017 hat sich die Situation nicht geändert, und die Dokumentenlage ist eindeutig: Die meisten der sogenannten »Flüchtlinge« entsprechen gemäß gültiger UN-Definition nicht diesem Status.

Von den rund 120 000 Asylbewerbern, die 2017 in Italien ankamen, stammt die überwiegende Mehrzahl aus Nigeria, Guinea, der Elfenbeinküste, Bangladesch, Mali, Eritrea, Tunesien, Marokko und dem Senegal. Es handelt sich mehrheitlich um junge Männer, die aus wirtschaftlichen Gründen gekommen sind.[42] Da wirkt es dann wie blanker Hohn und dreiste Manipulation, wenn Merkel im September 2015 meinte:

> Das Grundrecht auf Asyl für politisch Verfolgte kennt keine Obergrenze; das gilt auch für die Flüchtlinge, die aus der Hölle eines Bürgerkriegs zu uns kommen.[43]

Ein Migrant verlässt seine Heimat üblicherweise freiwillig, um seine Lebensbedingungen zu verbessern. Sollte er zurückkehren, genießt er weiterhin den Schutz seiner Regierung. Flüchtlinge hingegen fliehen vor drohender Verfolgung und können unter den bestehenden Umständen nicht in ihr Heimatland zurückkehren.[44]

Flüchtlinge haben einen gewissen Entscheidungsspielraum in der Wahl ihres Zielorts. Im Gegensatz dazu sind Migranten, denen die Staatsorgane den Zielort vorgeschrieben haben, sogenannte »Zwangsumsiedler«. Dabei handelt es sich oft um eine »Bevölkerungsumsiedlung«, das heißt eine von den Staatsorganen erzwungene und/oder organisierte Kollektivwanderung. Eine solche Umsiedlung führt bisweilen zu einem »Bevölkerungsaustausch« zwischen Staaten beziehungsweise zu einer »Ethnomorphose«.[45,46]

Als Beispiele für solche Formen von Bevölkerungsaustausch können gelten:

① Griechenland und Bulgarien hatten im Vertrag von Neuilly-sur-Seine im Jahr 1919 einen Bevölkerungsaustausch vereinbart.[47]
② Der zwischen Griechenland und der Türkei am 30. Januar 1923 vereinbarte Bevölkerungsaustausch war Teil des Vertrags von Lausanne. Der Vertrag hieß: »Konvention über den Bevölkerungsaustausch zwischen Griechenland und der Türkei«.[48]
③ Die Verschleppung von acht ganzen Völkern in der Zeit von 1941 bis Ende 1944 in der UdSSR im Auftrag Stalins, der mindestens 500 000 Menschen zum Opfer fielen, kann wohl auch zur Rubrik Bevölkerungsaustausch gezählt werden.[49]
④ Auf der Potsdamer Konferenz im Sommer 1945 wurde die »Überführung« der im Osten des Deutschen Reiches und in anderen Ländern wohnenden Deutschen beschlossen. Man einigte sich grundsätzlich auf einen Bevölkerungsaustausch als Mittel der politischen Konfliktlösung. Bei den Vertreibungen wurden bis 1947 etwa 3 Millionen Deutsche aus den Oder-Neiße-Gebieten und insgesamt etwa 6,9 Millionen »transferiert«.[50] Alles in allem wurden 13 bis 15 Millionen Deutsche aus den Ost- und Südostgebieten vertrieben und dabei mehr als 2 Millionen ermordet.[51]

Für mächtige Politiker jener Zeit, wie es etwa Churchill oder Beneš waren, aber auch für den Völkerbund, galt Bevölkerungsaustausch als Paradigma für die friedliche Lösung ethnischer Konflikte.[52] Man kann daran gut ersehen, dass damals das Hin- und Herschieben von Menschen(massen) keine außergewöhnliche Maßnahme war, von der man aus moralischen Gründen abgesehen hätte.

Auch der akademisch-wissenschaftlichen Welt war, bevor sie sich durch die Political Correctness in ihrer Zuverlässigkeit selbst relativierte, die Tatsache eines Bevölkerungsaustausches sehr wohl bewusst. So hat die deutsche Anthropologin und Hochschullehrerin Ilse Schwidetzky[53] den Begriff »Einvolkung« und damit »Bevölkerungsaustausch« (Ethnomorphose), wie er hier verstanden wird, folgendermaßen auf den Punkt gebracht:

> Mit der Einschmelzung Fremder ändern die Völker Gestalt und Wesen. Das Erbgut der einst Fremden, das im neuen Volkskörper kreist, wirkt nunmehr mit an der Variabilität der körperlichen sowohl wie der seelischen Merkmale der Gruppe, von den groben Kennzeichen des äußeren Erscheinungsbildes bis zu den feinsten Charakterzügen und Hochleistungen. [...] Dieser Wandel durch Einvolkung Fremder kann so weit gehen, dass im Laufe der Geschichte der biologische Inhalt, der einem Volksnamen mit aller damit verbundenen Tradition entspricht, ein völlig anderer wird.[54]

Im nächsten Kapitel wenden wir uns nun den Fragen zu: Gibt es den Bevölkerungsaustausch, die Ethnomorphose, in Europas Mitte in der Realität wirklich? Kann man dies anhand von Fakten nachweisen?

2. Bevölkerungsaustausch: Zahlen, Fakten, Daten

Unter »Bevölkerungsaustausch« ist im Sinne der obigen Ausführungen eine gravierende Änderung der bisherigen Bevölkerungszusammensetzung zu verstehen. Nachfolgend wird überprüft, ob dies mit Zahlen und Daten belegt werden kann.

Ausgewählte Fakten der Entwicklung

Der United Nations High Commissioner for Refugees (UNHCR) veröffentlicht jedes Jahr am 20. Juni die aktuellen Weltflüchtlingszahlen.[55] Dem UNHCR-Report Weltflüchtlingszahlen 2014 ist zu entnehmen:

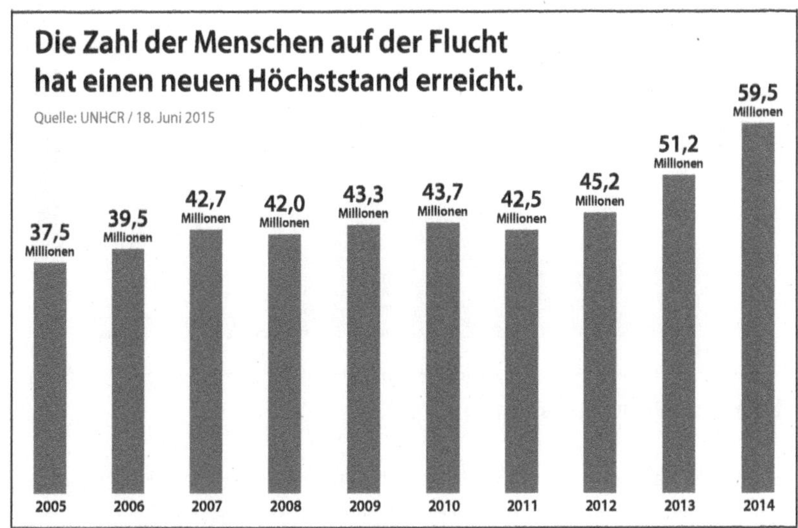

Abb. 1: Weltflüchtlingszahlen 2014[56]

Die Zahl der Menschen, die vor Krieg, Konflikten und Verfolgung fliehen, war noch nie so hoch wie heute. Ende 2014 waren knapp 60 Millionen Menschen weltweit auf der Flucht. Im Vergleich dazu waren es ein Jahr zuvor 51,2 Millionen Menschen, vor zehn Jahren 37,5 Millionen Menschen. Die Steigerung von 2013 auf 2014 war die höchste, die jemals im Laufe eines Jahres von UNHCR dokumentiert wurde.[57]

Der Website *UNO-Flüchtlingshilfe – Deutschland für den UNHCR* kann man unter dem Punkt »Zahlen & Fakten« Folgendes entnehmen:

> Die Zahl der Menschen, die vor Krieg, Konflikten und Verfolgung fliehen, war noch nie so hoch wie heute. Ende 2015 waren 65,3 Millionen Menschen weltweit auf der Flucht. Dies ist die höchste Zahl, die jemals von UNHCR verzeichnet wurde. Im Vergleich dazu waren es ein Jahr zuvor 59,5 Millionen Menschen, vor zehn Jahren 37,5 Millionen Menschen.[58]

So geht es auch im UNHCR-Bericht *Global Report 2016* weiter:

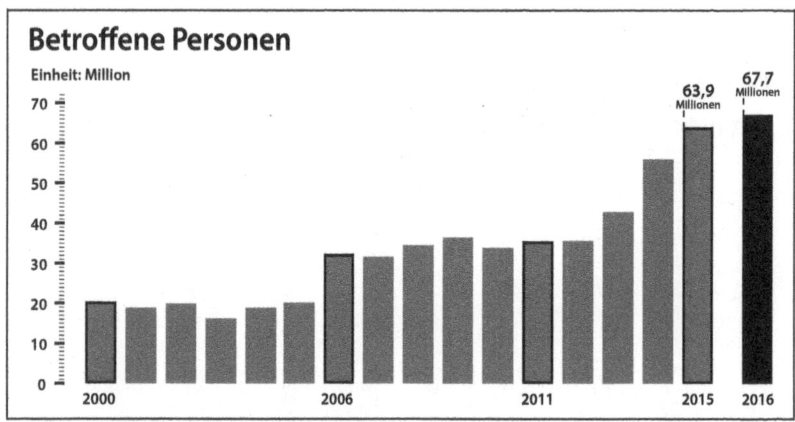

Abb. 2: Weltflüchtlingszahlen 2016[59]

> Die Anzahl der weltweit Verfolgten betrug Ende des Vorjahres 63,9 Millionen Menschen, das höchste jemals verzeichnete Niveau.[60]

Mit dem Ende des Jahres 2016 waren es bereits 67,7 Millionen, also 3,8 Millionen Menschen mehr als 2015.[61]

Bis Ende 2017 war die Zahl jener Menschen, die weltweit auf der Flucht waren, auf 68,5 Millionen gestiegen. Im Vergleich dazu waren es vor 12 Jahren 37,5 Millionen Menschen.[62]

Aus den hier zitierten Berichten kann man klar belegbar Folgendes ableiten:

① Die Massenmigration 2015 war zumindest für den UNHCR keine Überraschung. Er hat schon seit Jahren die Entwicklung der Fakten verfolgt.
② Es gibt eine permanente Steigerung der jährlichen Flüchtlingszahlen. Offenbar wird nicht gegengesteuert.
③ Das derzeitige Potenzial für eine Prolongierung der Massenzuwanderung nach Europa ist gegeben und liegt erschreckend hoch.

Im Detail wurde für Europa und für 2015 nach offiziellen Zahlen angegeben, dass insgesamt mehr als 2 Millionen Menschen in die EU kamen. Über das gesamte Mittelmeer gelangten 2014 mehr als 216 000 und 2015 etwas mehr als eine Million Migranten in die EU,[63] allein 848 000 via Griechenland.[64] Das sind jedoch nur die offiziellen Zahlen.

Im Jahre 2016 ging es in dieser Tonart weiter. So sind laut UNHCR 2016 über Griechenland 173 450 und über das Mittelmeer 362 753 Migranten in die EU gekommen.[65] Die »Krux« daran: Die Migranten stammen fast alle aus Subsahara-Afrika, etwa aus Nigeria oder Gambia, aber auch aus Eritrea. Zitat aus einem Bericht:

> Es kommen jedoch keine Flüchtlinge aus Syrien, Afghanistan oder aus dem Irak.[66]

Ein Bericht des European Political Strategy Centre (EPSC) bestätigte auch für 2016 diese Entwicklung:

> 2016 stammten die meisten Ankommenden aus Afrika. Die häufigsten Ursprungsländer waren Nigeria (21 Prozent), Eritrea (11 Prozent), Guinea (7 Prozent), die Elfenbeinküste (7 Prozent), Gambia (7 Prozent), der Senegal (6 Prozent), Mali (6 Prozent), der Sudan (5 Prozent) und Somalia (4 Prozent). Unter den zehn größten Ursprungsländern befand sich mit Bangladesch (4 Prozent) nur ein einziges nichtafrikanisches.[67]

Bis Ende 2017 waren nach offiziellen Zahlen des UNHCR über den Seeweg 172 300 Migranten in die EU gelangt. Davon waren 69 Prozent

Männer.[68] Außerdem fanden sich von Januar bis November 2017 knapp 150 000 Neuankömmlinge über die Türkei an den Inseln der Ostägais ein.[69] Insgesamt waren im Jahr 2017 circa 184 200 (zum Vergleich 2016: 572 000) Migranten offiziell nach Europa gekommen.[70] Im Jahr 2018 sind bis zum 29. August 2018 gemäß UN weitere 72 323 (davon 67 916 über die diversen Mittelmeerrouten) hinzugekommen.[71]

Bemerkenswert ist auch, dass sich in Spanien, insbesondere seit dem 1. Juni 2018, als es eine migrationsaffine sozialistische Minderheitsregierung erhielt, die »Ankunft« von Migranten massiv erhöht hat. Die Zahlen sind mehr als erschütternd: Im Jahr 2014: 11 716 »Ankünfte« von Migranten; 2015: 16 263; 2016: 14 094; 2017: 28 349 und bis zum 26. August 2018: 33 377![72]

Demnach kamen allein in den ersten zwei Dritteln des Jahres 2018 5028 Migranten mehr als im ganzen Jahr 2017! Zudem kam es zur einer 3,5-fachen Steigerung des Wertes im Zeitraum von 2014 bis 2018.[73] Das sind aber nur die offiziellen Zahlen. Die Dunkelziffer wird wohl weitaus höher liegen.

Parallel zum Seeweg erfreut sich die Anreise per Flugzeug immer größerer Beliebtheit. So wurden 2017 circa 11 000 illegal Einreisende an den BRD-Flughäfen aufgegriffen.[74] Daher wurden insgesamt – natürlich nur nach offiziellen Zahlen – in der BRD allein in der ersten 2018er-Jahreshälfte 110 324 Anträge auf Asyl gestellt.[75] In Österreich waren es im gleichen Zeitraum 8260 Asylanträge.[76]

Die Zahlen belegen: Die Masseneinwanderung geht weiter. Auf diese Problematik verwies Anfang 2018 auch der ehemalige österreichische Verteidigungsminister Doskozil (SPÖ), als er sagte:

> Die Annahme, dass der Flüchtlingsstrom Richtung Europa nun verebbt, ist trügerisch. Denn der Migrationsdruck in Afrika ist nach wie vor gleich groß.[77]

Dass dem tatsächlich so ist, wird nachfolgend belegt.

Die Bezeichnung »Rettung aus Seenot« ist natürlich ein Euphemismus, da sich alle Migranten selbst in diese Lage gebracht haben. Ferner ist dies ein Betrug an den Bürgern Europas, die diese »Rettungen« und die mit der weiteren Anwerbung von Migranten verbundenen Kosten (Sozialleistungen, Kriminalität, Krankheiten etc.) tragen müssen.

Der Bericht des EPSC[78] beinhaltet auch sonst Erhellendes:

① Zwischen 2011 und 2016 erreichten rund 630 000 irreguläre Migranten und Flüchtlinge Italien über das zentrale Mittelmeer. Einige wurden erfolgreich geschleust, andere wurden auf See geborgen und in Italien ausgeschifft. Mehr als 13 000 verloren ihr Leben bei dem Versuch der Überfahrt, viele weitere starben auf der Reise durch die Sahara.
② 2016 war sowohl das bislang tödlichste Jahr (4579) als auch das Jahr, in dem die meisten irregulären Migranten (181 436) in Italien anlandeten.
③ Heute betreiben neun NGOs eine Flotte von insgesamt vierzehn Schiffen und zwei Drohnen, die SAR [Search and Rescue; Anm. d. Verf.] betreiben. Das führte dazu, dass die NGOs 2016 für bis zu 22 Prozent aller Bergungsaktionen im zentralen Mittelmeer verantwortlich waren. Auf die Hauptakteure, die italienische Marine und den italienischen Zoll (26 Prozent) sowie die italienische Küstenwache (20 Prozent), entfielen etwas weniger als die Hälfte aller Rettungsaktionen. Deutlich zurück ging die Zahl der Bergungen durch Handelsschiffe, nämlich auf 8 Prozent, während die EU-Operationen ›Triton‹ und ›EUNavFor Sophia‹ 25 Prozent der Bergungen auf sich vereinten.
④ Die geografische Verteilung zeigt ganz deutlich, dass eine Mehrheit der im zentralen Mittelmeer geborgenen irregulär Eingewanderten aller Wahrscheinlichkeit nach nicht als Flüchtlinge im Sinne der Genfer Konvention gelten, schließlich stammen rund 70 Prozent aus Ländern oder Regionen, die nicht unter gewalttätigen Konflikten oder unterdrückerischen Regimen leiden.
⑤ In der Praxis bedeutet dies, dass die Mehrheit der irregulär Eingewanderten und Flüchtlinge, die in Italien eintreffen, den größten Teil des Weges auf Schiffen zurücklegen, die europäische Kriegsmarinen, Küstenschutzämter oder NGOs bereitstellen – und damit die Arbeit der Schleuser erleichtern. Gleichzeitig sinkt, wenig überraschend, die Zahl der Schleuser, die bei SAR-Operationen verhaftet werden.
⑥ Ein rein humanitärer Ansatz wird nicht ausreichen, um die Situation langfristig zu lösen.

Dem letzten Satz ist eigentlich nichts mehr hinzuzufügen. Ganz besonders, wenn man berücksichtigt, dass einem Geheimpapier der deutschen Sicherheitsbehörden (Januar/Februar 2017) zufolge festgehalten wurde, dass 5,95 Millionen »Flüchtlinge« in den Ländern rund um das Mittelmeer darauf warteten, nach Europa einzureisen. Demnach würden in der Türkei etwa 2,93 Millionen, in Libyen bis zu 1,2 Millionen und in Jordanien circa 710 000 Migranten auf eine Reise nach Europa warten. Hinzu kamen noch circa 80 000 Personen, die seinerzeit auf der sogenannten Balkan-Route festsaßen. Die meisten der Migranten würden aus der Region Zentralafrika stammen und über Mali und Niger nach Algerien und Libyen kommen.[79]

Daher waren die Schätzungen der EU-Kommission zu Beginn des Jahres 2016, denen zufolge von Anfang 2016 bis Ende 2017 bis zu 3 Millionen Asylbewerber nach Europa kommen könnten, offenbar nicht falsch.[80] Umso erstaunlicher ist, dass die EU mit all ihren Möglichkeiten und Mitteln diese Flut nicht aufhalten will, sondern diese Entwicklung der Masseneinwanderung massiv unterstützt.

Denn wie soll man es sonst nennen, wenn die EU 3 Jahre nach dem Chaosjahr 2015 noch immer keine handhabbare Regelung für die andauernde Massenmigration gefunden hat? Die für 2018 geplante Reform der Dublin-III-Regelung und ihr Ersatz durch Dublin IV[81] – übrigens massiv angestoßen und beschlossen vom EU-Parlament[82] – mit »solidarischen Verteilungsquoten« und angedrohten Geldstrafen für nicht folgsame Staaten wird wohl kaum »der Weisheit letzter Schluss« sein.[83]

Das (Zwischen-?)Ergebnis dieses immer noch andauernden »Versagens« der EU zeigt auch Mitte Mai 2018 wieder das um diese Jahreszeit mittlerweile übliche Bild, das eine österreichische Tageszeitung am 23. Mai 2018 folgendermaßen betitelte: »Balkan-Länder ratlos: ›Flüchtlinge kommen von allen Seiten‹«.[84]

Ein kurzer Exkurs in die Medienberichterstattung zeigt, wie weitverbreitet und tief verwurzelt das Narrativ der »umfassend bereichernden Massenzuwanderung« ist. Die österreichische Tageszeitung *Die Presse* veröffentlichte am 11. Juli 2017 einen Artikel mit dem Titel »Die EU hat 512 Millionen Einwohner«. Darin wurde ausgeführt, dass die Europäische Union mit Stand 1. Januar 2017 insgesamt 511,8 Millionen Einwohner hatte. Im Vergleich zu 2016 waren das 1½ Millionen Menschen mehr. Davon entfielen auf Österreich nicht ganz 83 000 und auf die BRD 624 000. Diese Entwicklung kommentierte *Die Presse* unter Einfügung von Jubelwörtern wie »freuen«, »positive Entwicklung« und »positiver Trend«.[85]

Die Freude über eine weitere Zunahme der Bevölkerung – noch dazu aus kulturfernen, wenn nicht gar kulturfeindlichen Ländern – auf einem Kontinent, der heute schon zu den dichtbesiedeltsten der Welt gehört, wurde natürlich nicht thematisiert. Ein offensichtlich unhinterfragtes, sinnfreies Nachäffen eines Narrativs, das von den Redaktionsstuben vorgegeben wurde.

Dass die EU nicht »versagt«, sondern die Masseneinwanderung sogar massiv betreibt, zeigt dieses abschließende Beispiel: Als allein in der letzten Juni-Woche 2017 circa 20000 neue Migranten über das Mittelmeer kamen und Italien im Fall einer weiteren Hilfeverweigerung durch die EU drohte, seine Häfen zu schließen, war die Reaktion der EU die Ankündigung, dass sie versuchen würde, französische und spanische Häfen für die Aufnahme zu öffnen und die Verteilung in Europa nun rigoroser durchzusetzen![86] Dies ist ja auch eine »logische« Reaktion. Ein solches Verhalten erinnert an jemanden, der bei einem Wasserrohrbruch in seiner Wohnung nicht den Klempner holt, sondern alle Türen öffnet, damit das Wasser überall hinfließen kann!

Dabei kann der Rolle von europäischen Ländern wie zum Beispiel Großbritannien und Frankreich bei der Auslösung von kriegerischen Konflikten und der damit verbundenen Anfachung von Massenmigration aufgrund von »humanitären Interventionen« (»Push-Faktoren«) und der massiven Anlockung z. B. durch die »Refugees-Welcome«-Politik der BRD und der damit verbundenen Rundum-Alimentierung der Migranten (»Pull-Faktoren«) hier nicht einmal nachgegangen werden.

Man kann jedoch im Zusammenhang mit der Massenmigration und dem Agieren der großen EU-Länder ohne Übertreibung feststellen, dass die Europäische Union ein »Programm umfassend betreuter Massenmigration« betreibt:

- Sie ist beteiligt an der Auslösung der Migrationswelle.
- Sie stellt den millionenfachen Transport von Migranten nach Europa sicher.
- Sie versucht, die flächendeckende Verteilung der Migranten über den ganzen Kontinent zu erzwingen.
- Sie und ihre Mitgliedstaaten fördern diejenigen Migranten und deren Nachkommenschaft, die bereits »ansässig« sind, massiv mit Steuergeldern.

- Sie zwingt ihre Bürger mittels Steuern, dieses gesamte Programm der Verdrängung auch noch zu bezahlen. Kurz: Sie zwingt die Bürger, ihre eigene Abschaffung zu finanzieren!

Eine populistische Übertreibung? Wohl kaum. In Beantwortung einer parlamentarischen Anfrage der Freiheitlichen Partei Österreichs (FPÖ) gab die damalige Familienministerin Karmasin, Mitglied der Österreichischen Volkspartei (ÖVP), bekannt, dass das Kinderbetreuungsgeld immer öfter an Nichtösterreicher ausbezahlt wird. Waren im Jahr 2015 noch 67,5 Prozent der Bezieher dieser Unterstützung österreichische Staatsbürger, waren es 2016 nur noch 65,5 Prozent. In der Hauptstadt Wien gibt es sogar mehr ausländische als österreichische Bezieher.[87] Das bedeutet, dass eine ständig und rasant steigende Zahl der Kinder von Nichtösterreichern stammt. Wobei dies nur die halbe Wahrheit ist, denn unter »Österreichern« werden natürlich alle verstanden, die einen österreichischen Pass besitzen, »Integration« hin oder her!

Apropos »Integration«: Ein »Assoziierungsabkommen« mit der Türkei aus dem Jahr 1963, abgeschlossen mit den damaligen »Europäischen Gemeinschaften«, der Vorläuferorganisation der EU, das 1970 um eine sogenannte Stillhalteklausel erweitert wurde, verhindert praktisch alle Integrationsmaßnahmen der türkischen Bürger in Österreich und in allen anderen europäischen Staaten. Diese Klausel legt fest, dass fast alle in Europa lebenden türkischen Staatsbürger nicht schlechter behandelt werden dürfen als zum Zeitpunkt des Abschlusses des Abkommens 1963. Das heißt konkret, dass die Mehrheit der in Österreich und in Europa lebenden türkischen Bürger zu Integrationsmaßnahmen wie Deutsch- oder Wertekursen nicht verpflichtet werden kann bzw. darf.[88] Wer weiß, mit welchen Ursprungsländern der Migranten ähnliche Verträge abgeschlossen wurden und ob »Integration« daher vonseiten der EU schon rein systemisch nicht vorgesehen war und ist?

Die Lage in der BRD

Die Zahlen in der BRD sprechen ebenfalls eine klare Sprache. Bis 1990 lebten hier circa 5,6 Millionen Ausländer. Bis dahin hatte es auch kaum Einbürgerungen von Zuwanderern gegeben.[89] Allein von 2011 bis 2014 sind circa 1,5 Millionen hinzugekommen![90] Bis 2015 stieg die Zahl dann auf 17,1 Millionen Menschen mit sogenanntem Migrationshintergrund[91] bei insgesamt 81,4 Millionen Einwohnern der BRD an. Dies bedeutet, dass in der West-BRD fast jeder Vierte (23,9 Prozent) und in der Ost-BRD jeder Zwanzigste (5,3 Prozent) einen Migrationshintergrund hat. In Bezug auf die gesamte BRD bedeutet dies, dass rund 21 Prozent einen Migrationshintergrund aufweisen.[92] Daher wunderte es niemanden, dass der Flüchtlingsbericht des UNHCR die BRD im Jahr 2014 erstmals seit 1999 als Land mit der höchsten Quote von Asylanträgen in Industrieländern auswies.[93] Gleichzeitig hat die Geburtenrate der Stammbevölkerung den weltweit tiefsten Stand erreicht.[94]

Mit der Migrationswelle von 2015 sind 2,14 Millionen Migranten in die BRD gekommen.[95] Hierin sind die von August Hanning, dem ehemaligen Chef des Bundesnachrichtendienstes (BND), angegebenen untergetauchten Illegalen natürlich nicht enthalten. So erklärte er:

> In Deutschland haben wir zwischen 200 000 und 300 000 Personen ohne Kontrolle, ohne irgendeine Registrierung; hauptsächlich junge Leute zwischen 20 und 35 Jahren, zu 80 Prozent. Sie sind nun in Deutschland. Wir kennen weder ihre Namen noch ihre Identität.[96]

Am 16. Januar 2017 veröffentlichte das Institut der deutschen Wirtschaft (IW) in Köln die Ergebnisse einer Befragung, wonach rund 90 Prozent der 1,2 Millionen Migranten des Jahres 2015 (im selben Zeitraum sind auch circa 998 000 Menschen aus der BRD ausgewandert)[97] langfristig in der Bundesrepublik Deutschland bleiben wollen.[98]

Gemäß einer internen Prognose des Wirtschaftsministeriums rechnet die Regierung der BRD bis 2020 mit 3,6 Millionen » Flüchtlingen«. Von 2016 bis 2020 werden dem Bericht zufolge jährlich durchschnittlich eine halbe Million »Flüchtlinge« in der BRD aufgenommen werden. Das wären 2,5 Millionen Migranten zusätzlich – mit den 1,1 Millionen aus dem Jahr 2015 ergäbe sich eine Zahl von 3,6 Millionen.[99]

Aufgrund dieser Entwicklung wird sich der Anteil der Personen mit Migrationshintergrund weiter rasant erhöhen. Bereits 2015 wies gut ein Drittel aller Kinder unter 5 Jahren einen Migrationshintergrund (35,9 Prozent) auf.[100] Die Kinder von heute sind die Erwachsenen von morgen. Auf diesen Umstand verwies der Bevölkerungswissenschaftler Herwig Birg bereits 2005:

> Die zugewanderte Bevölkerung wird bei den unter 40-Jährigen in vielen Großstädten in wenigen Jahren die absolute Mehrheit erreichen, während bei der älteren Bevölkerung die Deutschen in der Mehrheit bleiben.[101]

An dieser Entwicklung hat sich nichts geändert. Am 4. Dezember 2017 und am 9. März 2018 verwies die Zeitung *Die Welt*, die nicht gerade als regierungskritisch gilt, in zwei Artikeln darauf:

> Monat für Monat kommen konstant rund 15 000 neue Schutzsuchende hierzulande an.[102]

> Im europäischen Vergleich liegt die Bundesrepublik mit monatlich rund 15 000 neuen Asylsuchenden … an der Spitze.[103]

Der mit »Schutzsuchende« euphemistisch bemäntelte und politisch betriebene Bevölkerungsaustausch mittels Masseneinwanderung ging und geht also auch 2017/2018 ungebremst weiter.

Dies ist jedoch nur die eine Seite der Migration. Ein Aspekt, der im Zusammenhang mit der Einwanderung oft übersehen wird, ist der, dass sehr viele intelligente Europäer (Briten, Deutsche etc.) ihren Ländern den Rücken kehren und auswandern, während die politischen und ökonomischen Eliten so gut wie nichts unternehmen, um dies zu verhindern oder diesem Umstand zumindest entgegenzuwirken. Hierzu einige Zahlen: Rund 1,5 Millionen Deutsche haben zwischen 2004 und 2013 ihre Heimat verlassen. Allein im Massenzuwanderungsjahr 2015 waren es 138 000 Deutsche.[104] In der Regel handelt es sich um Akademiker, Studenten und Facharbeiter. 4 Millionen Deutsche leben bereits im Ausland. Die BRD versucht auch gar nicht, die Auslandsdeutschen zurückzuholen, im Gegensatz zum Beispiel zu Irland oder Kanada.[105] 40 000 Führungskräfte kehren der BRD pro Jahr den Rücken. Jeder vierte Deutsche spielt mit dem Gedanken auszuwandern. 2008 verließen 175 000 Deutsche ihr Land. Die Auswanderer sind im Schnitt höher qualifiziert als der Rest der Bevölkerung. Knapp die Hälfte hat einen Hochschulabschluss. Fachleute sprechen von einem »qualitativen Wanderungsverlust«. Ein ausgewanderter Facharbeiter kostet die Allgemeinheit 160 000 Euro, ein Arzt sogar 436 000 Euro. Der Steuerausfall bei einem Mediziner beläuft sich auf mehr als eine

Million Euro, bei einem (Metall-)Facharbeiter auf circa 280 000 Euro. 2011 arbeiteten bereits 17 000 deutsche Ärzte im Ausland! Auch die Zukunft sieht diesbezüglich kaum rosig aus: 64 Prozent aller BRD-Studenten ziehen eine Tätigkeit im Ausland in Betracht. Ein ähnlich katastrophales Bild zeichnet sich in Großbritannien ab: Im Zeitraum von 1997 bis 2006 haben 1,97 Millionen ethnische Briten ihr Land verlassen. Im gleichen Zeitraum sind 3,9 Millionen Migranten zugewandert. In die BRD wandern gerade mal 7 Prozent Qualifizierte ein. Das heißt: Neun von zehn Migranten werden nicht gebraucht![106]

Summa summarum bedeutet das eben Geschilderte, dass der Bevölkerungsaustausch nicht nur auf dem Sektor der Einwanderung läuft, sondern auch ganz massiv, und hier besonders bei den Höherqualifizierten, auf dem Gebiet der Auswanderung.

Die Lage in Österreich

Im Jahr 2013 wanderten beinahe 151 300 Personen nach Österreich ein, während zugleich knapp 96 600 das Land verließen. Daraus ergab sich eine Nettozuwanderung von rund 54 700 Personen. Im Vergleich zu 2012 blieb die Abwanderung gleich, während sich die Zuwanderung um 7,8 Prozent erhöhte und der »Wanderungsgewinn« – wieder so ein typischer Euphemismus – um 24,9 Prozent. Den einzigen nennenswerten Wanderungsverlust erlebte Österreich 2013 bei den eigenen Staatsangehörigen mit minus 6000.[107]

Der Bestand der ausländischen Wohnbevölkerung lag Ende 2013 bei 1,066 Millionen (12,5 Prozent der Bevölkerung) und war damit um rund 62 000 höher als Anfang 2013. Diese Zunahme ist das Ergebnis eines »positiven« (so steuert man das Unterbewusstsein!) Wanderungssaldos der ausländischen Wohnbevölkerung von 60 700 im Jahr 2013, eines Geburtenüberschusses von 10 300 (Geburten minus Sterbefälle) und einer Verringerung aufgrund der Einbürgerungen (7400 Fälle). Im Durchschnitt des Jahres 2013 lebten rund 1,625 Millionen Menschen mit Migrationshintergrund in Österreich (19,4 Prozent der Gesamtbevölkerung).[108]

Die österreichische Regierung gelangte 2013 zu dem Schluss:

> Österreich ist eine Einwanderungsgesellschaft geworden …[109]

Das heißt nichts anderes, als dass man offiziell die Ethnomorphose absegnet und gar nicht mehr an der Weiterentwicklung der alteingesessenen Bevölkerung arbeitet. Man ersetzt sie einfach. Ganz offiziell! Ob die schwarz/türkisblaue Regierung diesen Trend ändern wird, wird sich zeigen.

Was es bedeutet, eine »Einwanderungsgesellschaft« zu sein, legte Prof. Dr. Aladin El-Mafaalani in seinem Vortrag an der Universität Stuttgart am 3. Juni 2016 dar, der den Titel »Was bedeutet es, ein Einwanderungsland zu sein?« trug. Er präsentierte folgende Zahlen für die BRD:[110]

Wo leben viele Menschen mit Migrationshintergrund?

Stadt	Anteil Menschen mit Migrationshintergrund	Anteil bei unter 6-Jährigen
Frankfurt/M.	43 % +	ca. 70 %
Stuttgart	38 % +	ca. 60 %
Nürnberg	37 % +	ca. 70 %
München	36 % +	ca. 60 %
....		
Düsseldorf	32 % +	ca. 60 %
Köln	31 % -	ca. 55 %
Hannover	30 % -	ca. 55 %
Dortmund Duisburg Gelsenkirchen Berlin/Hamburg/Bremen Essen	20-29 % (Durchschnitt für Deutschland)	unter 50 %

Abb. 3: »Was bedeutet es, ein Einwanderungsland zu sein?«

Schaut man sich die in Abbildung 3 aufgeführten Zahlen an, dann kann man wohl mit Fug und Recht behaupten, dass die BRD in 20 Jahren, wenn die unter 6-Jährigen dann Mitte 20 sind …

- ein vollkommen anderes Land mit einer
- vollkommen anderen Bevölkerungszusammensetzung sein wird,
- in welchem vollkommen andere Sitten und Gesetze herrschen werden.

Die Rasanz der Veränderung der vergangenen 20–25 Jahre, die wir heute bereits massiv spüren, wird dann in der Rückschau nur ein kleiner Vorgeschmack auf das künftig zu Erwartende gewesen sein.

Auch in den Städten Österreichs sieht es kaum besser aus. Das Beispiel Wien möge dies verdeutlichen. Der 4. Wiener Integrations- und Diversitätsmonitor vom November 2017 weiß Folgendes zu berichten:

- In den vergangenen 10 Jahren ist die Wiener Wohnbevölkerung um 11 Prozent bzw. fast 190 000 Menschen angewachsen.
- Mehr als ein Drittel der Wiener ist im Ausland geboren.
- Jeder zweite (!) Bewohner Wiens besitzt einen Migrationshintergrund – ist also selbst nicht in Österreich geboren oder hat zumindest einen im Ausland geborenen Elternteil.[111]

Auch hier gilt das oben Gesagte. In 20 Jahren wird Wien wie viele andere europäische Metropolen (Paris, London, Brüssel, Berlin, Marseille etc.) von den »Segnungen der Migration« schwer gezeichnet sein.

Das hindert aber Politiker und das ganze migrationsindustrielle Biotop nicht an Jubelmeldungen wie jener von 2015, als Sebastian Kurz im Vorwort zum Jahrbuch *migration & integration 2015* meinte:

> Die Integration in Österreich ist auf dem richtigen Weg. Das Statistische Jahrbuch *migration & integration 2015* bestätigt diesen Trend. [...] Es ist erfreulich zu sehen, dass sich das subjektive Integrationsklima in den letzten Jahren wesentlich verbessert hat. Die bisherigen Ergebnisse machen somit deutlich: Integration funktioniert![112]

Ob Kurz das heute wohl auch noch so sieht? Zumindest hat er bereits erklärt, dass seiner Meinung nach verpflichtende Flüchtlingsquoten nicht funktionieren. Kurz wörtlich:

> Ich werde daher dafür eintreten, dass diese falsche Flüchtlingspolitik geändert wird.[113]

Die Zukunft wird zeigen, welcher Sebastian Kurz sich durchsetzt.

Aus dem in Österreich erscheinenden Statistischen Jahrbuch *migration & integration – zahlen.daten.indikatoren* ergibt sich für die Migrationslage im Österreich der vergangenen Jahre folgendes Bild:

> Im Jahr 2014 wanderten rund 170100 Personen nach Österreich ein, während zugleich knapp 97800 das Land verließen. Daraus ergab sich eine auch im langfristigen Vergleich hohe Nettozuwanderung von rund +72300 Personen. Im Vergleich zu 2013 blieb die Abwanderung in etwa gleich, während sich die Zuwanderung um 12,4 % und der Wanderungsgewinn sogar um 32,2 % erhöhte. Für die Zunahme verantwortlich waren auf der einen Seite die gestiegene Zuwanderung von Asylsuchenden und auf der anderen Seite die zunehmende Integration Österreichs in einen gemeinsamen europäischen Wanderungsraum, was sich in einer steigenden Zahl an zugewanderten Arbeitskräften, Familienangehörigen und Studierenden aus der EU auswirkt.[114] […]
>
> Der Bestand der ausländischen Wohnbevölkerung in Österreich lag Anfang 2015 bei rund 1,146 Millionen Personen. Das entspricht einem Anteil von 13,3 % an der Gesamtbevölkerung. Die Zunahme von mehr als 80000 ausländischen Staatsangehörigen im Vergleich zum Jahresanfang 2014 ist das Ergebnis eines positiven Wanderungssaldos von +77700 Personen, eines Geburtenüberschusses (Geburten minus Sterbefälle) von +11400 sowie einer Verringerung durch Einbürgerungen (-7700). Im Durchschnitt des Jahres 2014 lebten rund 1,715 Millionen Menschen mit Migrationshintergrund in Österreich (20,4 % der Gesamtbevölkerung), etwa 90000 mehr als 2013.[115]

Dieser Anteil ist in einem Jahr von 19,4 auf 20,4 Prozent gestiegen. Dies ist aber nur die halbe Wahrheit, denn die Jugend gehört den Zuwanderern, und damit gehört ihnen auch die Zukunft. Für 2015 ist zu lesen:

> Im Jahr 2015 wanderten rund 214400 Personen nach Österreich zu, während zugleich knapp 101300 das Land verließen. So ergab sich eine auch im langfristigen Vergleich sehr hohe Nettozuwanderung von rund +113100. Dafür verantwortlich war in erster Linie die angestiegene Zuwanderung von Asylsuchenden bei einem gleichzeitig fortgesetzt hohen Niveau von zugewanderten Arbeitskräften, Familienangehörigen und Studierenden aus der EU. […]
>
> Der Wanderungssaldo lag 2015 bei insgesamt +113100 Personen. Dieser Wert übertraf für ein einzelnes Jahr auch die starke Zuwanderung Anfang der 1990er-Jahre nach Österreich und wurde zuletzt 1956/1957 durch Fluchtbewegungen aus Ungarn erreicht. […]

Den einzigen nennenswerten Wanderungsverlust erlebte Österreich auch 2015 bei den eigenen Staatsangehörigen (-5500). Weiterhin deutlich zugenommen hat die Einreise von Asylsuchenden. Lag 2012 und 2013 die Zahl der Asylanträge noch bei rund 17500, so stieg dieser Wert 2014 bereits auf 28100 und 2015 schließlich auf 88300.[116] [...]

Der Bestand der ausländischen Wohnbevölkerung in Österreich lag Anfang 2016 bei rund 1,268 Millionen Personen (14,6 % der Gesamtbevölkerung). Die Zunahme von circa 121600 ausländischen Staatsangehörigen im Vergleich zum Jahresanfang 2015 ist das Ergebnis eines positiven Wanderungssaldos der ausländischen Bevölkerung von +118500, eines Geburtenüberschusses (Geburten minus Sterbefälle) von +13300 sowie einer Verringerung durch Einbürgerungen (-8100). Im Durchschnitt des Jahres 2015 lebten rund 1,813 Millionen Menschen mit Migrationshintergrund in Österreich (21,0 % der Gesamtbevölkerung), also rund 98300 mehr als 2014.[117]

Und die Zahlen für 2016:

Im Jahr 2016 wanderten rund 174300 Personen nach Österreich ein, während zugleich 109700 Menschen das Land verließen. Die sich daraus ergebende Nettozuwanderung von rund +64600 Personen lag um etwa 43 Prozent unter dem Vorjahreswert (2015: +113100 Personen). Dafür verantwortlich war in erster Linie die im Vergleich zum Vorjahr stark verringerte Zuwanderung von Asylsuchenden aus Drittstaaten, aber auch ein Rückgang bei der Zuwanderung von EU-Angehörigen.[118] [...]

Der Bestand der ausländischen Wohnbevölkerung in Österreich lag Anfang 2017 bei rund 1,342 Millionen Personen. Dies entspricht einem Anteil von 15,3 Prozent an der Gesamtbevölkerung. Die Zunahme von rund 74300 ausländischen Staatsangehörigen im Vergleich zum Jahresanfang 2016 ist das Ergebnis eines positiven Wanderungssaldos der ausländischen Bevölkerung von +69700, eines Geburtenüberschusses (Geburten minus Sterbefälle) von +15600 sowie einer Verringerung durch Einbürgerungen (-8500).

Im Durchschnitt des Jahres 2016 lebten rund 1,898 Millionen Menschen mit Migrationshintergrund in Österreich, um 85000 mehr als 2015. Bezogen auf die Gesamtbevölkerung in Privathaushalten entsprach dies einem Anteil von 22%.[119]

Ende Mai 2017 verwies *Die Presse* auf die *Statistik Austria,* die feststellte, dass mit dem 1. Januar 2017 Österreich 8 772 865 Einwohner hatte. Der Bevölkerungszuwachs im Vergleich zum Jahr 2016 betrug 0,83 Prozent oder 72 394 Personen. Im Vergleich dazu betrug die Zunahme 2015 beachtliche 1,35 Prozent![120]

Dies wurde dann durch *Die Presse* so dargestellt, dass die »Zuwanderung deutlich gesunken« sei. Dabei wurde wohl ganz bewusst nicht erwähnt, dass dies die Anzahl der Menschen mit »Migrationshintergrund« dennoch erneut um Zehntausende erhöht hatte. Ganz im Gegenteil: Mithilfe dieser Formulierung wurde auf manipulative Weise vermittelt, dass die »Zahlen ohnehin zurückgehen« und dass man daher »alles im Griff habe«, die Situation also offenbar nicht so schlimm sei. Dennoch: Eine Trendumkehr war das nicht. Darüber hinaus wurden nur die offiziellen, also die erfassten Zahlen publiziert.

Die Zahlen des Jahres 2018 weisen klar darauf hin, dass die Zuwanderung weitergeht. Denn gemäß Statistik Austria lebten in Österreich (mit Stand 1. Januar 2018) 8 823 054 Menschen. Das sind 50 189 Personen mehr als zu Beginn des Jahres 2017.[121]

Wie manipulativ, bis hin zu blanken Lügen, bei diversen Studien »gearbeitet« wird und wie unkritisch-begeistert diese »Erhebungen« von den Hauptstrommedien aufgegriffen und verteilt werden, hat im Februar 2018 auf der Website *Tichys Einblick* Alexander Wallasch unter dem Titel »Meinungsmache: Eskalation bei Zuwanderungs-Studien: Daten werden einfach gefälscht« erschütternd nachgewiesen.[122] Also bleiben Sie kritisch-vorsichtig, das ist immer angebracht!

So wurden zum Beispiel in Österreich im Zeitraum von Januar bis August 2016 insgesamt 38 939 illegal Eingereiste aufgegriffen. Die meisten Aufgriffe gab es in Tirol und Niederösterreich.[123] Das entspricht circa 1300 Aufgriffen pro Woche.[124] Menschen, die nicht aufgegriffen wurden, sondern »erfolgreich« illegal einreisten, wurden diesbezüglich natürlich nicht erfasst. Dabei schätzte man im Jahr 2016 die irregulär Anwesenden für das Jahr 2015 schon auf 95 000 bis 254 000.[125]

Diese Faktenlage zeigt ganz klar, dass sich die Bevölkerungszusammensetzung ständig zugunsten der Migranten und zuungunsten der autochthonen Bevölkerung verschiebt. Die Zahlen belegen: Es findet ein schleichender, aber beständiger Bevölkerungsaustausch statt, der immer rascher vor sich geht.

Wie unerhört naiv und auf Massenzuwanderung konditioniert auch unsere »Qualitätsmedien« sind, zeigte wieder einmal ein Artikel, der am 31. August 2016 in *Die Presse* erschien und der sich auf eine Prognose des Instituts für angewandte Systemanalysen in Laxenburg bei Wien berief. Hierin hieß es:

> Dank Migration wächst die österreichische Population bis zum Jahr 2050 auf 10,5 Millionen Einwohner an, ohne würde sie auf 7,9 Millionen sinken.[126]

Dank wofür? Etwa dafür, dass eine der am dichtesten besiedelten Regionen der Welt mit noch mehr Menschen, auch aus sich gegenseitig ausschließenden Kulturen, »verdichtet« wird?

Wieso angesichts einer bereits angelaufenen industriellen Revolution, die durch Begriffe wie »Industrie 4.0«, »Roboterisierung«, »Internet der Dinge« etc. charakterisiert wird und die zu einer massiven Reduktion von manuellen Tätigkeiten führen dürfte, ein weiteres Anwachsen der Bevölkerung offenbar zwingend notwendig ist, ist nicht nachvollziehbar. Das Gegenteil sollte der Fall sein. Japan führt sehr anschaulich vor, wie man eine sinkende Bevölkerungszahl durch technische Innovationen mehr als ausgleichen kann![127] Denn um mit den Worten von Prof. Dr. Schöpfer, auch Präsident des Österreichischen Roten Kreuzes, zu sprechen:

> Es kommt nämlich nicht darauf an, wie viele Menschen ich habe. Sondern darauf, wie produktiv sie sind.[128]

Aber das ist für die österreichischen und deutschen Wirtschaftsbosse offensichtlich kein Thema! Statt das Potenzial der eigenen einheimischen Bevölkerung zu nutzen und in Ausbildung zu investieren, die diese Bezeichnung auch verdient, rufen sie lieber nach mehr Zuwanderung![129] Die Chance auf kurzfristige Gewinnmaximierung hat leider noch immer den Sinn für strategische Notwendigkeiten vernebelt!

Massenmigration – das Potenzial

Wie unerhört verantwortungslos, ja geradezu verbrecherisch die Refugees-Welcome-Politik der europäischen Eliten ist, zeigt das unerschöpfliche Reservoir von tatsächlichen und potenziellen Migranten.

So zeigt eine Studie des Berlin-Instituts für Bevölkerung und Entwicklung aus dem Jahr 2016 klar auf, wie erschütternd hoch das Potenzial der Migration nach Europa ist. Die Studie verweist darauf, dass die massive Flüchtlingsbewegung nach Europa in den Jahren 2015 und 2016 lediglich ein Vorgeschmack dessen gewesen sein dürfte, was sich in den Krisenregionen Nahost und Nordafrika jetzt und in Zukunft zusammenbraut. Die Bevölkerungszahlen in den betroffenen Staaten steigen in den kommenden Jahren rasant. Hunderte Millionen Menschen wollen ihre verarmten Heimatländer verlassen.[130]

Diese Studie verweist darauf, dass insbesondere die sogenannte MENA-Region (MENA = Middle East North Afrika) den Experten Sorgen bereitet. Die Fachleute sprechen von einem »Pulverfass vor den Toren Europas«. Die Studie erwartet eine Bevölkerungsexplosion in der Region bis 2030, in deren Folge allein in den dort betroffenen neunzehn Ländern bis zu 100 Millionen mehr Einwohner leben werden.[131]

Der Blick auf einzelne Staaten der MENA-Region zeigt das Ausmaß des enormen Bevölkerungsanstiegs. So wird für Ägypten mit einem Zuwachs von 28 Millionen Menschen gerechnet, für Algerien mit 10 Millionen und für den Jemen mit rund 9 Millionen. Im Zeitraum bis 2050 dürfte sich die Bevölkerung Afrikas und des arabischen Raums zusammengenommen auf 2,7 Milliarden Menschen verdoppeln.[132] Im Juli 2017 gab die UNO bekannt, dass sich ihrer Einschätzung nach die Bevölkerung Afrikas bis 2050 verdoppeln wird.[133] Sollte sich nur ein Teil dieser Menschen Richtung Europa in Marsch setzen, dann wäre das, bei Beibehaltung der derzeitigen EU-Politik, gleichbedeutend mit der schrittweisen Eliminierung der autochthonen Bevölkerung.

Dass diese Befürchtungen eine durchaus reale Basis haben, zeigte eine Aussage des Afrika-Experten Volker Seitz vom November 2015. Darin verwies er darauf, dass Afrika momentan mehr als 1,4 Milliarden Einwohner hat. Es werde damit gerechnet, dass auf diesem Kontinent bis 2030 circa 2,4 Milliarden und bis 2050 etwa 4,4 Milliarden Menschen leben werden (womit die Schätzungen der UNO noch übertroffen werden). Seitz verwies zudem darauf, dass die Masse der Menschen offenbar nach Europa wolle![134] Eine Afrikanerin aus Bamako in Mali brachte es in einem Interview auf den Punkt:

> Weg von hier will jeder von uns.[135]

Eine Tendenz zur massenhaften Abwanderung unterstrich auch der Bericht *The Many Faces of Global Migration* (Nr. 43) aus dem Jahr 2011, der von der International Organisation for Migration (IOM) in Zusammenarbeit mit dem Gallup-Institut erstellt wurde. Darin wurden mehr als 150 Länder untersucht. Seit 2005 erfolgte dazu eine Befragung von mehr als 750 000 potenziellen Migranten.[136]

Die IOM definiert ihre Arbeit so:

> Die IOM arbeitet nach dem Grundsatz, dass eine menschliche, geordnet ablaufende Migration den Migranten und der Gesellschaft nützt. Als zwischenstaatliche Organisation agiert die IOM gemeinsam mit ihren Partnern in der internationalen Gemeinschaft, um dabei zu helfen, dass die operativen Herausforderungen der Migration aus der Welt geschafft werden; um das Verständnis von Migrationsthemen zu verbessern; um zu durch Migration ausgelöster gesellschaftlicher und wirtschaftlicher Entwicklung zu ermutigen; und um die Menschenwürde und das Wohlergehen der Migranten zu wahren.[137]

Von einer Organisation mit dieser Selbstwahrnehmung kann man wohl erwarten, dass sie die Problematik der globalen Migration möglichst in einem vorteilhaften Bild erscheinen lässt. Umso erschütternder sind die Fakten! Hier einige zentrale Erkenntnisse der Gallup-Studie:[138]

- Etwa 630 Millionen Erwachsene möchten gern auf Dauer in ein anderes Land auswandern.
- Circa 48 Millionen davon planen diesen Schritt fürs nächste Jahr.
- Rund 19 Millionen davon haben bereits konkrete Schritte eingeleitet, wie zum Beispiel Anträge auf Visa gestellt etc., und
- etwa 1,1 Milliarden Erwachsene, also rund 26 Prozent der Weltbevölkerung, könnten sich vorstellen, zeitlich begrenzt in einem anderen Land zu arbeiten.

Man sieht also sehr deutlich: Das Potenzial ist praktisch unbegrenzt! Wer hier noch zusätzliche Anreize schafft, wie etwa die EU

- mit der Sicherstellung des Transports über das Mittelmeer nach Europa,

- mit der Sicherstellung umfassender Sozialleistungen für die Migranten von Anfang an,
- mit der Garantie des Familiennachzugs,
- mit der Verteilung von Migranten auf ganz EU-Europa,

der darf sich anschließend nicht wundern, dass sich viele entschlossene und vor allem auch bisher noch unentschlossene Migranten auf den Weg nach Europa machen bzw. in Zukunft machen werden.

In einem Geheimbericht vom September 2016 warnten Nachrichtendienstexperten die BRD-Regierung in ihrer Analyse vor einer weiteren Eskalation der Asylkrise. Sie stellten dabei unter anderem fest:

> In Libyen halten sich derzeit 900 000 Migranten auf. Der Anteil derjenigen, die gegenwärtig nach Europa wollen und auch die Mittel dazu haben, wird auf 200 000 geschätzt.[139]

EU-Diplomaten schätzten im Januar 2017 das aktuelle Potenzial von Migranten in Libyen, die nur noch auf besseres Wetter für die Überfahrt nach Europa warten würden, auf 300 000 bis 350 000.[140] Das heißt konkret, dass der Massenansturm im Sommer 2017 über das Mittelmeer und Italien wieder einmal keine Überraschung war. Überraschend war nur, dass die EU-Verantwortlichen in Bezug auf das Asyldrama immer noch keine Konzepte entwickelt hatten. Vielleicht auch deshalb nicht, weil man gar niemanden aufhalten wollte? Vielleicht wollte man diese Massen von Menschen ja hier in Europa haben?!

Spannend ist auch die nach wie vor gegebene Zusammensetzung der sogenannten Flüchtlinge. So waren 2015/2016 circa 75–80 Prozent von ihnen junge Männer im Alter zwischen 18 und 35 Jahren. Im Prinzip handelt es sich dabei um eine Invasion wehrfähiger junger Männer aus den unterschiedlichsten Ländern.[141]

Und diese Invasion junger Männer setzte sich auch 2017/18 fort. So vermeldete das Bundesland Tirol für 2017 den Aufgriff von circa 7400 illegalen Migranten, von denen 84 Prozent junge Männer waren.[142]

Selbst beim damaligen österreichischen Bundespräsidenten Heinz Fischer, der ja nicht gerade für klare Formulierungen bekannt war, lagen Ende Februar 2016 angesichts der Massenzuwanderungskrise die Nerven blank. In einem Interview sprach er verklausuliert vom Überlebenskampf Europas und meinte:

> Europa kann sicher überleben. Wir sind ja nicht todkrank. Wir können überleben. Und ich glaube, wir werden auch überleben. Aber es wird schwierig sein![143]

Dass es mehr als »schwierig« wird, darauf verwies Mitte Juni 2017 sogar der BRD-Entwicklungsminister Gerd Müller. Er warnte vor einer großen Fluchtbewegung, die bis zu 100 Millionen Menschen aus Afrika Richtung Norden ausmachen könnte. Er meinte sogar, dass sich vor allem in Afrika die Zukunft der Welt entscheiden könnte![144]

Der im November 2017 erschienene Bericht der Internationalen Arbeitsorganisation (ILO) der UNO ist in diesem Zusammenhang mehr als alarmierend. Er weist darauf hin, dass Jugendliche unter 25 Jahren aus der Region Subsahara-Afrika (circa 69 Millionen Menschen) zu rund 44 Prozent und aus Nordafrika (circa 25 Millionen Menschen) zu rund 40 Prozent wegwollen. Der einzige Weg, den sie kennen, ist Europa![145] Benennt man das afrikanische Gesamtpotenzial, dann sprechen wir allein von rund 230 Millionen jungen Menschen, die sich aus wirtschaftlichen Gründen Richtung Europa bewegen wollen.[146]

Es ist auch anzumerken, dass die UNO (und hier ganz besonders die Internationale Arbeitsorganisation, ILO) keinerlei Kritik an den reichen arabischen Golfstaaten übt, die nur sehr marginal, wenn überhaupt, Migranten aufnehmen.[147] Aber offenbar will man bei der UNO gar nicht, dass die Menschen in ihrer gewohnten Umgebung verbleiben und dort versuchen, etwas aufzubauen. Eher gewinnt man den Eindruck, dass diese Migranten stattdessen nach Europa kommen sollen!

Es gilt in diesem Zusammenhang festzustellen, dass eine effektive Grenzsicherung auch dann möglich ist, wenn man Tausende Kilometer Seegrenze hat. Das beweist seit Jahren Australien. Bereits am 17. März 2016 gab der australische Einwanderungsminister Peter Dutton in Canberra bekannt, dass seit 600 Tagen kein Boot mit sogenannten Flüchtlingen mehr das Land erreicht habe. Denn Australien lässt generell keine Bootsflüchtlinge mehr ins Land.[148]

Ferner beweist die israelische Regierung von Benjamin Netanjahu, dass man auch mit bereits im Lande befindlichen illegalen Migranten eine Rückführung realisieren kann. Von den ursprünglich 60 000 sind bereits 20 000 ausgewiesen worden. Netanjahu brachte es auf seiner Facebook-Seite auf die Formel: »Flugticket oder Gefängnis«.

Zentrale Aspekte des israelischen Lösungsansatzes sind:

① Wer als »Flüchtling« freiwillig geht, bekommt ein Gratis-Flugticket und 3500 US-Dollar.
② Es existieren Rückführungsabkommen mit afrikanischen Staaten, wie zum Beispiel Kenia, Uganda und Ruanda, mit entsprechender finanzieller Leistung vonseiten Israels.
③ Es erfolgt eine strikte Anwendung der Begrifflichkeiten »Asyl« und »humanitärer Schutz«. In den vergangenen 10 Jahren hat Israel zehn (!) Menschen Asyl und 200 Darfur-Sudanesen humanitären Schutz gewährt.
④ Die Grenzen werden konsequent geschützt.

Aufgrund der Anwendung der eben genannten Aspekte konnte Netanjahu bekannt geben, dass der Zustrom von Migranten faktisch versiegt sei[149] … wenngleich im April 2018 die geplante Abschiebung von 40 000 Migranten aufgrund der fehlenden Abmachungen mit afrikanischen Staaten (Uganda und Ruanda) sowie innerisraelischer Proteste vorerst ins Stocken geriet.[150]

Somit wird auch das ganze Gerede und Geschreibsel von der Notwendigkeit, »legale Wege« nach EU-Europa anbieten zu müssen, weil angeblich »totale Abschottung nicht funktionieren wird«,[151] als das entlarvt, was es ganz offensichtlich ist: eine realitätsferne, ideologiegetriebene Meinungsmache im Auftrag internationalistischer Interessen!

Die bisher dargestellte Faktenlage zeigt, dass die Verschiebung der Bevölkerungszusammensetzung dramatisch und das Potenzial für eine weitere Verschärfung der Lage erschütternd hoch ist. Die Zahlen belegen eindeutig, dass man sachlich fundiert von einem Bevölkerungsaustausch, einer Ethnomorphose, sprechen kann. Kommen wir daher zur dritten Frage in Bezug auf den Bevölkerungsaustausch: Wer könnte ein Interesse an ihm haben? Und damit verbunden: Was könnte das dahinterstehende Ziel sein?

3. Mögliche Interessenten und Ziele eines Bevölkerungsaustauschs

Auch die folgenden Ausführungen und Auflistungen können zwangsläufig nur einen eingeschränkten Überblick geben und daher nicht vollständig sein. Vor allem soll es darum gehen, das System, die Ideen, die Ideengebäude und die Absichten hinter dem Bevölkerungsaustausch durch gezielt herbeigeführte Masseneinwanderung darzustellen.

Ein unvollständiger Überblick über die maßgeblichen Organisationen und Institutionen, die hier leider nicht im Einzelnen behandelt werden können, sollte genügen, um das unerhört komplexe, vielschichtige und breit gefächerte Betätigungsfeld der »Migrationsbetreiber«[152] anschaulich zu machen:

- die sehr wichtigen und einflussreichen Stiftungen und Thinktanks,[153]
- der Einfluss der Medien, der Justiz, der sozialen Medien, der Gewerkschaften und der sogenannten Nichtregierungsorganisationen (NGOs),
- die bedeutende Rolle der globalen Banken und des Zentralbankensystems – der Federal Reserve Bank, des FED-Systems –, jenes monetären Perpetuum-mobile-Systems, das zur Schaffung von Papiergeld aus dem Nichts (= Fiat Money) befugt ist.

Beginnen wir mit den Worten Thomas Bargatzkys:

> Entfaltet sich die Tragödie von Krieg, Staatenzerstörung, Flucht, neuer Völkerwanderung und neuen Kriegen mit gleichsam schicksalhafter Zwangsläufigkeit, liegt ihr ein Plan zugrunde? Wer so fragt, gerät schnell in den Verdacht, Verschwörungstheorien aufzusitzen und sie zu verbreiten. Man darf sich jedoch durch diesen Einwand nicht einschüchtern lassen, wenn die Indizien für eine Absicht hinter dem Geschehen sprechen.[154]

Dieses Kapitel versucht nun, einige dieser Indizien sowie mögliche Interessenten dieser Ethnomorphose und deren Ziele aufzuzeigen.

Richard N. Coudenhove-Kalergi

Richard Nikolaus Coudenhove-Kalergi gilt als einer der bedeutendsten Vordenker der heutigen Europäischen Union und steht nach wie vor in hohen Ehren. Er war ein japanisch-österreichischer Schriftsteller und Politiker. 1923 schrieb er sein programmatisches Buch *Pan-Europa – der Jugend Europas gewidmet.* Im Jahr 1924 gründete Coudenhove-Kalergi die Paneuropa-Union, die älteste europäische Einigungsbewegung. Ihr gehörten namhafte Persönlichkeiten aus Wissenschaft, Kunst und Politik aus vielen Ländern Europas an. 1947 rief Coudenhove-Kalergi die Europäische Parlamentarier-Union (EPU) ins Leben. 1952 schloss sich diese der Europäischen Bewegung an, Coudenhove-Kalergi wurde ihr Ehrenpräsident. 1950 erhielt er als Erster den internationalen Karlspreis der Stadt Aachen »in Würdigung seiner Lebensarbeit für ein geeintes Europa«.[155]

Neben dem internationalen Karlspreis erhielt er eine Fülle von Auszeichnungen und Würdigungen, zum Beispiel 1962 das »Große Silberne Ehrenzeichen mit dem Stern für Verdienste um die Republik Österreich«, 1967 den japanischen »Erste-Verdienstklasse-Orden des Heiligen Schatzes« und den »Japanischen Friedenspreis« (Kajima-Heiwa-Preis). 1972 folgten der »Konrad-Adenauer-Preis« der Deutschland-Stiftung für Politik, der »Europapreis des Syndicat des journalistes et écrivains« sowie das »Große Bundesverdienstkreuz mit Stern«, die Ernennung zum »Ritter der Ehrenlegion« und weitere Ehrungen.[156]

Seit dem Jahr 2002 verleiht die Europa-Union in Münster die »Coudenhove-Kalergi-Plakette«, um damit Persönlichkeiten und Institutionen zu würdigen, die sich durch ihr Engagement für Europa verdient gemacht haben. Die Auszeichnung wurde bisher bereits an neunzehn Persönlichkeiten verliehen, so zum Beispiel Jean-Claude Juncker, Herman Van Rompuy, Alois Mock, Angela Merkel und natürlich an Helmut Kohl.[157]

Man sieht also, dass Coudenhove-Kalergi nicht irgendwer, sondern eine ganz zentrale Persönlichkeit für die EU war und ist. Er zählt zu den Gründern der Europa-Idee schlechthin, war Vordenker der heutigen europäischen Idee und des europäischen Selbstverständnisses sowie der angestrebten europäischen Identität,[158] also der Ideen vom »Europa der Eliten«, des »Europa der Konzerne«, der »EUdSSR«.

Coudenhove-Kalergi war aber auch derjenige, der, wie es Klaus und Weigl fragend formulieren, noch etwas anderes hervorbrachte, nämlich

> »(…) de[n] Glaube[n] an die Möglichkeit eines neuen Menschen und eines neuen Europas?«[159]

Schauen wir uns also an, was er zu sagen hat. Coudenhove-Kalergis zweites Hauptwerk, *Praktischer Idealismus,* stammt aus dem Jahr 1925. Er zeigt darin seinen ausgeprägten Internationalismus. Aus diesem Werk stammen auch alle nachfolgenden Aussagen und Zitate:[160]

> Die Menschheit wird sich eines Tages organisieren, um gemeinsam der Erde alles abzuringen, was sie ihr heute noch vorenthält. […] Diese Entwicklung wird kommen, wenn wir an sie glauben und für sie kämpfen.[161]

Jedem One-/New-World-Order-Apologeten dürfte bei solchen Worten wohl das Herz höher schlagen.

Für ihn ist »praktischer Idealismus« die »Verbindung von Aristokratie des Geistes mit sozialistischer Wirtschaft«.[162]

Abb. 4: Richard Nikolaus Coudenhove-Kalergi und der Umschlag seines zweiten Hauptwerkes *Praktischer Idealismus* (1925)

Bedenkt man die Abgehobenheit der EU-Bürokraten, allen voran die der EU-Kommissare – schon die Funktionsbezeichnung »Kommissare« erinnert an die UdSSR! –, und die realsozialistischen Tendenzen – »Umverteilung von fleißig zu reich« (Andreas Popp) –, dann erkennt man seine Handschrift.

Coudenhove-Kalergi hat auch einiges zum Typus Mensch dargelegt. Der klassische Gegensatz besteht für ihn zwischen »Rustikalmensch« (= Landmensch) und »Urbanmensch« (= Stadtmensch).[163] Der Urbanmensch sieht Zweck, Maß und Gipfel der Welt in der Menschheit.[164] Die Weltanschauung, die Religion des Urbanmenschen ist der Sozialismus.[165,166] Aber vor allem ist der Urbanmensch meist Mischling aus verschiedenen sozialen und nationalen Elementen! Als Gegensatz zum Rustikalmenschen, der aus seiner Sicht ein »Inzuchtprodukt«[167] ist, hat der Mischling oft die folgenden Eigenschaften: Charakterlosigkeit, Hemmungslosigkeit, Willensschwäche, Unbeständigkeit, Pietätlosigkeit und Treulosigkeit; jedoch auch Objektivität, Vielseitigkeit, geistige Regsamkeit, Freiheit von Vorurteilen und Weite des Horizonts. Das zentrale Merkmal des Mischlings ist jedoch die Schwäche des Willensimpulses![168]

Coudenhove-Kalergi fasst das so zusammen:

> Inzucht stärkt den Charakter, schwächt den Geist. Mischung schwächt den Charakter, stärkt aber den Geist![169]

Man kann das wohl so verstehen: Für »Aristokraten des Geistes« sind willensschwache Untertanen, deren Geist aber für ihre Interessen nutzbar gemacht werden kann, mehr als erwünscht.

Für Coudenhove-Kalergi ist auch klar, dass der Mensch der Zukunft ein Mischling sein wird!

> Die heutigen Rassen und Kasten werden der zunehmenden Überwindung von Raum, Zeit und Vorurteilen zum Opfer fallen. Die eurasisch-negroide Zukunftsrasse, äußerlich der altägyptischen ähnlich, wird die Vielfalt der Völker durch die Vielfalt der Persönlichkeiten ersetzen.[170]

Coudenhove-Kalergi nennt diesen neuen Menschen kurz und bescheiden den »planetaren Menschen«.[171] Diese Mischlinge der Zukunft weisen den »vorteilhaften Charakter« für die herrschenden Eliten auf – den er schon sehr präzise beschrieben hat!

Wer soll diese Massen von Mischlingen nun führen? Für Coudenhove-Kalergi ist die Angelegenheit klar: Es sind die Juden, die durch ihre Charakterstärke und Geistesschärfe als Führer der urbanen Menschheit prädestiniert sind![172] Dabei charakterisiert er sie als städtische Inzuchtmenschen![173] Spätestens hier wird es dann für den aufmerksamen Leser beziehungsweise Zuhörer absurd, denn gemäß Coudenhove-Kalergis Analyse von Rustikal- versus Urbanmensch dürfte es so etwas wie den städtischen Inzuchtmenschen gar nicht geben!

Deshalb nimmt er eine Einschränkung seiner Theorie vor:

> Wenn Inzucht und Mischling zusammenkommen, dann entsteht der höchste Menschentypus![174]

Einerseits gibt es dann aber keine Inzucht mehr, weil ja nun ein Mischling dabei ist, andererseits gesteht er den Juden explizit zu, dass sie städtische Inzuchtmenschen sind. Dessen ungeachtet sind sie aber offenbar die »Krönung der Schöpfung«.

Auch hinsichtlich des Verständnisses von Demokratie dürfte Coudenhove-Kalergi für die real existierende EU richtungsweisend gewesen sein. Für ihn ist

> das demokratische Zeitalter ein klägliches Zwischenspiel zwischen zwei großen aristokratischen Epochen: der feudalen Aristokratie des Schwertes und der sozialen Aristokratie des Geistes.[175]

Die Auseinandersetzung zwischen diesen Aristokratien und dem daraus entstehenden Chaos wird seiner Meinung nach erst dann ein Ende finden, wenn die »geistige Aristokratie die Machtmittel der Gesellschaft – Pulver, Gold und Druckerschwärze – an sich reißt«.[176]

Coudenhove-Kalergi sieht das Ganze als einen »Kampf des kapitalistischen und kommunistischen Geistesadels gegen den [nationalen; Anm. d. Verf.] Blutadel«. Den »Generalstab« des kapitalistischen und kommunistischen Geistesadels besetzt die »geistige Führerrasse Europas: das Judentum«.[177] Demokratie entstand seiner Ansicht nach aus Verlegenheit:

> … nicht deshalb, weil die Menschen keinen Adel wollten, sondern deshalb, weil sie keinen Adel fanden.[178]

Kurz zusammengefasst heißt das: Die »leuchtende Zukunft Europas« soll so aussehen:

① Auflösung der Völker Europas in eine eurasisch-negroide Mischbewohnerschaft und damit Transformation des verbindenden Wir-Gefühls in atomisierte Einzelwesen.
② Diese Einzelwesen werden aristokratisch, diktatorisch beherrscht von einer abgehobenen Führerelite.
③ Diese Führerelite wird nicht gestellt von dieser dann eurasisch-negroiden Mischbewohnerschaft, sondern von der internationalistisch orientierten und von der Bewohnerschaft in jeder Beziehung unabhängigen »geistig-urbanen Herrenrasse« – den wahren Trägern des Geistesadels.

Da passt es dann wohl auch gut ins Bild, wenn die Nichte von Richard Coudenhove-Kalergi – Barbara Coudenhove-Kalergi,[179] eine österreichische Journalistin und ORF-Korrespondentin, die mit einem Reformkommunisten verheiratet war – in einer österreichischen Tageszeitung am 7. Januar 2015 – also wenige Monate vor der medial wirksamen Masseneinwanderung vom Sommer und Herbst 2015 – in einer »visionären Schau« eine Kolumne veröffentlichte und diese mit »Völkerwanderung« titulierte.[180] Darin schreibt sie offen, entwaffnend und »voller Mitgefühl« für die autochthone Bevölkerung:

> Europa bekommt ein neues Gesicht, ob es den Alteingesessenen passt oder nicht. […] Aber was jetzt anbricht, könnte man wohl eine Epoche der Völkerwanderung nennen, die die Bevölkerungsstruktur Europas noch gehörig durcheinanderbringen wird. […] Wir leben in einer Ära der Völkerwanderung. Sie hat eben erst begonnen, und sie wird mit Sicherheit noch lange nicht zu Ende sein.[181]

Der Apfel fällt wohl nicht weit vom Stamm, oder? Auch die »visionäre Ader« und die grundsätzlich internationalistisch-kosmopolitische Sicht der Welt scheinen vererbbar zu sein.

Aber zurück zu Richard Coudenhove-Kalergi. Dieser Mann ist, wie wir bereits gesehen haben, einer der nach wie vor in hohen Ehren stehenden geistigen Väter dieses EU-Europa!

Hier sieht man klar, wes Geistes Kinder nun Merkel & Co. sind! Kann man immer noch ehrlich glauben, dass das Nichthandeln der EU-Gremien, aller anderen Regierungen der »Nationalstaaten«, insbesondere der BRD und Österreichs, im Zuge der Massenmigration Zufall oder Versagen war?

Eine Antwort auf diese Frage, ganz im Sinne von Coudenhove-Kalergi, hatte Merkel in ihrer Pressekonferenz am 28. Juli 2016 gegeben:

> … dass wir es schaffen, unserer historischen Aufgabe – dies ist eine historische Bewährungsaufgabe in Zeiten der Globalisierung – gerecht zu werden.[182]

Leute mit der Überzeugung, einer »historischen Mission«[183] zu dienen, waren immer schon Garanten für den Massenmord! Pol Pot, Mao, Stalin, Hitler & Co. lassen grüßen![184]

Aber auch in der angelsächsischen Welt hat man sich schon früh darüber Gedanken gemacht, wie man einen Gegner, einen Feind, dezimieren und physisch vom Planeten eliminieren kann.

Die Antideutschen: Kaufman, Hooton, Nizer

Gehen wir einen Schritt zurück in der Geschichte des »Westens« und insbesondere Deutschlands im 20. Jahrhundert. Denn der immer mehr um sich greifende »Todestrieb«[185] der BRD-Deutschen und in weiterer Folge des weißen Europa ist ohne die Geschichte des 20. Jahrhunderts nicht zu verstehen.

Im Prinzip gehen die antideutschen Hassstimmen, die auch vor Überlegungen zur massenhaften Vernichtung der Deutschen als Menschen und Volk nicht zurückschrecken, bereits auf die Zeit vor dem Ersten Weltkrieg zurück. So meinte zum Beispiel der französische Politiker Clemenceau über die Stärke der deutschen Bevölkerung:

> Der Fehler der Deutschen ist, dass es 20 Millionen zu viel von ihnen gibt.[186]

Aber neben diesen individuellen Äußerungen kam es ganz besonders im Zuge des Zweiten Weltkrieges zu konkreten Überlegungen für einen Völkermord an den Deutschen.

Theodore N. Kaufman – »der Ausrotter« (1941)

Ein spezieller Charakter war Theodore N. Kaufman. Er war ein kleiner Geschäftsmann und Autor, der seine pazifistischen Grundüberzeugungen mit extrem radikalen Mitteln umsetzen wollte. In politischer Hinsicht war er ein einzelgängerischer Exzentriker.

Im Namen seiner American Federation of Peace, deren Präsident und vermutlich einziges Mitglied er selbst war, forderte er 1939 vom US-Kongress:

① die Vereinigten Staaten aus Europas Kriegen herauszuhalten oder
② alle Amerikaner sterilisieren zu lassen, damit ihre Kinder nicht mordlüsterne Monster würden.[187]

Die gänzlich unrealistische Forderung nach Massensterilisation übertrug er 2 Jahre später (1941; also ein Jahr vor der sogenannten »Wannseekonferenz«, im Zuge derer gemäß zeitgenössischen historischen Erkenntnissen die »Endlösung« der Judenfrage beschlossen worden

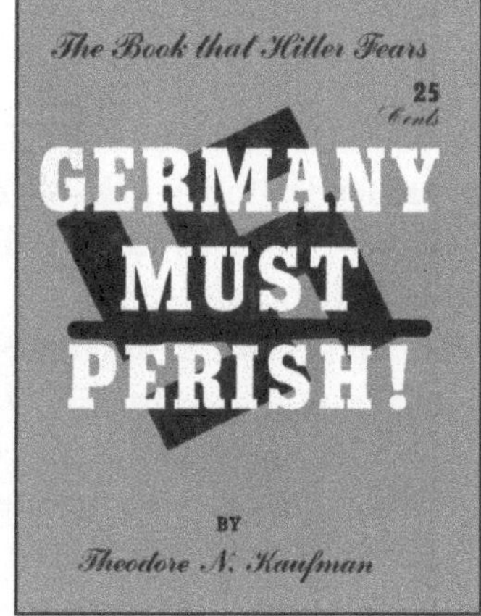

Abb. 5: Theodore N. Kaufman, Autor des Buches *Germany Must Perish!* (1941)

sein soll) in seinem Buch *Germany Must Perish!* (»Deutschland muss untergehen!«) auf die Deutschen.[188] Hier einige seiner Auslassungen:

> Dieser Krieg ist keinesfalls ein Krieg gegen Adolf Hitler. Ebenso wenig ist es ein Krieg gegen die Nazis. Es ist ein Krieg Volk gegen Volk; ein Krieg zivilisierter Völker gegen unzivilisierte Barbaren, die sich im Finstern am wohlsten fühlen.[189]

Auch der britische Premier Winston Churchill war von der Vorstellung eines »bösen Deutschland« durchdrungen. 1918 verkündete er eine Kollektivschuldthese, derzufolge »die gesamte deutsche Nation des Verbrechens schuldig [ist], einen Angriffskrieg geführt zu haben«.[190]

Die Forderung der Alliierten nach »bedingungsloser Kapitulation«, erstmals vom US-Präsidenten Franklin D. Roosevelt am 29. Dezember 1940[191] und dann wieder in Casablanca 1943[192] erhoben, hat wohl in diesem Vernichtungswillen ihre Wurzel. Denn natürlich musste allen Beteiligten klar sein, dass kein verantwortungsvoller Staatsmann jemals sein ihm anvertrautes Volk dem Feind, und das noch dazu mit diesen Absichten (Morgenthau-Plan), »bedingungslos« überlassen kann. Damit wurde automatisch jedem Widerstand gegen die nationalsozialistische Herrschaft die Legitimität entzogen. So konnte man den Krieg gegen Deutschland mit maximaler Vernichtungswirkung fortsetzen – wohl ganz im Sinne von Churchill und auch Roosevelt.[193]

Kaufman war beseelt vom Hass gegen alles Deutsche. So meinte er:

> Dieser Krieg wird vom ganzen deutschen Volk geführt. Dieses ist daher verantwortlich zu machen. Deshalb muss auch das gesamte Volk für den Krieg büßen.[194]

Er kann somit als einer der Väter oder zumindest als ein Ideengeber für die »Kollektivschuld« gelten. Wie überhaupt sein praktischer politischer Einfluss wohl eher gering war. Aber seine Ideen und Argumente wurden offenbar mehr als gerne aufgegriffen, wie man weiter unten (Morgenthau-Plan, S. 59 ff.) noch sehen wird.

In dieser hassvollen Tonart geht es dann immer weiter und weiter. Nachfolgend noch einige Zitate, die das Ausmaß seines pathologischen Hasses veranschaulichen. So schrieb er:

> Und es gibt nur eine, eine einzige derartige Strafe: Das deutsche Volk muss für immer vollständig vernichtet werden, und das nicht nur theoretisch, sondern wirklich und wahrhaftig![195]

> Es gibt keine andere Alternative: Deutschland muss verrecken![196]

Letzteres ist übrigens eine sehr beliebte Phrase der Antifa in der BRD! Auch hier sieht man sehr gut, wes Geistes Kind diese staatlich alimentierte[197] und jederzeit gegen Systemkritiker einsetzbare »Subkultur« ist.

> Dass die Deutschen nach und nach aus Europa verschwinden, wird keine nennenswerte negative Lücke hinterlassen, keine größere als das allmähliche Verschwinden der Indianer hierzulande.[198]

> Als einzige Möglichkeit, die Welt ein für alle Mal vom alldeutschen Gedanken zu befreien, bleibt also nur, die Quelle zu verstopfen … Das heißt, das deutsche Volk daran zu hindern, seine Art immer erneut zu zeugen.[199]

Es gäbe noch viele ähnliche Zitate. Abschließend stellt Kaufman fest:

> Und somit fällt die Ausrottung über Deutschland …[200]

Abb. 6: Europa nach der Auslöschung Deutschlands gemäß Kaufman[201]

Wie in Abb. 6 jedenfalls sollte Europa aus der Sicht Kaufmans nach der Vernichtung der Deutschen und ihrer Nation geografisch beschaffen sein.

Aber nicht nur der Sonderling Kaufman machte sich sehr intensive Gedanken über den Völkermord an den Deutschen. Auch im wissenschaftlichen Bereich gab es Personen, die dahingehend tätig waren. So zum Beispiel Earnest Albert Hooton.

Earnest Albert Hooton – »der Umzüchter« (1943)

Earnest Albert Hooton war ein US-amerikanischer Paläoanthropologe und Hochschullehrer an der Universität von Harvard, der sich insbesondere mit der Rassentheorie befasste.[202] Als »Hooton-Plan« werden die von ihm in den 1940er-Jahren veröffentlichten Gedanken bezeichnet, die die rassischen Eigenschaften der Deutschen in den Mittelpunkt stellen und statt der psychosozialen Umerziehung, die zum Beispiel Louis Nizer empfahl, eine biologische »Umzüchtung« und »Umvolkung« als notwendige Maßnahme zu ihrer erfolgreichen und dauerhaften Unterwerfung propagieren.[203]

Am 4. Januar 1943 veröffentlichte Hooton im New Yorker *Peabody Magazine* einen Beitrag mit dem Titel »Breed War Strain Out of Germans« (zu Deutsch: »Züchtet den Hang zum Krieg aus den Deutschen heraus«). Grundsätzlich unterstellte er den Deutschen eine besondere Tendenz zum Krieg und hielt sie alle für »moralisch Schwachsinnige«. Seine allgemeine Zielrichtung war es, den deutschen Nationalismus zu zerstören.[204] Hierzu forderte er beziehungsweise schlug er vor:

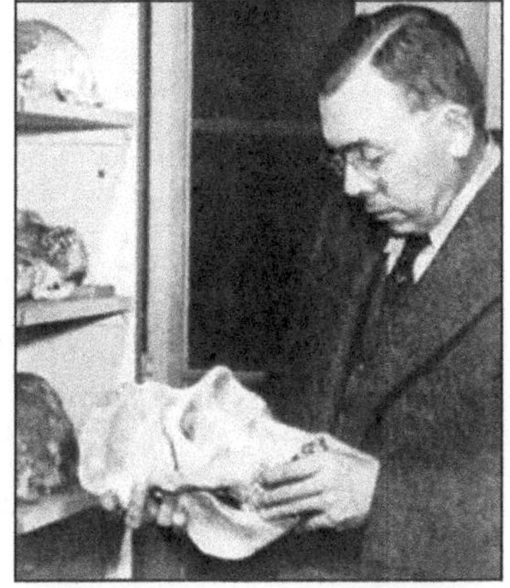

Abb. 7: Earnest Albert Hooton

① Die Geburtenzahl der Deutschen zu reduzieren.
② Die Einwanderung und Ansiedlung von Nichtdeutschen zu fördern.

③ Ganz besonders sollten Männer nach Deutschland gebracht werden. In seiner Eigenschaft als Berater des US-Präsidenten empfahl er: »Während dieser Zeit [der Überwachung und Besetzung; Anm. d. Verf.] soll ebenfalls die Einwanderung und Ansiedlung nichtdeutscher Menschen, insbesondere nichtdeutscher Männer, in die deutschen Staaten gefördert werden.«

④ Damit diese geplanten vielfältigen Genmanipulationen auch umgesetzt werden könnten, sollte seiner Meinung nach ein Großteil der Angehörigen der Deutschen Wehrmacht für 20 Jahre oder länger in Staaten der Alliierten als Arbeitssklaven eingesetzt werden.

⑤ Ganz pragmatisch sollte diese Umzüchtung langsam durchgeführt werden, um größeren Widerstand bei den Deutschen zu vermeiden.

In identischer Form äußerte sich Hooton am 10. Oktober 1944 in der *New York Times* und an anderen Stellen.[205]

Betrachtet man diese Äußerungen im Lichte der seit Jahrzehnten mit steigender Tendenz stattfindenden Einwanderung, insbesondere

2

What Are We Going to Do With the Germans?

Here Are Answers by Important Persons of Our Time

By Franz Boas: **Insane Asylums For Nazi Leaders**

By Earnest Hooton: **Breed War Strain Out of Germans**

JANUARY 4, 1945 3

Should We Kill the Germans—or Save Them?

By Dorothy Thompson: **Kill Naziism, Then Use Golden Rule**

By Albert Einstein: **Break Germany's Industrial Power**

Abb. 8: US-amerikanische Stellungnahmen zum Bannen des deutschen Problems (1943), darunter auch eine von Earnest Hooton (unten Mitte)

die Masseneinwanderung von jungen Männern, und die Werbung für gemischtrassige Familien und Partnerschaften zum Beispiel der BRD-Regierung (2001), dann kann es wohl kaum verwundern, dass manche Menschen eine Realisierung des Hooton-Plans vermuten.

Louis Nizer – »der Umerzieher« (1944)

Louis Nizer war ein jüdischer Rechtsanwalt, der durch die gerichtliche Vertretung zahlreicher US-amerikanischer Berühmtheiten bekannt wurde.[206] Nizer stimmte mit der »Kollektivschuldthese« des Journalisten William L. Shirer überein, der in einem Aufsatz mit dem bezeichnenden Titel *»They are all guilty – punish them«* (zu Deutsch: »Sie sind alle schuldig – bestraft sie«) ebendies forderte.[207] Shirer schlug unter anderem vor, die deutschen Männer sollten als Zwangsarbeiter auf die Nachbarvölker verteilt werden.[208] Dass es ohne deutsche Männer keinen deutschen Nachwuchs mehr geben kann, ist wohl selbsterklärend.

Nizer war der Meinung:

> Die Verantwortung fällt nicht auf den jeweiligen Führer zurück, ob es sich nun um Karl den Großen … oder Hitler handelt. Das deutsche Volk ist verantwortlich.

Darüber hinaus sah er die Deutschen …

> als von der Mission erfüllt, alle anderen Völker zu versklaven.[209]

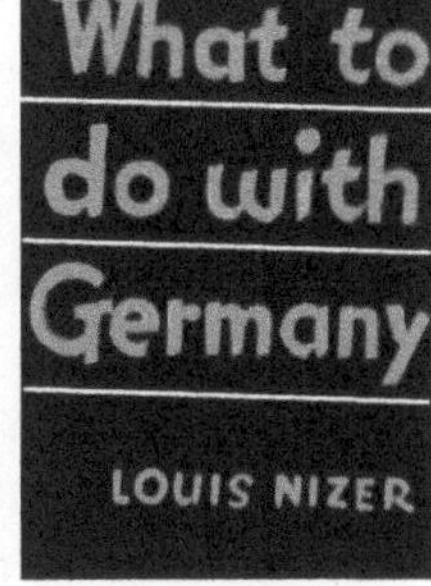

Abb. 9: Louis Nizer und sein Buch *What to do with Germany?* (1944)

Nizer schrieb 1944 das Buch *What to do with Germany?* (in deutscher Übersetzung: *Was sollen wir mit Deutschland machen?*), in der er die allumfassende geistige Umerziehung des deutschen Volkes forderte.[210]

Nizers Nachkriegsplan für Deutschland bestand primär darin, eine Umerziehung von bisher nicht vorstellbaren Dimensionen am deutschen Volk durchzuführen. Hochrangige Politiker der Alliierten wie Churchill, Roosevelt, Eisenhower und Truman lasen das Buch und stimmten seinem Inhalt zu.[211]

Nachfolgend einige Zitate aus Nizers Werk:

> Ihr Staat als geschlossene Einheit, durch den die Deutschen handelten, muss aufgelöst werden. […] Kurz gesagt, die deutsche Staatshoheit muss außer Kraft gesetzt werden. Das Land muss vollständig von den Streitkräften der »Vereinten Nationen« besetzt werden.
>
> Psychologisch gesehen ist die vollständige Besetzung eine notwendige Bedingung für das Erziehungsprogramm …
>
> Es darf daher keine Friedensverhandlung mit Deutschland geben …
>
> Wir müssen allen Scharfsinn und alle geistige Wendigkeit einsetzen, bei Radio, Film und für geschickte Erziehungspropaganda.
>
> Es ist die größte und vornehmste Aufgabe, die uns je auferlegt worden ist, denn es geht darum, das geistige Fundament eines ganzen Volkes zu zerstören und diesem einen neuen Charakter einzuprägen.
>
> Das gesamte Erziehungssystem in Deutschland muss vernichtet werden, genau wie seine Rüstungswerke. Seine geistige Verfassung, deren Auswirkungen für die Menschheit nicht weniger gefährlich sind als die verschiedenen Granaten aus den Munitionsfabriken …[212]

In der Diskussion (zum Beispiel bei *Wikipedia*) wird im Zusammenhang mit diesen Vorstellungen teilweise nicht unbedeutender Männer oftmals angemerkt, dass der Begriff »Plan« nur von sogenannten Verschwörungstheoretikern verwendet wird,[213] weil geäußerte Gedanken noch lange kein »Plan« sind. Das hat natürlich eine gewisse Berechtigung. Dabei wird aber häufig übersehen beziehungsweise geflissentlich verschwiegen, dass

① diese Männer nicht irgendwelche Spinner waren – mit Ausnahme von Kaufman vielleicht –, deren Gedanken es nicht wert wären, bedacht oder vielleicht sogar in die Tat umgesetzt zu werden,
② die Realität der vergangenen Jahrzehnte in Mitteleuropa eine nicht unerhebliche Ähnlichkeit mit den gewünschten und beschriebenen Zielsetzungen in diesen »Plänen« hat und
③ es ganz klar ist, dass ihre Gedanken zumindest von anderen Personen in Pläne umgesetzt wurden.

Eine solche Umsetzung ist der Morgenthau-Plan. Dieser kann von keinem in Zweifel gezogen werden. Dieser Plan ist eine historische Tatsache, die zwar nicht geleugnet, aber verschwiegen wird.

Henry Morgenthau jun. – »der Vollstrecker« (1944)

Henry Morgenthau jun. war der US-Finanzminister in der Roosevelt-Regierung und ein erbitterter Gegner des Nationalsozialismus, ebenso wie sein Stellvertreter Harry Dexter White.[214]

Dieser White war im Übrigen ein Sowjetagent, genauso wie der persönliche Berater von Roosevelt, Alger Hiss.[215] Das sowjetfreundliche Umfeld von Roosevelt wurde noch von dessen Ehefrau Eleonore ergänzt, die eine feministische Aktivistin war und der eine besondere Nähe zu den Kommunisten nachgesagt wurde.[216]

Der sogenannte Morgenthau-Plan war eine Denkschrift über die Behandlung Deutschlands nach seiner Niederlage. Morgenthau legte sie zur Zweiten britisch-amerikanischen Konferenz, die vom 1. bis 19. September 1944 in Quebec stattfand, Roosevelt und Churchill vor, die diesen Plan am 15. September 1944 auch genehmigten.[217] Er war die konsequente Fortsetzung der Politik der »bedingungslosen Kapitulation« als Kriegsziel der Alliierten, wie sie 1943 bei der Konferenz von Casablanca beschlossen wurde.[218]

Im Wesentlichen sah dieser Plan vor:

Abb. 10: Henry Morgenthau jun. und sein Buch *Germany Is Our Problem – A Plan for Germany* (1944)

① Deutschland vollkommen zu deindustrialisieren;[219]
② das Ruhr- und das Saargebiet vollkommen zu zerstören sowie alle Maschinen und Industrieanlagen in die UdSSR zu bringen;[220]
③ Bodenschätze und umfangreiche Gebietsabtretungen als Reparationszahlungen zu verwenden;[221]
④ Deutschland – als Gesamtziel – in einen reinen Agrarstaat zu verwandeln;[222]
⑤ diejenigen Deutschen, die nicht ernährt werden konnten, nach Nordafrika umzusiedeln.[223]

Ursprünglich war Churchill gegen diesen Plan, da er ihn für unnatürlich, unchristlich und unnötig hielt. Die Briten waren jedoch in wirtschaftlicher Hinsicht darauf angewiesen, dass die zweite Stufe des »Lend-Lease Act«-Programms von den USA umgesetzt wurde.[224]

Die ursprüngliche Zurückhaltung von Churchill ist insofern verwunderlich, als er auch nichts gegen die Idee hatte, die deutsche Zivilbevölkerung mit Anthrax-Keksen zu vergiften und die schutzlosen deutschen Städte auch nach dem Krieg noch in Schutt und Asche zu legen![225]

Der Morgenthau-Plan erfuhr dann doch keine Umsetzung, weil …

① der US-Außenminister und der US-Verteidigungsminister sowie der britische Außenminister schon im September 1944 den Plan als »Verbrechen gegen die Zivilisation« ablehnten;
② der Plan am 21. September 1944 durch eine gezielte Indiskretion an die US-amerikanische und britische Öffentlichkeit gelangte.[226] In den USA brach daraufhin ein Sturm des Protestes los, und Roosevelt musste zurückrudern;[227]
③ Rache an Deutschland in dieser Form im Juli/August 1945 zu nehmen während der Potsdamer Konferenz der »großen Drei« vom 17. Juli bis 2. August 1945[228] schon keine praktikable Politik mehr war. Das besiegte Deutsche Reich sollte den Nachkriegsplänen der UdSSR, der USA und Großbritannien nützlich gemacht werden. Die Kriegsparteien der Alliierten beabsichtigten, es jeweils gegeneinander zu instrumentalisieren.[229]

Man verhinderte den Morgenthau-Plan also nicht, weil man ihn für unmenschlich hielt, sondern weil man ihn zum damaligen Zeitpunkt aus machtpolitischen Gründen nicht gebrauchen konnte. Geopolitik auf dem »eurasischen Schachbrett« (Bernhard Rode) eben!

Man hatte sich also gerade auf amerikanischer und britischer – also auf angelsächsischer – Seite intensiv Gedanken gemacht, die deutsche Nation biologisch auszumerzen beziehungsweise umfassend zu neutralisieren, und es ist aufgrund der tatsächlichen Entwicklung nicht von der Hand zu weisen, dass solche oder ähnliche Überlegungen der seit Jahrzehnten stattfindenden massiven, systematisch gelenkten Überfremdung und Umvolkung Deutschlands (»Europas Mitte«) zugrunde liegen.

Diese äußerst effektive »biologische Waffe« wird mittlerweile in ganz Europa eingesetzt, um die »widerspenstigen« Weißen zu zähmen und eine leicht zu beherrschende Bevölkerungsmasse zu schaffen. In letzter Konsequenz wird, ganz den Vorstellungen Coudenhove-Kalergis entsprechend, eine negrid-eurasische Mischrasse als Einheitsmensch der Neuen Weltordnung gezüchtet, bei der angesichts der momentanen Entwicklung der Weltbevölkerung der negride Anteil am größten und der europide Anteil am geringsten sein wird. Natürliche und gesunde Abwehrreaktionen der Völker werden dabei mittels politischer, medialer und juristischer Kampfbegriffe, wie »Rassismus«, »Xenophobie« usw., und Kampfmaßnahmen, wie etwa der sozialen Ächtung und Stigmatisierung, des Verlusts der Anstellung, der Zensur (besonders in den sozialen Medien) bis hin zur juristischen Verfolgung rigoros bekämpft und im Keim erstickt.[230] »Erforderliche« Maßnahmen zur Herstellung der »multikulturellen Demokratie«[231] eben!

Das angloamerikanische Imperium und die Diener seiner Oligarchie

Es ist hier nicht der Raum, um sich mit den »Grundlagen der angloamerikanischen Geopolitik«[232] zu beschäftigen. Diese Kenntnis ist aber in gewissem Sinne Voraussetzung, um zu verstehen, was in der Welt vorgeht und »warum sie keinen Frieden findet«[233]. Zur Vertiefung in diese unverzichtbare Thematik seien zwei Standardwerke empfohlen:

① Bernhard Rode: *Das eurasische Schachbrett – Amerikas neuer Kalter Krieg gegen Russland,*[234]
② Zbigniew Brzeziński: *The Grand Chessboard – American Primacy and Its Geostrategic Imperatives*[235] (dt.: *Die einzige Weltmacht – Amerikas Strategie der Vorherrschaft*)[236]

Ein kurzer Einblick sollte genügen, um zu erkennen, welche Bedeutung die »Mitte Europas« für das angelsächsische, also britische, wie auch US-amerikanische Streben nach globaler Herrschaft hat.

Einer der bekanntesten und auch bedeutendsten britischen Geopolitiker war Halford Mackinder. Er entwickelte die sogenannte Heartland-Theorie.[237] Für ihn war die Erde eine Einheit, die aus einem »Weltozean« und aus einer »Weltinsel« (= Eurasien und Afrika) sowie aus den beiden »Randinseln« Amerika und Australien besteht. Zentral für das Verständnis dieser Theorie ist nun: Will man die Welt beherrschen, muss man sich der »Weltinsel« bemächtigen, besonders ihres »Herzens«, des »Heartland«.[238]

Ein mächtiger Kontinentalstaat, dem alle Errungenschaften moderner Technik zur Verfügung stehen, könnte durch eine Herrschaft über dieses »Herzland« die Herrschaft über die gesamte »Weltinsel« erlangen. Mackinder formulierte dies als einen in der Literatur viel zitierten Merksatz:

Wer über Osteuropa herrscht, beherrscht das Herzland.
Wer über das Herzland herrscht, beherrscht die Weltinsel.
Wer über die Weltinsel herrscht, beherrscht die Welt.[239]

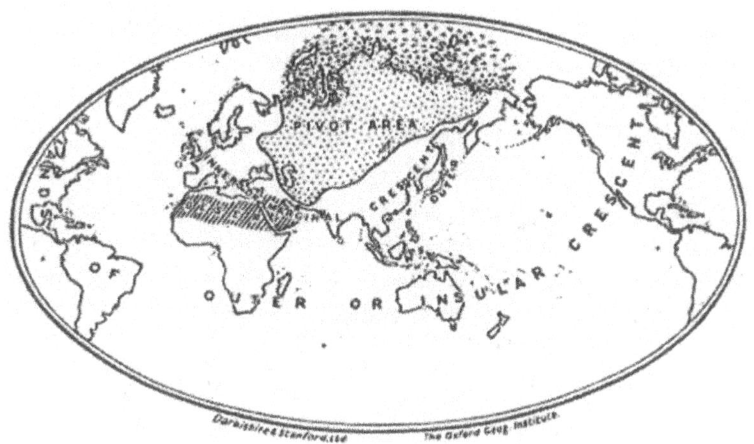

Abb. 11: Die Einteilung der »Weltinsel« in Mackinders Heartland-Theorie

Wir wollen nun betrachten, wie die Logik der angelsächsischen imperialen Politik in der Praxis funktioniert, um die Vorherrschaft in Eurasien sicherzustellen. Hierzu zunächst zwei aktuelle Zitate.

Karl Rove, bis zum 31. August 2007 stellvertretender Stabschef des Weißen Hauses, Parteistratege und politischer Berater der Republikanischen Partei in den USA sowie einer der wichtigsten Berater von George W. Bush,[240] erklärte:

> Wir sind jetzt ein Imperium, und wenn wir handeln, dann erschaffen wir unsere eigene Wirklichkeit. Und während sie [die Journalisten] unsere Realität untersuchen … kreieren wir schon wieder eine neue, andere Realität. […] So läuft das. Wir sind die Akteure in der Geschichte.[241]

Der am 27. Mai 2017 verstorbene Zbigniew Brzeziński, Sicherheitsberater der Präsidenten Carter und Obama, war einer der geostrategischen Vordenker in den USA mit ungebrochenem Einfluss. Obama beschrieb Brzeziński als »einen unserer überragendsten Denker«.[242] In der Einleitung zu seinem Klassiker (siehe oben) schreibt Brzeziński Folgendes unter dem Titel »Supermachtpolitik«:

> Mit dem Scheitern und dem Zusammenbruch der Sowjetunion stieg ein Land der westlichen Hemisphäre, nämlich die Vereinigten Staaten, zur einzigen und im Grunde ersten wirklichen Weltmacht auf. [...] Inwieweit die USA ihre globale Vormachtstellung geltend machen können, hängt aber davon ab, wie ein weltweit engagiertes Amerika mit den komplexen Machtverhältnissen auf dem eurasischen Kontinent fertigwird – und ob es dort das Aufkommen einer dominierenden, gegnerischen Macht verhindern kann. Eurasien ist somit das Schachbrett, auf dem sich auch in Zukunft der Kampf um die globale Vorherrschaft abspielen wird. Daher lautet das Gebot, keinen eurasischen Herausforderer aufkommen zu lassen, der den eurasischen Kontinent unter seine Herrschaft bringen und damit auch für Amerika eine Bedrohung darstellen könnte.[243]

Als knallharter Realist schreibt Brzeziński, die USA hätten keine andere Wahl gehabt, als sich in die europäische Politik (Erster und Zweiter Weltkrieg, Anm. d. Verf.) einzumischen, um zu verhindern, dass eine »feindliche europäische Weltmacht entstehen würde«. Er lässt keinen Zweifel daran, dass die USA diesem Dogma nach wie vor verpflichtet sind. Das ideale Ziel der USA sei es daher, ein politisch vereintes und in die NATO integriertes Europa zu schaffen.[244] So kann man jahrzehntelange exzessive, globale Gewaltanwendung auch schönmoralisieren!

George Friedman

Einer der weiß, wie Geostrategie funktioniert, ist George Friedman, ein US-Politologe und Publizist. Er gründete und leitet seit 1996 das private Beratungsinstitut Stratfor wie auch 2015 die Firma Geopolitical Futures, die geopolitische Prognosen erstellt.[245] Er ist einer der gewichtigen Strategieberater der hohen US-Politik.

Wir wollen uns zwei seiner Aussagen ansehen, die die Sichtweise der angelsächsischen geopolitischen Eliten verdeutlichen. Am 4. Februar 2015 erklärte er bei der Pressekonferenz des Council of Global Affairs:

> Für die Vereinigten Staaten ist es das vornehmliche Ziel, dass sich deutsches Kapital und deutsche Technologie sowie russische Rohstoffressourcen und russische Arbeitskraft nicht zu einer einzigartigen Kombination verbinden, die die USA seit einem Jahrhundert zu verhindern versuchen.[246]

Diese Aussage eröffnet eine interessante zusätzliche Perspektive auf die übliche politisch-korrekte Darstellung der Gründe für den Ersten und Zweiten Weltkrieg.

Aber nicht weniger interessant ist Friedmans Einschätzung der Bedeutung der BRD:

> Deutschland ist wirtschaftlich enorm mächtig, aber geopolitisch sehr zerbrechlich, und sie [die Deutschen, Anm. d. Verf.] wissen niemals, wo und wie sie ihre Exporte verkaufen können. Seit 1871 – das war immer die »deutsche Frage«. Und die Frage Europas. Denken Sie über die »deutsche Frage« nach, die jetzt wieder mal aufkommt.[247]

Es ist doch spannend zu hören, dass im Februar 2015, also einige Monate vor Beginn der Massenmigrationswelle, die »deutsche Frage« für angelsächsische Geostrategen wieder auf der »Tagesordnung« stand.

Daher ist es auch nicht abwegig, der Argumentation von Thierry Meyssan, Präsident und Gründer des »Réseau Voltaire« und der Konferenz »Axis for Peace«, nach dem »Warum« der Migrationskrise zu folgen. Er wirft den USA vor, dass sie mit der Migrationswaffe gegen Europa »vorgehen«, und ist der Meinung, dass sich die Beamten der EU komplett irren, wenn sie im gegenwärtigen Zustrom von Flüchtlingen nach Europa nur die unbeabsichtigte Folge der Konflikte im Nahen und Mittleren Osten sowie in Afrika sehen.

Diese Migration ist »ein strategisches Ziel der Vereinigten Staaten«! Aus Meyssans Sicht geht es den USA um die Destabilisierung Europas und die Beherrschung Eurasiens.[248] Angelsächsische Geostrategie eben!

In diesem Zusammenhang hält es William Engdahl für besonders wichtig zu verstehen, dass die Zerstörung der Nationalstaaten Teil des Plans dieser »atlantischen Oligarchie« ist – als Voraussetzung zur globalen Plünderung ganzer Volkswirtschaften. Diese Methode nennt er »Globalisierung«.[249]

Letztlich ist es das Ziel dieses angelsächsisch-oligarchischen Machtkartells, die ganze Erde in einen einzigen grenzenlosen Markt – im Sinne einer totalen Entgrenzung aller Lebensbereiche – zu verwandeln, in dem sich zwangsläufig alle Völker, Kulturen, Religionen etc. zu einer gleichgeschalteten Einheitsmenge vermischen. Ein »Global Empire«, wenn man so will. Das Credo dieser Globalisierer ist reinster Materialismus. Menschen sind *human resources,* und die Natur gilt als *natural resource.* Profit gilt als das Maß aller Dinge.[250] Natürlich geht es aber letztlich immer nur um eines: um Macht!

Ein weiterer Paladin, der diese Vorherrschaft – frei von Skrupeln – gedanklich aufbereitet und dadurch mithilft, sie zu ermöglichen, ist Thomas P. M. Barnett.

Thomas P. M. Barnett

Thomas P. M. Barnett ist ein US-amerikanischer militärstrategischer Forscher. Von 1998 bis 2004 arbeitete er als Professor am U. S. Naval War College. Eines seiner Projekte untersuchte, wie die fortschreitende Globalisierung die Spielregeln internationaler Sicherheit verändert, und insbesondere, welche Auswirkung diese Änderungen auf die Rolle des US-Militärs haben, das traditionell die wirtschaftlichen Verbindungen der USA in der Welt abzusichern hat. Als Reaktion auf 9/11 schuf der US-Verteidigungsminister ein Amt zur Transformation der Streitkräfte, dem auch Barnett als Mitarbeiter angehörte.[251]

Bereits vor den Anschlägen des 11. September 2001 hatte Barnett, wie auch Samuel P. Huntington mit seinem »Clash of Civilizations« (1992 und 1996)[252], den »politischen Islam« als möglichen künftigen Hauptfeind der Weltmacht USA identifiziert. Dieser theoretische Ansatz stieß zunächst kaum auf Interesse, gewann aber durch die Ereignisse von 9/11 »überraschend« an Bedeutung.[253]

Barnett kann als einer der wichtigen zeitgenössischen Vordenker und Planer der »Großen Einen Welt« gelten. Die Strategie dafür hat er in zwei Büchern, die 2004 bzw. 2005 erschienen, in aller Deutlichkeit vorgestellt. In Summe ist sein Konzept eine Kriegserklärung an alle Menschen und Völker, die sich der globalen Gleichschaltung im Namen materialistischer Profitgier widersetzen.[254]

Barnetts Erstlingswerk von 2004 trägt den Titel *The Pentagon's New Map: War and Peace in the Twenty-first Century.*[255] Dem inzwischen verstorbenen Richard Melisch gebührt das Verdienst, den Inhalt dieses Werkes und des Nachfolgers *Blueprint for Action* bereits 2007 dem deutschsprachigen Publikum zugänglich gemacht zu haben![256]

Der Auslöser für Barnetts Überlegungen findet sich am Ende der 1990er-Jahre. Damals erhielt Barnett von der Wall-Street-Firma Cantor Fitzgerald den Auftrag, in Zusammenarbeit mit Wissenschaftlern, Militärs, Brokern und Vertretern von Thinktanks ein Forschungsprojekt durchzuführen zur Ausarbeitung neuer Regeln und Strategien zur weltweiten Umsetzung der globalen Wirtschaftsordnung. Das Ganze bekam den Namen »New Rule Sets Project« (»Projekt Neue Spielregeln«).[257] Die »Weitsichtigkeit« der auftraggebenden Wall-Street-Banker muss man wirklich bewundern. Nur knapp 1½ Jahre später war diese Studie mehr als nur relevant!

»Globalisierung« oder »Connectedness« (»Vernetzung«) definiert Barnett als »Zustand gegenseitig gesicherter Abhängigkeit«.[258] Die Spielregeln werden nicht mehr von Staaten, sondern von der Globalisierung – also von der globalen Oligarchie – vorgegeben.[259]

Damit die Globalisierung dann auch reibungslos funktioniert, müssen vier dauerhafte und ungehinderte »Flows« (»Ströme«) gewährleistet sein:

① Ein ungehinderter Strom von Einwanderung: Europa soll bis 2050 jährlich 1,5 Millionen Einwanderer aufnehmen. Denn: »Mobilität ersetzt Tradition.«

② Ein ungehinderter Strom von Erdöl und Erdgas: Die erdölexportierenden Länder in Nahmittelost (NMO) sollen durch die USA von ihren Herrschern »befreit« werden, damit sie »selbst« über ihre Zukunft entscheiden können.

③ Ein ungehinderter Strom von Krediten und Investitionen: Via Foreign Direct Investments (FDI) soll der asiatische Raum, aber ganz besonders China, in die US-dominierte globale Weltwirtschaftsordnung eingebunden werden. Dies soll auch sicherstellen, dass US-Schuldpapiere weiterhin vom Ausland gekauft werden und damit die Schulden der USA auch künftig auf die ganze Welt verteilt werden können.

④ Ein ungehinderter Strom von US-Sicherheitskräften in regionale Märkte: US-Streitkräfte sollen wie eine Art Polizei auf weltweite »Streife« gehen, um die Globalisierung abzusichern.[260]

Die Vereinigten Staaten sehen Barnett in Summe als »die erste multinationale Staatenunion«, die nicht einem »geheiligten Vaterland« dient, sondern dem individuellen – man könnte auch sagen: egoistischen – Streben nach Glück. Die USA sind daher »die Leuchte der Globalisierung«![261]

Barnett erstellt »Zehn Gebote für die Globalisierung«.[262] Unter anderem sieht er die globale Aufgabe der US-Streitkräfte in den Staaten, die noch nicht in das globale System eingebunden sind, darin, die Gewalt dort zu halten, aber auch die Globalisierung in der ganzen Welt sicherzustellen![263]

Und dann spricht er es ganz unverblümt aus:

> Die USA haben sich für die »Strategie der Vorbeugung« entschieden … und Präventivschläge gegen »Schurkenstaaten« zu führen. […] Wir haben kein Problem damit, die Einhaltung von Regeln und Gesetzen durch vorbeugenden Einsatz tödlicher Gewaltmittel (*deadly force*) durchzusetzen.[264]

Er wird sogar noch deutlicher:

> Wann immer Regelbrecher unsere Spielregeln nicht einhalten, werden wir einschreiten … denn wir sind von der Geschichte ermächtigt.[265]

Mit Barnett haben wir also schon wieder jemanden, der von seiner Mission, »beauftragt durch die Geschichte«, rücksichtslos überzeugt ist. Konsequent fordert er daher für Europa:

> Europa muss sich über die »Gastarbeiter« hinaus entwickeln und den US-Weg der Ermunterung zur signifikanten Einwanderung beschreiten.

> Rechtsgerichtete und einwanderungsfeindliche Politiker müssen zum Schweigen gebracht werden und haben von der Bühne zu verschwinden, und zwar schnell![266]

Wer so schreibt, der meint es ernst! Im Jahr 2005 legte dann Barnett mit *Blueprint for Action – A Future Worth Creating* (in deutscher Übersetzung: *Drehbuch für den 3. Weltkrieg. Die zukünftige Neue Weltordnung*) noch eines drauf.[267] Nur kurz:

① Barnett bekräftigt die Inhalte seines Buches aus dem Jahr 2004.
② Die Globalisierung ist seiner Auffassung nach erst dann abgesichert, wenn ausnahmslos alle Länder vernetzt und gleichgeschaltet sind.
③ Er erstellt »sechs Regeln«[268], wie mit Staaten umgegangen werden soll, die sich nicht den »Spielregeln« beugen:
- Anklage durch die UNO gegen Regierungen, die »ungebührliches« Verhalten zeigen.
- Ausstellung von Haftbefehlen gegen angeklagte Regierende. Militärschläge der USA und ihrer Verbündeten zum Auffinden der »Verbrecher«.
- Dem siegreichen Heer folgen dann sofort die »Friedensmacher« (Einsatzgruppen gegen Terroristen, Beauftragte für wirtschaftlichen Wiederaufbau und für Umerziehung).
- Parallel dazu sollen Weltbank (WB) und Internationaler Währungsfonds (IWF) Strukturen zum Wiederaufbau und für die Umerziehung schaffen.
- Eine Besatzungsbehörde soll hier vorerst regieren.
- Die nun festgesetzten ehemaligen Regierungsmitglieder, also die »Verbrecher«, sollen abgeurteilt werden.[269] (Die Hinrichtung Saddam Husseins und die Ermordung Muammar al-Gaddafis müssen wohl ganz im Sinne dieses »Nürnberg 2.0« gesehen werden.)

Barnett stellt auch klar, dass die erstrebenswerte Globalisierung nur dann Erfolg haben kann, wenn man die »*opposite force*«, jene also, die diese Entwicklung nicht wollen, bekämpft.[270] Um keinen Zweifel an der Ernsthaftigkeit seiner Pläne aufkommen zu lassen, führt er aus:

> Jawohl! Ich nehme die vernunftwidrigen Argumente unserer Gegner zur Kenntnis. Doch sollten sie Widerstand gegen die globale Weltordnung leisten, fordere ich: Tötet sie![271]

Er scheut daher auch nicht davor zurück, unmissverständlich offenzulegen, dass diese »erforderliche Gewaltbereitschaft« zum US-Sezessionskrieg (1861-1865) und den beiden Weltkriegen (1914-1918 und 1939-1945) geführt hat mit dem Ziel, die Globalisierung voranzutreiben (I. Globalisierung 1870-1914) beziehungsweise wieder aufzunehmen (II. Globalisierung nach 1945).[272] Das klingt irgendwie ganz anders als das verordnete zeitgenössische Geschichtsbild, nicht wahr?

Im Lichte dieser Zusammenhänge muss man sich einen Sachverhalt immer wieder in Erinnerung rufen: Die sogenannte »Globalisierung« dient ausschließlich internationalistischen Kartellen, Konzernen und Monopolen zur Gewinnmaximierung und zur lückenlosen Herrschaft über die ganze Welt. Sie ist daher eine Kampfansage an jede Art nationaler, sozialer, religiöser und kultureller Bekenntnisse und Zugehörigkeiten![273]

Sich das ständig vor Augen zu führen ist deshalb so wichtig, weil man sonst nicht erkennt, dass angelsächsisch geprägter Monopolkapitalismus und kommunistischer Staatskapitalismus eben zwei Seiten derselben Medaille, der globalen Kartell-Oligarchie – Engdahl nennt sie »Atlantiker-Oligarchie«[274] –, sind und dass »unsere nationalen Politiker fest in die Pyramide der globalen Machthierarchie eingebunden sind«. Dort haben sie einen subalternen, einen Vasallenstatus[275] inne.

Einer, der zweifellos kein Subalterner ist, sondern ein bedeutender »Atlantiker-Oligarch«, und einer der wenigen in dieser Liga, der auch einmal selbst Hand anlegt und auf der Bühne vor den Vorhang tritt, ist George Soros.

Netzwerke der Migration – George Soros

Im Zusammenhang mit der Masseneinwanderung von 2015 und der darauffolgenden Jahre taucht immer wieder ein Name auf: George Soros, der als György Schwartz in Budapest geborene Multimilliardär (Vermögen 24,2 Milliarden Dollar, Stand Juni 2015) und Großsponsor im Sinne multipler edler Ziele. Es wird ihm, als einem der reichsten

Männer unseres Planeten, vorgeworfen, dass er seine Finger in diesem »üblen Spiel« hat.[276]

Insidern ist bekannt, dass Soros die US- und somit die globale Politik massiv beeinflusst. So leistet er Zuwendungen an linke Politiker und Gruppierungen, etwa an US-Politiker wie Hillary Clinton oder Barack Obama, an US-amerikanische NGOs wie das Center for American Progress oder an weltweite Kampagnenorganisationen wie MoveOn oder Avaaz, die sich – ausgestattet mit Soros-Geldern – »zivilgesellschaftlich« in der großen Politik engagieren.[277]

BreitbartNewsNetwork schrieb schon im Herbst 2015:

> Soros – der die linke Sache mit Spenden für beispielsweise das Center for American Progress, *MoveOn.org*, Hillary Clinton und Barack Obama unterstützt hat – gibt zudem Milliarden Dollar für Lobbygruppen in ganz Europa und Afrika. Er steht felsenfest hinter der Europäischen Union und dem Euro als Währung und ist einer der wichtigsten Förderer der linksgerichteten London School of Economics. Seine Open Society Foundation hat Pro-EU- und Pro-Zuwanderungsgruppen wie British Future finanziell unterstützt. British Future ist gegen UKIP und europaskeptische Gruppen ins Feld gezogen.[278]

Als Verfechter einer »offenen«, also einer von ihm beeinflussten Gesellschaft, finanzierte Soros' Open Society Foundation die »Öffnung« Osteuropas und ehemaliger Sowjetrepubliken durch »Farbrevolutionen« und die Gründung eines Netzwerks aus Open-Society-Instituten oder ähnlich gelagerten NGOs.[279] Aufgrund dieser seiner »philanthropischen Neigungen« finanzierte Soros teilweise gemeinsam mit der United States Agency for International Development (USAID), einer US-Regierungsorganisation, die offiziell für »zivile Hilfe im Ausland« zuständig ist, zum Beispiel folgende »Farbrevolutionen«:

- die »Bulldozer Revolution« in Serbien im Jahr 2000,
- die »Rosenrevolution« in Georgien im Jahr 2003 (gemeinsam mit USAID),
- die »Orange Revolution« in der Ukraine im Jahr 2004 (gemeinsam mit USAID),
- die »Zedernrevolution« im Libanon 2005,

- die »Tulpenrevolution« in Kirgistan 2005 (gemeinsam mit USAID) und
- die »Grüne Revolution« im Iran im Jahr 2009.[280]

Darüber hinaus wird ihm vorgeworfen, dass er mit seinen subversiven Organisationen und Helfershelfern maßgeblich an folgenden Aktionen mitgewirkt hat beziehungsweise mitwirkt:[281]

- am »Arabischen Frühling«,
- an den »Maidan-Protesten« samt nachfolgendem Putsch und Bürgerkrieg in der Ukraine,
- an der »syrischen Flüchtlingskrise« (seine Helfer lotsten die Leute nach Europa weiter),
- an der Aktion »Occupy Wall Street«, einem Angriff auf seine Konkurrenten,
- an den Aktionen zu »Open Borders«, den »Anti-Trump-Protesten«, an bezahlter Randale gegen schlechte Presse und
- an den »Ferguson-Aufständen« samt der »Black Lives Matter«-Bewegung, um in den USA einen Rassenkrieg anzuzetteln,

Soros verfolgt aber noch einen viel breiteren Ansatz. So ist er natürlich mit seiner oben erwähnten Kampagnenorganisation Avaaz[282] auch in der BRD im Sinne der »Bevölkerungsaustauschsagenda« massiv tätig. Als ein sehr markantes Beispiel, wie die von Soros & Co. gesteuerte »Zivilgesellschaft« im Sinne ihrer Auftraggeber agiert, kann der Aufruf von Avaaz im Zusammenhang mit den Vorkommnissen in Chemnitz Ende August 2018 gesehen werden. In einer E-Mail-Aussendung von Avaaz am 29. August 2018 hieß es wörtlich:[283]

> Liebe Freundinnen und Freunde,
> 80 Jahre nach dem Dritten Reich werden auf deutschen Straßen wieder Menschen gejagt und der Hitler-Gruß gezeigt. Das können wir nicht einfach so hinnehmen. Unterzeichne jetzt unseren offenen Brief mit nur einem Klick (…):
>
> An alle Rechten und Nazis, Identitären und »besorgten Bürger« – und alle, die befürworten, was diese Woche in Chemnitz passiert ist: Das ist nicht Euer Land. Das sind nicht Eure Straßen.

> Hier werden keine Hitler-Grüße gezeigt und erst recht keine Menschen aufgrund ihres Aussehens oder ihrer Herkunft gejagt.
>
> Zu lange waren wir leise und haben Euch schweigend zugesehen. Damit ist jetzt Schluss.
>
> Ihr könnt noch so oft »Wir sind das Volk« brüllen – Ihr seid es nicht. Ihr seid nicht Deutschland. Ihr seid nicht Sachsen. Ihr seid nicht Chemnitz.
>
> Deutschland sind wir alle. Wir haben alle Hautfarben und Religionen, Wurzeln in der ganzen Welt und sprechen alle Sprachen dieser Erde.
>
> Ab heute gilt: Die stille Mehrheit schweigt nicht mehr. Voller Entschlossenheit
>
> — René, Christoph, Antonia, Rosa und das ganze Avaaz-Team

Diese »Entschlossenheit« manifestiert sich dann auch klar bei den Gegnern von jenen, die »nur Hass verbreiten«. So twitterte der Detmolder Theaterautor Reiner Woop – der sich wohl zu den kulturellen »Eliten« zählt – zu den Vorfällen in Chemnitz:

> Mauer um Sachsen, Afd rein, Dach drüber, Napalm und Tür zu.[284]

Abgesehen davon, dass Aufruf zum Massenmord – Sachsen hat etwas mehr als 4 Millionen Einwohner[285] – ein strafrechtlich relevanter Tatbestand ist, erkennt man aus beiden angeführten Beispielen sofort den üblichen Duktus: Wer mit Massenzuwanderung, und sei es »nur« mit Migrantengewalt, nicht einverstanden ist, der zählt sofort zu »Rechten und Nazis, Identitären und ›besorgten Bürgern‹«. Also zu den Unmenschen, denen man mit »voller Entschlossenheit« und in der Gewissheit moralischer Überlegenheit den totalen Krieg erklärt.[286]

So funktioniert »Demokratie« nach dem Verständnis der von Finanzoligarchen à la Soros gesponserten »Zivilgesellschaft«: berechtigte Ängste, weil real, psychologisieren, kriminalisieren und einem Teil der Bevölkerung, den Deutschen, das Existenzrecht absprechen. So stellt man eine »wohltemperierte demokratische Diskussionskultur« her. Das bleibt vom »herrschaftsfreien Diskurs« (Habermas) übrig, wenn Menschen mit einer »historischen Aufgabe« glauben, Macht zu haben. Dass diese »zivilgesellschaftlichen Antifaschisten« den Interessen der globalen Faschisten dienen, scheint ihnen entweder nicht klar zu sein, oder das Geld ihrer Sponsoren ist ihnen wichtiger.

Soros' vielfältige Aktivitäten erstrecken sich auch auf die religiöse Sphäre. Gemäß einer Gruppe katholischer Würdenträger soll Soros gemeinsam mit Barack Obama und Hillary Clinton im Vatikan einen Putsch, den sogenannten »katholischen Frühling«, orchestriert haben, um Papst Benedikt zu stürzen und ihn durch den radikalen linken Franziskus zu ersetzen.[287] Sieht man sich die Aussagen und Aktivitäten von Franziskus (vgl. S. 139 ff.) an, insbesondere im Zusammenhang mit der Massenzuwanderung, dann ist diese Idee nicht ganz so abwegig, wie es zunächst scheint.

Im Lichte dieser Zusammenhänge kann man Soros wohl als einen »Regime Change«- und »Massenmigrations«-Profi bezeichnen.

Und natürlich engagiert sich ein »Philanthrop« wie Soros auch beim »*human trafficing*«. Seine Open-Society-Organisation sponsert unter anderem die Organisation Sea Watch, die mit ihrem Schiff Sea Watch 2, das über eine Aufnahmekapazität von 300 Personen verfügt, Migranten aus ihrer selbst verschuldeten »Seenot« im Mittelmeer »rettet«.[288]

Auf dem Höhepunkt der Massenmigration stellte Soros am 26. September 2015 in einem Artikel mit dem Titel »Rebuilding the Asylum System« seine Forderungen an die EU, wie in Zukunft das Asylsystem auszusehen habe. In seinem »umfassenden Plan« skizziert er fünf Schritte:

> ① Erstens muss die EU in absehbarer Zukunft mindestens eine Million Asylsuchende jährlich aufnehmen. […] Von entscheidender Bedeutung ist eine angemessene Finanzierung. Die EU muss während der ersten 2 Jahre jährlich 15 000 Euro pro Asylbewerber für Wohnen, Gesundheit und Ausbildung bereitstellen – und den Mitgliedstaaten die Aufnahme von Flüchtlingen schmackhaft machen. […] Ebenso wichtig ist es, die Vorlieben sowohl der Staaten als auch der Asylbewerber zu berücksichtigen und dabei so wenig Zwang wie möglich auszuüben. Die Flüchtlinge sind dort anzusiedeln, wo sie sein möchten und wo sie erwünscht sind. Dies ist eine unabdingbare Voraussetzung für den Erfolg.[289]

Kurz gesagt: Die Migranten sollen mit entsprechenden Finanzmitteln, die natürlich die EU-Bürger aufzubringen haben, erst richtig zur

Migration nach Europa »motiviert«, also angelockt werden! Natürlich soll man sie auch dorthin lassen, wo sie es wünschen! Wunschkonzert pur also. Früher hieß es einmal: »Wer bezahlt, schafft an!« Aber in Zeiten des allgemeinen »Irrsinns«[290] haben hausverstandsbasierte Sprichwörter unserer Vorfahren wohl keinen Platz mehr.

> ② Die EU muss den Frontstaaten (Jordanien und Türkei) jährlich mindestens 8 bis 10 Milliarden Euro garantieren …[291]

Dagegen wäre ja grundsätzlich nichts einzuwenden, wenn damit den Flüchtlingen wirklichen geholfen würde, damit sie vor Ort verbleiben können. Aber das ist nicht die Absicht von Soros.

> ③ Drittens muss die EU sofort damit beginnen, ein einheitliches Büro für Asyl und Migration zu gründen und später auch eine einheitliche EU-weite Grenzsicherung.[292]

Soros fordert somit zentralistische EU-Strukturen. Eine Asylagentur würde dann in Zukunft alle Entscheidungen zur Lenkung und zum Schutz der Migranten übernehmen. Letztlich würde das bedeuten, dass die EU-Mitgliedstaaten endgültig die souveräne Bestimmung über ihre Migrationspolitik an eine zentrale Brüsseler Asyl- beziehungsweise Immigrationsagentur abgeben. Angesicht des totalen »Versagens« der EU, die Außengrenzen zu schützen, wohl eine absurde Idee. Die Sichtweise hängt natürlich von den Absichten ab, die man verfolgt.

> ④ Viertens müssen die Reiserouten der Asylbewerber gesichert werden, darunter zunächst der Weg von Griechenland und Italien in ihre Zielländer. […] Der nächste logische Schritt wäre dann, sichere Verbindungsrouten zu den Frontregionen zu schaffen. […] Haben Asylsuchende eine vernünftige Chance, letztlich Europa zu erreichen, ist es viel wahrscheinlicher, dass sie bleiben, wo sie sind.[293]

Soros fordert nichts anderes als »betreute Migration« vom Ausgangsort bis zur Wunschdestination des potenziellen Migranten. Anzunehmen, dass die Migranten vor Ort verbleiben, wenn man ihnen »sichere

Wege« nach Europa ermöglicht, ist völlig realitätsfern! Denn jedem vernünftigen Menschen wird einsichtig sein, dass genau das Gegenteil eintreten wird. Je sicherer und bequemer die Wege in das gelobte Europa sind, desto mehr Menschen werden zur Migration motiviert!

> ⑤ Die durch die EU entwickelten operationalen und finanziellen Regelungen sollten dann dazu verwendet werden, für den Umgang mit Asylbewerbern und Migranten weltweite Standards einzuführen.[294]

Soros will hier offenbar ein Musterbeispiel schaffen, damit er dann die Massenmigration in allen Ecken des Planeten noch gezielter vorantreiben kann. Der Mann will nicht kleckern, sondern er will klotzen!

Aber worum es Soros wirklich gehen könnte, offenbarte Mohamed A. El-Erian, Chef-Wirtschaftsberater der Allianz und Obama-Berater, am 21. September 2015 mit dem Beitrag »Refugees and Reform in Europe«. Er schrieb:

> Europa hat die Gelegenheit, die momentane Flüchtlingskrise zu einem Katalysator für Erneuerung und Fortschritt zu machen. [...] Die aktuelle Lage könnte auch der Auslöser dafür sein, die unvollständige politische, institutionelle und finanzielle Architektur der EU zu verbessern. Und sie könnte Europa dazu bewegen, die politischen Hindernisse für die Lösung langfristiger Probleme zu überwinden – Lösungen wie die Bereitstellung der Sicherheiten für bestimmte europäische Kreditgeber, um eine Schuldenerleichterung für Griechenland zu erzielen ... Sie kann Europa sogar dazu bringen, seine Entscheidungsstrukturen zu modernisieren, die es bisher ein paar kleinen Ländern ermöglicht haben, Entscheidungen zu Fall zu bringen, die von der überwiegenden Mehrheit der EU-Mitglieder unterstützt wurden.[295]

Also geht es wieder einmal darum, nach dem alten Freimaurerspruch *Ordo ab Chao* (»Ordnung aus dem Chaos«) zuerst das Chaos und dann eine neue, erwünschte Ordnung zu schaffen. Eine Ordnung, die es der atlantischen Oligarchie erlaubt, durch Zentralisierung und Ausschaltung der nationalen Mitspieler ihre Macht noch mehr zu festigen.

Da passt es dann gut dazu, dass Soros' Open Society Foundations gemäß seinen Überzeugungen eine »Internationale Migrationsinitiative« betreibt. Diese internationale Wanderungsinitiative stellt ihre bedeutenden finanziellen Ressourcen nicht in den Dienst der Bekämpfung der Ursachen von Flucht und Weggang aus der Heimat, sondern erhebt Flucht beziehungsweise Migration zu einem Wert an sich, als eine Art zu schützendes, ja zu förderndes und einzuforderndes Menschenrecht. Dass Soros mit diesem vorgetäuschten Humanismus zugleich Kriegs- und Krisenverursacher sowie Nutznießer schützt und die Auswirkungen von den Verursachern weg verlagert, dürfte wohl auch in seinem ureigensten Interesse als Börsenspekulant liegen.[296]

Bedenkt man, dass jeder in Europa für »Flüchtlinge« ausgegebene Euro in deren Heimatländern ein Zigfaches wert ist, dann fragt man sich, warum ein selbst ernannter Philanthrop wie Soros sein milliardenschweres Vermögen nicht zum Beispiel zum Aufbau der Infrastruktur Syriens, des Irak oder anderer Nationen, die notleidend sind, einsetzt. Er könnte damit die Fluchtursachen und den Verlust von Heimat bekämpfen sowie Zukunft vor Ort schaffen. Aber es sollte klargeworden sein, dass er genau das nicht will!

Soros sitzt sozusagen auch »direkt« neben entscheidenden europäischen Politikern, wie zum Beispiel Angela Merkel. Im konkreten Fall bewerkstelligt er dies unter anderem über die Organisation Europäische Stabilitätsinitiative (European Stability Initiative, ESI), eine Denkfabrik, der der österreichische Soziologe Gerald Knaus vorsteht und die von Soros und seinem Open Society Institute mitfinanziert wird. Knaus fungiert als Berater von Merkel und anderen führenden Politikern in Flüchtlingsfragen. Knaus hat die »Blaupause für Merkels Asylpolitik« erarbeitet. Der berühmte »Merkel-Plan«[297] zwischen BRD beziehungsweise EU und der Türkei stammt von ESI. Man muss eben die richtigen Leute in die richtigen Positionen bringen, um sich die eigene Zielerreichung von den Bürgern bezahlen zu lassen. Auch darin ist der Mega-Investor Soros geübt.[298]

Soros hat aber auch Kontakte in die österreichische Politik. So zum Beispiel zu Bundeskanzler Kurz über den Europa-Ableger des Council on Foreign Relations (CFR) der USA, den European Council on Foreign Relations (ECFR). Kurz ist dort Mitglied und Soros wird als Gründer und Vorsitzender geführt.[299] Sich die offizielle Mitgliederliste des ECFR anzusehen ist sehr lehrreich. Einige Zusammenhänge werden dann klarer.

Auch zum ehemaligen Bundeskanzler Kern hat Soros ein ausgezeichnetes Verhältnis. So gab Kern im Rahmen seiner Pressekonferenz zum Fall Silberstein am 1. Oktober 2017 wörtlich bekannt:

> … weil ich persönlich ein enges Verhältnis mit Herrn Soros habe, ihn mehrfach getroffen habe, mich mehrfach mit ihm ausgetauscht habe und ihm zuletzt auch angeboten habe, dass wir im Konflikt, den er mit Viktor Orbán hat, seine Universität in Wien ansiedeln beziehungsweise ich auch bereit bin, ihn auf europäischer Ebene zu unterstützen, damit er auch hier eine gute Lösung für seine Universität findet.[300]

Da verwunderte es auch nicht, dass Kern im Zusammenhang mit der Masseneinwanderung von 2015 und den folgenden Jahren meinte:

> Ich bin nicht der Meinung, dass Frau Merkel unverantwortlich gehandelt hat.[301]

Soros' überragender Einfluss bei diversen tatsächlichen und versuchten Regime Changes wird ganz besonders von osteuropäischen Politikern, wie zum Beispiel Viktor Orbán, kritisiert. Diese Einflussnahme war dem Sender Russia Today (RT) sogar einen längeren Beitrag wert![302]

Soros ist als US-imperialer Oligarch aufgrund seiner Finanzkraft und seiner Einbindung in das westliche Herrschaftssystem fähig, massiven Einfluss auf die Migrationsgeschehnisse auszuüben.

Der im 72. Lebensjahr verstorbene und bis zuletzt aktive Peter Sutherland war zwar kein Oligarch wie Soros, ist aber dennoch ein gutes Beispiel dafür, wie Einzelpersonen aufgrund ihrer vielfältigen institutionellen Vernetzung enormen Einfluss geltend machen können.

Der UNO-Sondergesandte für Migration bis März 2017 – Peter Sutherland

Peter Sutherland (verstorben am 7. Januar 2018; seine Nachfolgerin als Special Representative for International Migration ist seit dem 9. März 2017 die Kanadierin Louise Arbour[303]) ist ein besonderes Beispiel für Überschneidung wichtiger Organisationen, persönlicher Elitenzugehörigkeit und ausgeprägtem Elitenverständnis.

Er war ein Diener jener globalen superreichen Elite (»0,1 Prozent«), die die umfassende und totalitäre Entgrenzung der Welt seit Langem als Projekt verfolgt. Ihr besonderer Hass gilt der Nationalstaatlichkeit und der ethnischen Verschiedenheit Europas. Die Elite erklärt den souveränen Staat für unfähig zur Problemlösung, zu einem Ärgernis, das Geschichte sein sollte. Sie propagiert die Internationalisierung und die *global governance* als Allheilmittel für die Probleme der Welt.[304]

Um zu verstehen, wie diese Vernetzung von internationalen politischen und wirtschaftlichen Organisationen über Einzelpersonen funktioniert, ist es lehrreich, sich Sutherland etwas näher anzusehen. Wer war dieser Mann?[305]

- Der ehemalige irische Generalstaatsanwalt war unter anderem EU-Kommissar für Wettbewerb und führte jahrelang die GATT-Verhandlungen (Allgemeines Zoll- und Handelsabkommen), mit dem Ziel, Zölle und »Handelshemmnisse« abzubauen.
- Er führte und gestaltete auch lange die Welthandelsorganisation (WTO) und war ihr erster Generaldirektor (1995).
- Als führender Eurokrat war er an der Abschaffung der nationalen Währungen, der Einführung des Euro und des grenzenlosen Europa beteiligt.
- Er war Vorstand von British Petroleum (BP) und Vorstand bei Goldman Sachs International.
- Er fungierte als Ehrenpräsident des Transatlantic Policy Network (TPN), das TTIP (die Transatlantische Handels-und Investment-Partnerschaft) initiierte.
- Er war im Vorstand der Bilderberger-Gruppe sowie regelmäßiger Teilnehmer und europäischer Vorstand bei der Trilateralen Kommission.
- Er war Vatikanberater (Güterverwaltung), Mitglied im European Round Table, Sondergesandter des UNO-Generalsekretärs für Internationale Migration und, nicht ganz unverdient,
- Träger des Ehrentitels »Vater der Globalisierung«.

Peter Sutherland arbeitete seit 2006 als UN-Sondergesandter für Migration und Entwicklung. Er war verantwortlich für die Schaffung des Global Forum on Migration and Development. Zusätzlich war er

Präsident der International Catholic Migration Commission – damit wird die Migrationsagenda des »Herrn Franz in Rom« gleich viel verständlicher –, und er war Mitglied des Migrationsberatungsstabes der International Organization for Migration.[306]

Kein Wunder, dass ihn das UN News Centre so beschrieb:

> Peter Sutherland ist der UN-Sonderberichterstatter für internationale Migration. Er macht sich für die Rechte von Migranten stark – und setzt sich für Maßnahmen ein, die dafür sorgen, dass Ursprungsland, Zielland und Migranten gleichermaßen verstärkt von der Migration profitieren.[307]

Es kann daher nicht verwundern, was dieser Mann zum Thema Massenmigration zu sagen hatte. Beispielsweise erklärte er in einer Anhörung vor dem Unterausschuss für innere Angelegenheiten des britischen Oberhauses (House of Lords) am 21. Dezember 2012, zur britischen Migrationspolitik befragt:

> Wenn man sich die Schlüsselargumente zum Thema Migration anschaut, so lässt sich der Bedarf an Migration hinsichtlich der demografischen Herausforderungen einiger europäischer Mitgliedstaaten einfach nicht leugnen, ganz gleich, wie schwer dies den Bürgern dieser Staaten zu vermitteln ist. Eine schrumpfende Bevölkerung, eine alternde Bevölkerung ist destruktiv für den Wohlstand. Das trifft besonders für eine Reihe von Ländern in Zentraleuropa zu – Deutschland selbst hat ein großes Problem, aber auch einige südliche Mitgliedstaaten.[308]

Die Demografie als das hauptsächliche Argument für Einwanderung ist ein immer wiederkehrendes Narrativ der Migrationsbefürworter. Die Stichhaltigkeit dieses Arguments wird später noch überprüft. Eines sei aber schon hier gesagt: Es dient nur dazu, den Durchschnittsmenschen ein »einleuchtendes« Argument zu bieten, damit sie die Massenmigration akzeptieren und die weiteren Ziele, die im Hintergrund verborgen bleiben, nicht hinterfragen.

Und dann bringt es Sutherland sehr rasch auf den Punkt:

> Die Demografie ist ein Hauptargument dieser Debatte, das Hauptargument für – und ich zögere, das Wort zu gebrauchen, denn die Leute haben

> es angegriffen – die Entwicklung multikultureller Staaten. Es ist unmöglich zu glauben, dass der Grad der Homogenität, von dem andere Argumente ausgehen, überleben kann, denn Staaten müssen offener werden, was die Menschen, die sie bewohnen, angeht, ebenso wie Großbritannien es gezeigt hat.[309]

Sehr aufschlussreich ist hier sein Hinweis auf Großbritannien und dessen »gelobte« Entwicklung hin zu einer multikulturellen Gesellschaft. Wir werden später noch sehen, wie man das in Großbritannien gemacht hat!

Sutherland war ein Verfechter uneingeschränkter Migration, und er stellte auch ganz offen dar, wie die EU in diesem Sinne tätig ist. Er sagte:

> Die EU hat in vieler Hinsicht geholfen: bei Papieren, mit Ideen, mit Diskussionen innerhalb der kleinen Gruppe, die sich bemühte, die Sache am Laufen zu halten (*to keep the show on the road*), um es mal so auszudrücken. [...] Sie haben in der Vergangenheit finanzielle Unterstützung bereitgestellt, und ich gehe davon aus, dass sie noch viel mehr Mittel bereitstellen werden. [...] Aus meiner Sicht hat die [EU-]Kommission bei der intellektuellen Schöpfung einiger dieser Ideen eine bedeutende Rolle gespielt.[310]

»Kleine Gruppen« und besonders die »Kommission« bemühen sich also, die Migrationsagenda »am Laufen zu halten«. Man kann nicht sagen, dass mächtige Akteure nicht offen darlegen würden, was sie vorhaben. Die Öffentlichkeit sollte sie nur endlich einmal ernsthaft zur Kenntnis nehmen!

Sutherland war auch als Chef des Global Forum on Migration and Development tätig. In einem Interview am 2. Oktober 2015 sagte er zur laufenden Migrationskrise:

> Wir sind in Europa in der Lage, dieses Problem zu handhaben. Wir haben 29 Prozent des globalen Wohlstands. Wir haben eine riesige Bevölkerung. Wir haben in der Tat demografische Probleme, die uns abverlangen, mehr, nicht weniger Migranten hereinzubringen, um die Lücken in unserem Wirtschaftssystem zu füllen.[311]

Hier kam natürlich immer wieder das Argument, dass Europa aus wirtschaftlichen Gründen die demografische Reduktion durch Massenzuwanderung bekämpfen müsse.

Und in dieser Tonlage ging es weiter:

> Nehmen wir mal Deutschland als Beispiel – Deutschland hat die niedrigste Geburtenrate der Welt. Die niedrigste Geburtenrate der Welt erfordert es, dass eventuell über 1 Million Einwanderer pro Jahr über die nächsten 30 Jahre hinweg herkommen, um eine Situation zu erhalten, in der man dieselbe Anzahl Rentner gegenüber der von Arbeitern in 30 Jahren hat. Heute reagiert Deutschland richtig darauf.[312]

In diesem Interview war er ohnedies voll des Lobes für die Migrationspolitik von Angela Merkel. Dann folgte, ganz im Geiste von Coudenhove-Kalergi und dem internationalistischen freimaurerischen Ideal des »Alle Menschen werden Brüder«,[313] wie es schon die EU-Hymne, die 9. Sinfonie von Beethoven, ausdrückt, diese Aussage:

> Wir müssen lernen, dass unsere Zugehörigkeit zur Menschheit eine Menschlichkeit mit sich bringt, die wir gegenüber jedermann zeigen müssen, und eine Integrationsfähigkeit, die einige offenbar nicht akzeptieren können. Man kann heute nicht eine Gesellschaft haben, die anderen wegen ihrer Rasse oder Religion das Recht auf Teilhabe abspricht. Wir müssen gemeinsame Werte haben, aber nicht dasselbe Blut.[314]

Schließlich erklärte Sutherland, ganz Internationalist und Verfechter der »einen, multikulturellen Welt«:

> Ich werde die Regierungen darum bitten, zu kooperieren und anzuerkennen, dass Souveränität eine Illusion ist – dass Souveränität eine absolute Illusion ist, die wir hinter uns lassen müssen. Die Tage, als man sich hinter Grenzen und Zäunen verstecken konnte, sind längst vorbei. Wir müssen zusammenarbeiten und kooperieren, um eine bessere Welt zu erschaffen. Und das bedeutet, einige dieser alten Schibboleths [hebr. für ›abgedroschene Konvention‹, Anm. d. Verf.] abzuschaffen, einige alte historische Erinnerungen und Bilder unseres eigenen Landes abzuschaffen und anzuerkennen, dass wir alle Teil der Menschheit sind.[315]

Dass die Abschaffung der Nationalstaaten natürlich das Ende der Demokratie als Herrschaft des Volkes bedeutet, lässt er freilich geflissentlich unter den Tisch fallen. Denn nur relative ethnisch-kulturelle und religiöse Homogenität schafft die notwendige kollektive Identität als Grundvoraussetzung, um demokratische Abstimmungen als Entscheidungsmethode zu akzeptieren. Aber für Sutherland als offensichtlichen Anhänger von Coudenhove-Kalergi ist beziehungsweise war Demokratie ja ohnedies auch nur ein »klägliches Zwischenspiel«.

Doch Herr Sutherland konnte noch mehr. Bei einem Auftritt am 30. September 2015 beim Council on Foreign Relations (CFR), mit Teilnehmern aus der Thinktank-Szene, Premium-Medienleuten, Wissenschaftlern, Vertretern von Nichtregierungsorganisationen und Politikern zum Thema »A Global Response to the Mediterranean Migration Crisis«, forderte er gar 45 Millionen Einwanderer für die BRD in den nächsten 30 Jahren. Er meinte:

> Ich halte Fakten zur Demografie für äußerst wichtig. Deutschland hat die niedrigste Geburtenrate in der Welt. Es braucht wahrscheinlich 1,5 Millionen Zuwanderer pro Jahr – wenn ich bei dieser Zahl richtig liege –, um über die nächsten 30 Jahre das Verhältnis zwischen Rentnern und arbeitender Bevölkerung aufrechtzuerhalten. Ähnlich sieht es bei anderen europäischen Ländern wie Italien und Spanien aus. Dasselbe Problem stellt sich bei Japan, sogar in noch drastischerem Ausmaß … Ich denke, das ist sehr wichtig![316]

Dann lässt er noch einmal sehr tief blicken, wie denn Internationalisten wie er die Welt der nationalen Gesellschaften sehen:

> Und wenn man sich Twitter anschaut … die Tweets, die ich bekomme, sind oft aus der alleruntersten Schublade. Doch je garstiger sie sind, desto mehr Freude habe ich daran, denn jeder … der daherkommt und mir sagt, ich sei dazu entschlossen, die Homogenität der Völker zu zerstören, hat verdammt noch mal absolut recht! (*Dead bloody right I'm up for that.*) Genau das habe ich vor!« [Applaus, Gelächter][317]

Dies sind Aussagen eines unter den liberalen Internationalisten der »westlichen Wertegemeinschaft« höchst anerkannten Repräsentanten.

Wundert es da noch, wenn eine Europäische Union und eine Angela Merkel gar keine Anstrengungen unternehmen, die Migranten von der Einwanderung nach Europa und in die BRD abzuhalten?

UNO, EU und »nationale« Regierungen im Dienste des Bevölkerungsaustauschs

Kommen wir nun von Personen, die sich im Geflecht von Organisationen, Staaten, Denkfabriken und sogenannten Nichtregierungsorganisationen etc. bewegen, zur heutigen »Weltregierung«, zur UNO.

Die »Deklaration der Menschenrechte« und der Bevölkerungsaustausch

Melisch merkte zu Recht an, dass der Hebel zur Zerstörung der Nationalstaaten und der relativ homogenen Bevölkerungen Europas die weltweite Anerkennung der »Deklaration der Menschenrechte« ist. Dies ist das juristische Instrument zur Durchsetzung der globalistischen Pläne.[318] Diese Sichtweise, wenngleich natürlich mit einer Melisch entgegengesetzten Zielsetzung, wird auch von Heiner Geißler, dem ehemaligen CDU-Generalsekretär, bestätigt, wenn er meint:

> Menschenrechte sind »natürliches Recht« und daher universale Rechtsgrundlagen ... Kulturelle Identität ist daher zu begrenzen, universales Recht ist zu beachten und zu fördern.[319]

Etwas weniger »verschwurbelt« formuliert, bedeutet dies wohl die Betonung »des Rechtes auf Migration« ganz im Sinne von Sutherland und Soros, und dass die autochthone Bevölkerung der von Migration betroffenen Länder mit ihrer »kulturellen Identität« kein Recht hat, sich dagegen zu wehren. Ganz im Gegenteil!

Der bekannte und kämpferische deutsche Staatsrechtsprofessor Karl Albrecht Schachtschneider verweist ganz deutlich darauf, dass es kein »fundamentales Recht zur Migration in ein besseres Leben« gebe, wie es unter anderem die EU und die UNO propagieren. Schachtschneider meint in Bezug auf Artikel 13 Allgemeine Erklärung der Menschenrechte (AEMR) wörtlich:

> Es gibt ein Menschenrecht auf Freizügigkeit in einem Staat und eines auf Ausreise aus einem Staat, aber keines auf Einreise in einen Staat, es sei denn für die Staatsangehörigen.[320]

Dennoch fordert Geißler, »kulturelle Identität« zu »begrenzen « und das »universale Recht« zur Zuwanderung »zu beachten und zu fördern«. Mit seinen antideutschen Aussagen[321] ist Geißler ein beredtes Beispiel für den Erfolg der *reeducation* (Umerziehung) der Deutschen durch die Besatzer nach dem Zweiten Weltkrieg – Nizer lässt grüßen. Wie man sieht, haben die internationalistischen und antideutschen beziehungsweise antinationalen Tendenzen in der sogenannten CDU nicht erst mit der »FDJ-Sekretärin für Agitation und Propaganda an der Akademie für Wissenschaften« Merkel[322] begonnen.

Im Zusammenhang mit der UNO sind noch zwei weitere Aspekte von Interesse. Erstens sollte nicht vergessen werden, dass die ausschließlich gegen Deutschland und gegen Japan gerichtete UNO-Feindstaatenklausel (Artikel Nr. 53 und 107 in der Charta der Vereinten Nationen)[323] von der »westlichen Wertgemeinschaft« auch 70 Jahre nach dem Zweiten Weltkrieg noch immer nicht aufgehoben wurde. Zweitens ist es wohl spannend festzustellen, dass das angebliche »heilige Recht auf Asyl« (Zitat Kardinal Schönborn aus Wien![324]), das die EU und die UNO sonst so gern gegen »widerspenstige« Staaten wie zum Beispiel Ungarn ins Feld führen, für die Türkei nicht gilt. Denn die Türkei, die deshalb nicht gescholten wird, lehnt weiterhin eine vollständige Übernahme der Genfer Flüchtlingskonvention – sie gilt derzeit nur für Europäer! – ab. Syrer zum Beispiel gelten in der Türkei als »zeitlich befristet schutzwürdig«. Die Türkei spricht lieber von der Einhaltung »relevanter internationaler Standards«.[325] Sie hatte bei ihrer selektiven Zustimmung zum UN-Regelwerk entsprechende Ausnahmen festschreiben lassen, und daher können Flüchtlinge dort kein Asyl beantragen.[326] Offenbar will man (noch?) nicht jedes Land mit Migranten fluten.

Die »Menschenrechte« sind natürlich nicht das einzige Mittel, mit dem die »Weltregierung« UNO versucht, die Migrationsagenda durchzusetzen. Nachfolgend einige Beispiele, um zu zeigen, dass man auf vielen Ebenen, und das schon sehr lange, daran arbeitet, die Menschen durcheinanderzuwürfeln.

Anhand der nun folgenden Beispiele kann man sehr gut sehen, wie perfekt hier ein Zahnrad in das nächste greift und wie perfekt die globalistischen Eliten ihre Agenda über die Verknüpfung internationaler und supranationaler Institutionen bis hinunter zu den entmachteten Nationalstaaten durchsetzen. Das Ganze nennt man dann »Internationale Gemeinschaft« oder »westliche Wertegemeinschaft«.

Die UNO im Dienste des Bevölkerungsaustauschs

In dem erst Ende 2015 offiziell bekannt gewordenen Bericht der Abteilung für Bevölkerungsfragen der UNO (UN Population Division) aus dem Jahr 2001 mit dem Titel »Replacement Migration«[327] wird klar, dass der Masseneinwanderungs-Tsunami von langer Hand geplant war und wohin die »Reise« aus der Sicht der Internationalisten und Globalisten gehen soll. Wobei die Begrifflichkeit »Replacement Migration«, also »Ersatzmigration«, sehr viel deutlicher ist als die deutsche Übersetzung mit dem Titel »Bestandserhaltungsmigration.[328] Die deutsche Übersetzung ist typischer BRD-Euphemismus. Dem unbedarften Leser wird suggeriert, dass der »Bestand« der Bevölkerung erhalten werden soll. Aber genau das Gegenteil ist der Fall.

Abteilung Bevölkerungsfragen

Vereinte Nationen

BESTANDERHALTUNGSMIGRATION: EINE LÖSUNG FÜR ABNEHMENDE UND ALTERNDE BEVÖLKERUNGEN?

Abb. 12: Die deutsche Version des UN-Berichtes »Replacement Migration«[329]

Die Definition des Begriffes »Bestandserhaltungsmigration« in der deutschen Übersetzung ist dann aber dennoch überraschend eindeutig. Dort heißt es:

> »Bestandserhaltungsmigration« bezieht sich auf die Zuwanderung aus dem Ausland, die benötigt wird, um den Bevölkerungsrückgang, das Schrumpfen der Erwerbsfähigenbevölkerung sowie die allgemeine Überalterung der Bevölkerung auszugleichen.[330]

Und tatsächlich findet sich im gesamten UNO-Konvolut kein einziger Hinweis auf die Möglichkeit, die Geburtenrate der einheimischen Bevölkerungen in Europa zu heben. Es soll also tatsächlich zu einem Ersatz der autochthonen Bevölkerung kommen.

Im Rahmen der Studie wurden für eine Reihe von Ländern, deren Fruchtbarkeitsziffern allesamt unter dem Bestandserhaltungsniveau liegen, die Höhe der zur Bestandserhaltung erforderlichen Zuwanderung errechnet und die möglichen Auswirkungen dieser Zuwanderung auf den Umfang und die Altersstruktur der Bevölkerung untersucht. Die acht untersuchten Länder sind Deutschland, Frankreich, Großbritannien, Italien, Japan, die Republik Korea, die Russische Föderation und die Vereinigten Staaten. Ebenfalls untersucht wurden zwei Regionen: Europa und die Europäische Union.

Der untersuchte Zeitraum erstreckt sich ungefähr von 1995 bis 2050.[331]

Was beinhaltet nun dieser »Vorschlag« der UNO: Der »Bedarf an Zuwanderung« (Szenario I, III, IV und V) beziehungsweise die »Entwicklung ohne Zuwanderung« (Szenario II) wird in fünf Szenarien dargestellt. So wird im Szenario III »Konstanthaltung der Gesamtbevölkerung« (auf dem Niveau von 1995) für die BRD eine Zuwanderung von mehr als 17 Millionen Migranten bis 2050 vorgeschlagen. Das würde jährlich eine durchschnittliche Zuwanderung von 324 000 Migranten erfordern. Dies wiederum würde bedeuten, dass im Jahr 2050 etwa 82 Millionen Menschen in der BRD wohnhaft wären. Davon wären dann 23 Millionen, also 28 Prozent der Gesamtbevölkerung, Migranten beziehungsweise deren Nachfahren.[332] 28 Prozent kulturferne Migranten wären schon eine enorme Herausforderung. Dass es hier aufgrund der enormen Zahl keine »Integration« in eine abendländisch geprägte Gesellschaft mehr geben kann, sollte jedem klar sein. Die 28 Prozent sind aber nur die halbe Wahrheit, denn die UNO rechnet nicht mit den derzeit schon in der Bundesrepublik Deutschland befindlichen Migranten und deren Nachfahren in der Stärke von circa

21 Prozent! Der Anteil der deutschen Bevölkerung würde sich also im Jahr 2050 wohl eher auf 40 Prozent, möglicherweise sogar auf bis 33 Prozent der Gesamtbevölkerung reduziert haben. Dass Deutschland dann sicher nicht mehr das Land der Deutschen ist, versteht sich von selbst. Für Österreich liegen die Dinge nicht wesentlich anders.

Im typisch »Internationalistisch-social-engineering-Elfenbeinturm-Sprech« heißt es dann auch:

> Internationale Migration kann den Zielländern die benötigten menschlichen Ressourcen und Talente liefern, kann aber auch sozialen Spannungen Vorschub leisten.[333]

Tja, dann kommt es halt zu ein paar »sozialen Spannungen«! Was soll's? Im Sinne einer florierenden Weltwirtschaft zum Zwecke der Gewinnmaximierung der »0,1 Prozent« muss man das schon in Kauf nehmen.

Wie vollkommen von der Realität losgelöst die Vorschläge in diesem Bericht sind, sollen nur noch kurz die nachfolgenden Zahlen illustrieren. Im Szenario V »konstantes Verhältnis 15-64/65 Jahre und älter« (auf dem Niveau von 1995) schlägt man allen Ernstes vor, bis 2050 mehr als 188 Millionen Migranten, also circa 3,4 Millionen pro Jahr, in die BRD zu holen. Die Bundesrepublik Deutschland hätte dann im Jahr 2050 gemäß der UN eine Einwohnerzahl von 299 Millionen bei mehr als 80 Prozent Migranten und deren Nachkommen![334] Dass damit das derzeit teilweise noch bestehende historische Deutschland endgültig erledigt wäre, braucht wohl nicht mehr näher erläutert zu werden!

Darüber hinaus verfolgt die UNO im Verbund mit Mitgliedstaaten und der Europäischen Union ein sogenanntes »Resettlement-Programm«,[335] also ein »Neuansiedlungsprogramm«. Es geht dabei im Wesentlichen um eine, wie der Name schon sagt, dauerhafte Ansiedlung von Migranten. Es wird unterstellt, dass diese aus unterschiedlichen Gründen niemals mehr in ihre Heimatländer zurückkehren können. Eine detaillierte Behandlung dieser Thematik würde den Rahmen dieser Ausarbeitung sprengen. Sie ist aber ein zusätzliches Beispiel dafür, wie hartnäckig auf vielen Ebenen gearbeitet wird, um Migranten nach Europa zu bringen. Dieses Programm wird in Bezug auf Österreich später noch etwas näher ausgeführt.

Die UNO bleibt auch unter ihrem derzeitigen Generalsekretär António Guterres, der 10 Jahre UN-Flüchtlingshochkommissar war, ihrer Linie treu. Zu Beginn des Jahres 2018 präsentierte er einen sechzehnseitigen Bericht zur Migration mit dem Titel »Wie Migration für alle funktionieren kann«. Guterres folgt den üblichen Narrativen der Migrationsbefürworter:

① Als Kritik an der negativen Haltung und der restriktiven Migrationspolitik vieler Staaten meint er: »Es ist grundfalsch, die Migration an sich als eine Bedrohung wahrzunehmen.«
② Er sei besorgt, dass auf Migration immer häufiger mit kurzfristigen, reaktiven Sicherheitsmaßnahmen geantwortet werde, und er kritisiert zum Beispiel »den Aufbau von Systemen, um Migranten in Transitländern festzuhalten«.
③ Migration soll [Guterres meint wohl eher muss; Anm. d. Verf.] positiv gesehen werden, und
④ es müssen mehr legale Wege dafür geschaffen werden, denn »Migration ist eine wachsende globale Realität«.[336]

Bei dieser Deckungsgleichheit der Sichtweise und der Forderungen von Guterres und Soros ist es schon beinahe unnötig zu erwähnen, dass auch Guterres Mitglied im ECFR ist.[337]

Aber den migrationsaffinen Eliten in der UN, der EU und den »Nationalstaaten« reicht das alles noch lange nicht. Um all diese »migrationsfördernden« Maßnahmen weiter zu intensivieren und umzusetzen, beschloss die Generalversammlung der UNO in New York am 19. September 2016 die sogenannte *New York Declaration for Refugees and Migrants*. In diesem Dokument wurde bereits zu diesem Zeitpunkt ganz offen die weitere migrationsfördernde Agenda der UNO fortgeschrieben. In der Einleitung heißt es:

> Die New Yorker Erklärung bekräftigt die Bedeutung der internationalen Flüchtlingspolitik und enthält eine breite Spanne an Verpflichtungen der Mitgliedstaaten, Mechanismen zum Schutz von Menschen in Bewegung zu stärken und auszuweiten. Sie hat den Weg für die Verabschiedung zweier neuer globaler Pakte für 2018 geebnet: ein Globaler Pakt zu Flüchtlingen und ein Globaler Pakt für sichere, geordnete und reguläre Migration.[338]

Konkret wurden unter anderem folgende Punkte festgelegt:

- »Die Menschenrechte aller Flüchtlinge und Migranten unabhängig von deren Status schützen.«
- »Länder unterstützen, die große Mengen an Flüchtlingen und Migranten retten, aufnehmen und unterbringen.«
- »Den positiven Beitrag unterstreichen, den Migranten zur wirtschaftlichen und gesellschaftlichen Entwicklung in ihren Aufnahmegesellschaften leisten.«
- »Eine neue Heimat für alle Flüchtlinge finden, die nach Einschätzung des Flüchtlingshilfswerks umgesiedelt werden müssen. Beispielsweise durch Initiativen zur Verbesserung der Mobilität von Arbeitnehmern oder zur Fort- und Weiterbildung die Möglichkeiten für Flüchtlinge verbessern, in andere Länder umzuziehen.«
- »Einen umfassenden Maßnahmenkatalog für Flüchtlinge ins Leben rufen, der auf einem neuen Rahmenwerk basiert, das die Pflichten der Mitgliedstaaten, der zivilgesellschaftlichen Partner und des Systems der Vereinten Nationen für den Fall vorgibt, dass es zu einem großen oder langwierigen Flüchtlingsstrom kommt.«
- »Das globale Regelungssystem der Migration stärken, indem man die Internationale Organisation für Migration in das UNO-System einbindet.«
- »Fremdenfeindlichkeit gegen Flüchtlinge und Migranten aufs Schärfste verurteilen und eine globale Kampagne unterstützen, die sich gegen Fremdenfeindlichkeit starkmacht.«[339]

Die UNO bleibt auch mit dieser Deklaration ihrer »globalen Migrationssteuerungsagenda« treu. Die übliche Phraseologie: Migration ist unvermeidbar. Migration ist ein Menschenrecht. Migration ist positiv. Migration muss nur zentral gesteuert und organisiert werden. Kritik daran wird kriminalisiert (Rassismus) und psychologisiert (Xenophobie). Jeder Widerstand in den Zielländern ist durch die Justiz zu brechen! Wie man obigem Auszug entnehmen kann, wurde in der Deklaration auch festgelegt, dass zwei weitere zentrale UN-Migrationssteuerungsstrategien, »The Global Compact on Refugees« und »The Global Compact for Safe, Orderly and Regular Migration« ausgearbeitet und bis Juli 2018 den UN-Mitgliedsstaaten zur Diskussion vorgelegt wurden.[340]

Am 13. Juli 2018 hatten sich dann von den 193 Staaten, die der sogenannten New-York-Erklärung 2016 zustimmten, 190 Mitgliedstaaten der UN auf den Text des ersten globalen Abkommens zur Migration geeinigt. Die USA werden dem Abkommen nicht angehören, da die US-Regierung bereits während der Verhandlungen ausgestiegen ist.[342] Auch Ungarn hat kurz danach bekannt gegeben, dass es an diesem Abkommen nicht teilnehmen wird, weil es »gefährlich für die Welt und Ungarn sei«, da es Millionen von Menschen zur Auswanderung verleite.[343]

Abb. 13: GCM-Logo[341]

Hier liegt wohl auch die elementare Bedrohung, die aus diesem Abkommen zwangsläufig erwachsen muss. Der Migrationspakt wird formal völkerrechtlich zwar nicht bindend sein, aber jedem muss klar sein, was dies bei aktuell 250 Millionen Migranten weltweit und beim oben beschriebenen Potenzial der Migration mit Hunderten Millionen bedeutet![344]

»Nationale« Regierungen wie jene von Österreich, Italien und Polen kündigten bereits ab Ende Oktober 2018 an, den Pakt nicht zu unterschreiben, bzw. wie im Falle Italiens, das Parlament erst nach eingehender Diskussion dazu abstimmen zu lassen. Die Bedeutung der Regierungsbeteiligung nationalpatriotischer Parteien kann daher gar nicht hoch genug eingeschätzt werden. Aber auch die parlamentarische Arbeit patriotischer Parteien wie der AfD ist von wesentlicher Bedeutung für die Abwehr der institutionalisierten und global organisierten Masseneinwanderung durch »internationale Abkommen«. Ohne die AfD hätte es wohl keine Diskussion im Deutschen Bundestag gegeben, und der »Pakt« wäre, wie viele seiner Vorgängerpapiere, ohne Widerspruch zur Kenntnis genommen worden. Selbstverständlich haben auch die nationalpatriotische Zivilgesellschaft und viele engagierte Einzelpersonen zu diesem Erfolg beigetragen. Dies alles hier im Einzelnen darzustellen würde zu weit führen. Aber eines sollte sich doch klar zeigen: Nationalpatriotisches Engagement kann, trotz aller subtilen und offenen Repression des »Systems«, Erfolg haben!

Offiziell angenommen werden soll dieser »Globale Pakt für eine sichere, geordnete und reguläre Migration« – Pakte schließt man nach

Goethe mit dem Teufel – dann am 10. und 11. Dezember 2018 auf einer Konferenz in der marokkanischen Stadt Marrakesch.[345]

Der Name allein ist Programm! »Global Compact for Safe, Orderly and Regular Migration«: Neben der üblichen affirmativen Phraseologie der Migrationsbetreiber werden 23 ganz konkrete Ziele vereinbart, so auch diese (Punktation gem. dem Original; Übersetzung durch Verf.):

④ Sicherstellung, dass alle MigrantInnen über einen Nachweis der legalen Identität und eine angemessene Dokumentation verfügen.
⑤ Verbesserung der Verfügbarkeit und Flexibilität (sicherer) Pfade für die reguläre Migration.
⑦ Schwachstellen bei der Migration verringern.
⑮ Bereitstellung des Zugangs zu grundlegenden Dienstleistungen für Migranten.
⑯ Ermutigung von Migranten und Gesellschaften zur vollen Integration und zum sozialen Zusammenhalt.
⑰ Beseitigung aller Formen von Diskriminierung und Förderung eines evidenzbasierten öffentlichen Diskurses zur Gestaltung der Wahrnehmung von Migration.
⑲ Schaffung von Bedingungen für Migranten und Diaspora, um in allen Ländern zu einer nachhaltigen Entwicklung beizutragen.
㉓ Stärkung der internationalen Zusammenarbeit und der globalen Partnerschaften für eine sichere, geordnete und regelmäßige Migration.[346]

Es ist unschwer zu erkennen, dass die globale, sichere, reguläre und regelmäßige (!) Verschiebung der Verfügungsmasse Mensch im Interesse globaler Akteure ist. Mit diesem Pakt – und natürlich auch mit dem Global Compact on Refugees – will die UN nun auch künftig »rechtlich« sicherstellen und bewirken, dass mehr als genug Migranten – potenziell Hunderte Millionen – nach Europa gebracht werden können.

Merkel, deren von ihr offen eingestandenes Ziel ja ist, »aus Illegalität Legalität zu machen«,[347] sowie Soros & Co. lassen grüßen! Angesichts des weltweiten Potenzials von Migrationswilligen ist es wohl kaum übertrieben, wenn man feststellt: Wird dieser Pakt angenommen, bersten die letzten noch halbwegs funktionierenden Dämme zum Schutze Europas vor dem Untergang, mit Freisetzung von Blut und Chaos!

Die EU im Dienste des Bevölkerungsaustauschs

Zieht man die Sichtweise von bedeutenden Internationalisten wie Soros und Sutherland sowie jene der UNO in Betracht, dann verwundert es wohl kaum, dass in der EU hinsichtlich der Migration im Wesentlichen zwei Bilder dominieren:

① Die EU benötigt aus demografischen Gründen dringend Zuwanderung.
② Immigration in die EU ist vorwiegend positiv und eine Bereicherung. Ganz im Sinne eines UNDP-Berichts: »Es kann zu einem großen Gewinn für die menschliche Entwicklung werden, wenn Barrieren für Zu- und Abwanderung gesenkt und die Migranten besser behandelt werden.« Und dass Gemeinden und Länder erheblichen Nutzen daraus ziehen können.

Die immer wiederkehrende und auf allen Ebenen der nationalen und internationalen Politik mantraartig vorgetragenen Axiome der Massenzuwanderungsstrategie – demografische Gründe machen Einwanderung geradezu zu einer Überlebensfrage der europäischen Staaten, und Massenmigration ist eine Bereicherung für die aufnehmenden Staaten – haben gerade kürzlich zwei Studien widerlegt.

Das erste Axiom, das der demografischen Notwendigkeit, wurde durch eine Studie der in Sozialwissenschaften führenden Universität London School of Economics ad absurdum geführt. Diese Studie untersuchte über einen Zeitraum von 150 Jahren hinweg in Großbritannien die Langzeitmuster von Migration und kam zu dem Schluss, dass mit Zuwanderung nur die Anzahl der Bürger zunimmt, der Altersschnitt sich aber kaum verbessert. Professor Michael Murphy, der Autor des Berichts über diese Studie, fügte an: Die Ergebnisse dieser Studie zeigen, dass Langzeiteinwanderung keine Lösung für die Alterung einer Gesellschaft ist.[348] Gemäß dieser Studie ist die einzige Lösung des Problems in einer höheren Technisierung und damit einhergehenden Produktivität zu finden![349] Und man möchte anführen: in der Förderung des eigenen Nachwuchses!

Diese Argumentation wird von einer im Sommer 2018 aktualisierten Studie der Universität Basel unterstützt. Diese kam zu dem Schluss, dass die Fiskalbilanz für die Schweiz durch die Zuwanderung auf kurze Sicht zwar positiv, aber langfristig negativ ausfalle. Grund dafür ist, dass die Zugewanderten, ebenso wie die Vertreter der einheimischen Bevölkerung, altern und den ausländischen Beitragszahlern dadurch Pensionen zustehen, die später einmal gezahlt werden müssen. Hinzu kommt eine überdurchschnittlich hohe Quote beim Bezug von Arbeitslosengeldern: Für Personen aus Drittstaaten ist sie beinahe viermal so hoch, für EU-Zugewanderte mehr als doppelt so hoch wie bei den Schweizern. Schweizer steuern 70,4 Prozent der Arbeitslosenversicherungsbeiträge bei, beziehen aber nur 55 Prozent der Arbeitslosenleistungen. Sie sind damit klar Nettozahler. Auch das Risiko, auf Sozialhilfe angewiesen zu sein, ist bei Ausländern deutlich höher.[350]

Das zweite Axiom wird schon seit Jahren durch Publikationen von Udo Ulfkotte und vielen anderen Autoren widerlegt. Wen diese Autoren nicht überzeugen, der sollte sich mit aktuellen Ereignissen wie Terroranschlägen, No-go-Areas etc. beschäftigen. Fakt ist, dass die sogenannte »Integration« – in was eigentlich? Denn die »nationalen« Gesellschaften Europas sind nach mehr als 40 Jahren sich ständig weiter entgrenzendem totalitärem Liberalismus vollkommen konturenlos zersplittert! – nicht einmal in den zurückliegenden Jahrzehnten funktioniert hat, als die autochthonen Bevölkerungen Europas noch eine »Leitkultur« hätten vorgeben können. Der politische Unwille, diese Vorgabe zu leisten, hat zu sich gegenseitig ausschließenden Parallelgesellschaften und zur vollkommenen Atomisierung der europäischen, ehemals nationalen, Gesellschaften geführt.

Die viel beschworene »Integration über Bildung« ist nicht mehr als ein Selbstbetrug des in sich selbst verliebten »linksliberalen Bildungsbürgertums«. Peter Rabl, ein bekannter Journalist aus diesem Milieu, hat es kurz und prägnant zusammengefasst:

> Jeder fünfte Schulabgänger kann österreichweit nicht sinnerfassend lesen oder ausreichend rechnen. Jeder zweite Pflichtschulabgänger in Wien erreicht nicht einmal die niedrigste Stufe der internationalen Bildungsstandards.[351]

Selbst in Großbritannien, das in den vergangenen Jahrzehnten sehr viel Aufwand im Sinne einer »positiven Diskriminierung« zur Förderung der muslimischen Gemeinschaft betrieben hat, schaffte dies nicht. Das beweisen nicht nur die unzähligen Anschläge des *home-grown terrorism* allein im Jahr 2017, sondern auch die kürzlich erschienene Studie *The Missing Muslims*[352]. Integration wurde in Zeiten der autochthonen Mehrheit nicht geschafft. Wie soll dann aber eine Integration aussehen, wenn die Autochthonen in der Minderheit sind? Sieht man sich die Lage von Minderheiten in islamischen Ländern an, dann ist ziemlich klar, wer hier wen »integrieren« beziehungsweise dann wohl eher diskriminieren und verfolgen wird!

Trotz all dieser realweltlichen und akademischen Erkenntnisse engagiert sich die EU weiterhin getreu dem internationalistischen Narrativ von der »segensreichen Immigration« für mehr und mehr Einwanderung.

So veröffentlichte die EU-Kommission bereits am 11. Dezember 2009 eine Mitteilung, in der ein »gemeinsames Neuansiedlungsprogramm der EU« vorgeschlagen wurde.[353] Im Sommer 2016 legte die EU dann noch einen drauf! Gemäß einer Pressemitteilung der Europäischen Kommission (IP/16/2434)[354] schlägt diese einen »EU-Neuansiedlungsrahmen« vor:

> Damit soll eine gemeinsame europäische Neuansiedlungspolitik festgelegt werden, die gewährleistet, dass Personen, die internationalen Schutz benötigen, geordnete und sichere Wege nach Europa zur Verfügung stehen.[355]

Die »geordneten und sicheren Wege nach Europa« für Migranten werden Soros & Co. sicherlich erfreuen!

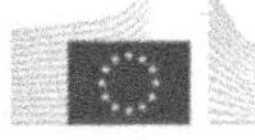

Verbesserung der legalen Migrationskanäle: Kommission schlägt EU-Neuansiedlungsrahmen vor

Brüssel, 13. Juli 2016

Die Europäische Kommission schlägt heute einen EU-Neuansiedlungsrahmen vor. Damit soll eine gemeinsame europäische Neuansiedlungspolitik festgelegt werden, die gewährleistet, dass Personen, die internationalen Schutz benötigen, geordnete und sichere Wege nach Europa zur Verfügung stehen.

Abb. 14: Pressemitteilung der Europäischen Kommission zum Neuansiedlungsprogramm der EU[356]

Bereits im Juli 2015 hatten sich EU-intern die EU-Innenminister auf die »Neuansiedlung« von insgesamt 22 000 Menschen geeinigt, und zwar direkt aus Ländern rund um Syrien.[357] Offenbar dürfte dieses »Ziel« 2015 jedoch nicht erreicht worden sein. Denn im Juni 2017 konnte sich der UNHCR für das Jahr 2016 »nur« über 18 175 sogenannte Flüchtlinge freuen, die in 20 Ländern der Europäischen Union »neu angesiedelt« wurden. Der UNHCR verwies darauf, dass dies dennoch eine Steigerung zum Jahr 2015 um 63 Prozent sei.[358] Man sieht also, dass das Räderwerk der UNO und der EU zur Förderung weiterer »sicherer« Masseneinwanderung wie geschmiert läuft.

Aber die EU tut noch viel mehr, um die Migranten in Bewegung zu setzen, sie in Bewegung zu halten und nach Europa zu bringen.

Es ist im Zusammenhang mit der Masseneinwanderung immer wieder zu hören, dass vonseiten der EU und ihrer Vertreter ein totales »Versagen« und ein totaler Kontrollverlust vorliege.[359] Zumindest das »Versagen« ist zweifelhaft, denn wir haben schon gesehen, dass die Europäische Union und ihre Vertreter ausgesprochen »migrationsfreundlich« sind.

Wie anders wäre es sonst zu erklären, dass die EU-Grenzschutzbehörde Frontex[360] und diverse EU-Unternehmungen sich bisher nicht als Schutzeinrichtungen, sondern als Helfershelfer von Schleusern und Menschenhändler betätigt haben? Denn sie halten niemanden ab. Ganz im Gegenteil: Sie holen die Migranten vor der libyschen Küste ab, nennen das dann »Rettung aus Seenot«, die im Übrigen immer selbst und ganz gezielt verschuldet wird, und bringen dann alle »Geretteten« ausnahmslos und sicher, nein, nicht in das Ausgangsland zurück, sondern nach Italien und von dort nach Europa.[361]

Im Folgenden einige Beispiele:

① Nach der Katastrophe vor Lampedusa im Oktober 2013 führte Italien die Operation »Mare Nostrum« durch. Ergebnis: Innerhalb eines Jahres wurden 150 000 Migranten »gerettet« und nach Italien gebracht.[362]

② »Mare Nostrum« endete am 14. Oktober 2014. Daran schloss sich sofort die EU-Operation »Triton« an. Damit wurden dann auch gleich alle zivilen Schiffe zur Migrantenrettung in die Pflicht genommen.[363]

③ Ab Mai 2015 kam dann die »EUNavFor Med – Operation Sophia«. Allein im Januar 2016 brachte sie gemäß UNHCR 54500 Migranten nach Europa.[364]

④ Zwei Beispiele aus dem Jahr 2016, das angeblich »nicht so schlimm war«, sollten genügen, um sich die Absurdität des »Handelns« der EU-Verantwortlichen vor Augen zu führen: Bis zum 10. Februar 2016 wurden rund 9100 Personen »gerettet«. Insgesamt seien innerhalb der 5 Tage vom 29. August bis zum 2. September 2016 mindestens 14000 Menschen vor der Küste Libyens »gerettet« worden. Allein am 29. August 2016 waren es 6500. Die meisten Migranten stammten aus Ländern südlich der Sahara.[365] Diese Zahlen könnten für 2017 beliebig fortgesetzt werden.

Ein namentlich nicht genannter Diplomat brachte es in Bezug auf die außerhalb libyscher Hoheitsgewässer tätige EU-Marine-Mission »Sophia« auf den Punkt:

> »Sophia« hat klar Sogwirkung erzeugt. [...] Die EU-Schiffe sind Teil des Kalküls der Schlepper. Sie schleppen überladene Flüchtlingsboote in internationale Gewässer und setzten Notrufe ab, damit die Europäer die Menschen retten und nach Italien bringen.[366]

Dieser Irrsinn und Betrug an den europäischen Bürgern ist also auch in diplomatischen Kreisen bekannt. Die Bezeichnung »Irrsinn« für das Verhalten der EU in der Migrationsfrage stammt übrigens vom belgischen Minister für Migration. Dieser sagte:

> Die EU-Migrationsrettungsaktion »Sophia« ist Irrsinn.[367]

Wenn eines Tages die Frage nach der Verantwortung, auch der höchst persönlichen, gestellt wird, dann sollte niemand sagen können, man habe das alles nicht wissen können.

Um auch weiterhin die Schleusen über das Mittelmeer offen lassen zu können, gibt es in der EU-Kommission seit Frühjahr 2016 konkrete Überlegungen, die Entscheidung über Asylverfahren künftig nicht mehr den einzelnen Mitgliedsländern zu überlassen, sondern in europäische Hände zu legen. Eine diesbezügliche Mitteilung der

EU-Kommission trug den Titel »Reform des europäischen Asylsystems und Stärkung legaler Wege nach Europa«. Bei der Gelegenheit wollte die EU auch einen Verteilungsschlüssel für alle Länder einführen, der nach einem Automatismus ohne Mitwirkungsmöglichkeit der Staaten ablaufen sollte.[368] Ganz davon abgesehen, dass dies genau den Forderungen von Herrn Soros entspricht, ist die Formulierung »Stärkung legaler Wege nach Europa« ausnahmsweise einmal ehrlich und offen. Genau das macht und will die EU: Nicht die Begrenzung der Masseneinwanderung ist ihr Plan, sondern die Förderung und die Verteilung in ganz Europa!

Kurzer Exkurs: Bei diesen migrationsfördernden Bemühungen wird die EU auch durch den Europäischen Gerichtshof (EuGH) in Luxemburg massiv unterstützt. Allein diese Unterstützung des EuGH bei der Masseneinwanderung würde ein eigenes Buch rechtfertigen. Hier sollen zwei Beispiele reichen, um die bereits angesprochene Komplexität des Netzwerkes der »Migrantenimporteure« anschaulich zu machen:

- Am 6. September 2017 entschied der EuGH, dass Ungarn und die Slowakei sich nicht gegen das EU-Flüchtlingsumverteilungsprogramm stellen dürfen.[369]
- Am 19. Juni 2018 urteilte der EuGH (in der Rechtssache C-181/16), dass abgelehnte Asylbewerber das Recht haben, so lange in einem EU-Staat zu bleiben, bis ein Gericht endgültig über ihren Status entschieden hat.[370]

Mit diesen Entscheidungen bewies der EuGH wieder einmal, dass er hinter der Maske der Legalität Masseneinwanderungspolitik betreibt.

Dann ergibt es auch einen Sinn, wenn der mithilfe der UNO betriebene Führungsstab des Flüchtlingsrates (Consiglio Italiano per i Refugiati; CIR) in Rom durch die Aussage seines Direktors Christopher Hein droht:

> Lassen wir alle Schiffe ankommen, öffnen wir unsere Häfen für die Flüchtlinge. Stellen wir aber Busse und Züge zur Verfügung und bringen einen Großteil der Menschen an den Brenner und nach Ventimiglia zur französischen Grenze, nach Como zur Grenze mit der Schweiz – dann wird Europa reagieren.[371]

Das ist genau die Strategie der EU-Eliten gemäß Juncker: Schaffung eines Masseneinwanderungschaos durch massives Verbringen von Migranten nach Italien, um dann die Aufteilung auf ganz Europa als »alternativlos« zu erzwingen!

Dass dieser Plan schon sehr lange von den EU-Gremien verfolgt wird, zeigt Friederike Beck in sehr informativen Buch *Die geheime Migrationsagenda* (2016) auf. Sie stellt die Maßnahmen der EU zur Herstellung der »totalen Migrationsgesellschaft« übersichtlich dar.[372]

Hier nur einige Beispiele für die umfassenden Maßnahmen, die die Europäische Union vor dem »Chaosjahr« 2015 zur Förderung eben dieser Massenmigration betrieben hat beziehungsweise weiter betreibt:

① Im Jahr 2005 wurde der »Global Approach to Migration and Mobility« (GAMM) beschlossen. Der Titel allein ist schon Programm! Als ein wichtiges Ziel wurde die »Bessere Organisation der legalen Migration und die Förderung einer gut organisierten Mobilität« festgelegt.[373] Muss man noch mehr wissen?

② GAMM ist auch die Basis für die sogenannten »Mobilitätspartnerschaften«. Sie umfassen unter anderem Visumserleichterungen und Möglichkeiten der legalen Migration. Solche »Mobilitätspartnerschaften« gibt es zum Beispiel mit Äthiopien, Marokko und Tunesien.[374] Die Bezeichnung »Mobilitätspartnerschaft« ist wieder einer dieser typischen Orwell'schen Neusprechformulierungen der EU-Institutionen. Denn dass es sich dabei um eine Immigrationseinbahnstraße nach Europa handelt, dürfte selbsterklärend sein!

③ Im Jahr 2008 erstellte das EU-Parlament eine Reihe von Hintergrunddossiers zum Thema »Demografie in der EU«, hier einige Kernaussagen:

- »Bevölkerungsabnahme führt zu Stagnation der Wirtschaft, Abnahme von Arbeitskräften und Verbrauchern, Reduktion des geopolitischen Gewichts Europas, sinkenden Steuereinnahmen …«
- »… das hohe Zuwanderungsniveau von 2004/05 von zwei Millionen pro Jahr sollte aufrechterhalten bleiben.« Und:
- »Bis 2050 sollten 56 Millionen Arbeitsmigranten (*immigrant workers*) in die EU zuwandern.«[375]

Wer nun aber glaubt, der Massenzuwanderungsirrsinn der EU-Gremien hätte Grenzen, der täuscht sich, wie Punkt 4 eindrucksvoll belegt:

④ Unter Bezugnahme auf das Seeunglück vor Lampedusa im Oktober 2013 und unter Abstützung auf GAMM verkündete die EU-Kommission im Dezember 2013 »konkrete Maßnahmen«, »um Verluste von Menschenleben zu verhindern und die Bewältigung der Migrations- und Asylströme zu verbessern«. Die Ergebnisse der unter Leitung der EU-Kommission eingesetzten »Task Force Mediterranean« war ein »Fünf-Punkte-Plan«, der unter anderem vorsieht:

- die Erhöhung der Anstrengungen zur »Neuansiedlung und der Möglichkeiten der legalen Einreise«,
- in den Jahren 2014 bis 2020 »eine Erhöhung der Anreize zur Neuansiedlung von Migranten für jeden Aufnahmestaat« und
- den Appell an die Mitgliedstaaten, »neue legale Wege zur Einreise in Europa zu schaffen«.[376]

Aber auch damit haben die Gremien der Europäischen Union noch lange nicht alle ihre Motivationsgründe im Zusammenhang mit der Masseneinwanderung aufgedeckt. Was wirklich in diesen EU-Gremien, wie beispielsweise der EU-Kommission, gedacht, geplant und umgesetzt wird, enthüllte der für Migration zuständige EU-Kommissar Dimitris Avramopoulos am 3. Dezember 2015 vor dem EU-Ausschuss der Regionen (AdR). Unter Hinweis auf die demografische Entwicklung Europas merkte er an:

> In den nächsten 2 Jahrzehnten werden mehr als 70 Millionen Migranten nötig sein.[377]

In nackten Zahlen würde das eine Nettozuwanderung von 3,5 Millionen Migranten in jedem Jahr bedeuten! Da erscheint die Massenzuwanderung des Jahres 2015 mit den offiziell genannten 2,2 Millionen »Flüchtlingen« »gar nicht mal so schlimm«! Vor allem ist die Aussage des EU-Kommissars Avramopoulos auch ein Indiz dafür, dass auch künftig nicht damit zu rechnen ist, dass man vonseiten der EU-Eliten willens ist, der Massenzuwanderung Einhalt zu gebieten.

Wer kann an dieser Stelle noch glauben, dass die EU und ihre Gremien die Massenzuwanderung nach Europa verhindern wollen oder dass sie gar, wie oft kolportiert wird, »versagt« haben? Man muss, im Gegenteil, immer wieder feststellen: Nein, die EU-Verantwortlichen haben nicht versagt! Sie sind vielmehr sehr erfolgreich bei der Umsetzung ihrer Pläne des Bevölkerungsaustauschs. Oder, um mit den Worten der UNO zu sprechen, bei der Realisierung der »Ersatzmigration«. Aber nicht nur im Bereich der unmittelbaren Migrationserzeugung und -steuerung hat die Europäische Union langfristige Pläne. Solche Langzeitplanungen erstrecken sich auf die gesamte Zusammenarbeit im Mittelmeerraum, in diesem »Gebiet von strategischer Bedeutung« für die EU.[378] Auch hier hat Beck Erhellendes zu vermelden:

① 1995 wurde bei der euro-mediterranen Außenministerkonferenz das Handels- und Kooperationsabkommen »Euro-mediterrane Partnerschaft« (EURO-MED) ins Leben gerufen. Es wurde nach der Veranstaltungsstadt »Barcelona-Prozess« genannt.[379]

② 2004 wurde die »Euromediterrane Parlamentarische Versammlung« in Athen aus der Taufe gehoben. Sie setzt sich zusammen aus 45 Abgeordneten des EU-Parlaments, je drei Abgeordneten der EU-Mitgliedstaaten und je zwölf Abgeordneten der südlichen Anrainerstaaten. Gegliedert ist die Versammlung in drei Unterausschüsse:
- politischer Ausschuss für Sicherheit und Menschenrechte,
- wirtschaftlicher Ausschuss für Finanzen, Soziales und Bildung,
- Ausschuss zur Förderung der Lebensqualität durch Austausch von Menschen und Kultur. Dieses Gremium tagt einmal im Jahr. Das definierte Ziel ist »die zunehmende Integration der Euro-Mediterranen Region«.[380]

③ Die Fortsetzung all dieser Zuwanderungsbemühungen vonseiten der Europäischen Union findet sich im EU-Projekt »Mittelmeerunion« beziehungsweise »Mittelmeerpartnerschaft«. Der Zweck ist die »Liberalisierung des Handels mit Dienstleistungen durch Förderung der Mobilität«. Das Ziel ist die »Schaffung einer Freihandelszone im Mittelmeer«, die sogenannte »Euro-mediterrane Freihandelszone« (EMFZ). Um dies alles zu realisieren, wurden bisher Freihandelsverträge mit Marokko, Algerien, Tunesien, Libyen, Ägypten, Israel, Jordanien, dem Libanon, Palästina, Syrien und der Türkei abgeschlossen.[381] In Summe mit allen Ländern rund um das Mittelmeer! Wundert es dann noch jemanden, wenn Beck von der Schaffung eines »Eurabisch-nordafrikanischen Großreiches« als letzte Zielsetzung der real existierenden EU spricht?[382]

Um Letzteres zu untermauern, seien noch drei weitere starke Indizien für die gezielte und gewollte Masseneinwanderung vonseiten der Gremien der Europäischen Union und ihrer Repräsentanten erwähnt:

① Das Arbeitsprogramm des französischen Präsidenten Sarkozy legte anlässlich der französischen EU-Ratspräsidentschaft im Jahr 2008 seine Schwergewichte auf die »Anwerbung hoch qualifizierter Arbeitskräfte« und auf die »Abwehr illegaler Migration« (wohlgemerkt nur »illegaler«!). Was von den Staatschefs der Economic Community of West African States (ECOWAS) dann prompt auch als das erkannt und qualifiziert wurde, was es tatsächlich ist: eine »Fachkräfteplünderung«![383] Die vollkommene Amoralität, die mit der Massenemigration aus den Ausgangsländern verbunden ist, also dem so bezeichneten »*brain drain*«, thematisiert man in den wirtschaftlich motivierten und »philanthropisch« orientierten Kreisen natürlich nicht.

② Derselbe Sarkozy sagte am 17. Dezember 2008 in einer Rede:

> Was ist also das Ziel: Das Ziel ist die Rassenvermischung. Die Herausforderung der Vermischung der verschiedenen Nationen ist die Herausforderung des 21. Jahrhunderts. Es ist keine Wahl, es ist eine Verpflichtung. Es ist zwingend! Wir können nicht anders, wir riskieren sonst Konfrontationen mit sehr großen Problemen. Deswegen müssen wir uns wandeln, und wir werden uns wandeln. Wir werden uns alle zur selben Zeit verändern – Unternehmen, Regierung, politische Parteien –, und wir werden uns zu diesem Ziel verpflichten. Wenn das nicht vom Volk freiwillig getan wird, dann werden wir staatliche zwingende Maßnahmen anwenden![384]

Kann man die Einstellung der EU-Eliten zum Thema »Bevölkerungsaustausch und Ethnomorphose« noch klarer darstellen? Wohl kaum.

③ Darüber hinaus wurde im Oktober 2008 von der britischen Zeitung *Sunday Express* eine von dieser als »geheimer Plan der EU« eingestufte Forderung des Statistischen Amts der Europäischen Union (Eurostat) enthüllt, wonach man bis zum Jahr 2050 bis zu 56 Millionen Afrikaner nach Europa bringen sollte, um der demografischen Abnahme der EU-Bevölkerung und deren negativen Folgen für die Pensionen und das Gesundheitssystem entgegenzuwirken.[385] Daran erkennt man sehr gut, dass man dem üblichen Narrativ treu bleibt!

Wörtlich wurde gefordert:

> Länder mit geringer Geburtenrate benötigen eine signifikante Anzahl von Migranten in den nächsten Jahrzehnten, wenn sie die derzeitige Anzahl von Menschen im Erwerbsalter beibehalten wollen.[386]

Secret plot to let 50million African workers into EU

MORE than 50 million African workers are to be invited to Europe in a far-reaching secretive migration deal, the Daily Express can reveal today.

Abb. 15: Die *Express*-Enthüllung vom 11. Oktober 2008[387]

Als einen ersten Schritt zur Realisierung des Vorhabens »Reisefreiheit für Afrikaner in die EU« wird die Eröffnung eines »Jobcenters« der Europäischen Union in Mali im Oktober 2008 gesehen. Unterstützt werden diese Argumentation und dieses Handeln natürlich auch durch Teile des EU-Parlaments. So meinte die französische EU-Parlamentarierin Françoise Castex:

> Genügend Leute im Erwerbsalter zu haben ist lebenswichtig für die Wirtschaft und das Steueraufkommen. […] Es ist dringend geboten, dass die Mitgliedstaaten eine besonnene Einstellung zur Einwanderung finden. Sie sollten sagen: »Ja, wir brauchen Einwanderung.« … Es ist keine neue Entwicklung, wir müssen sie akzeptieren.[388]

Interessant: Wir müssen diese Entwicklung also akzeptieren?! So wie auch den Terror? Wie manche Experten und Politiker uns zumindest einreden wollen.[389]

Daher ist es wohl auch nicht als Überraschung zu bezeichnen, dass das EU-Parlament Mitte November 2017 beschloss, das Dublin-System grundlegend zu reformieren (Dublin III) – weg vom Prinzip des Ersteintrittslandes hin zu einem gemeinsamen EU-Asylsystem mit echter Umverteilung. Nach den Plänen des Innenausschusses im EU-Parlament soll das erste Eintrittsland die Ankommenden künftig nur noch registrieren und einem Sicherheitscheck unterziehen. Die Zuteilung des Asylverfahrens soll anschließend nach einem vierstufigen Kriterienkatalog erfolgen. Dabei wird berücksichtigt:

① ob es in einem EU-Land Familienangehörige gibt,
② ob der Asylbewerber für ein EU-Land bereits einmal ein Visum erhalten oder
③ sich dort schon einmal legal aufgehalten hat und
④ ob er in einem EU-Staat schon einmal eine Ausbildung absolviert hat.

Greift keines dieser Kriterien, so soll der Asylbewerber aus jenen vier EU-Ländern wählen können, die, gemessen an ihrem Zuteilungsschlüssel, am wenigsten ausgelastet sind. Der Zuteilungsschlüssel orientiert sich an Bevölkerungszahl und Wirtschaftsleistung der EU-Staaten. Diesem Kriterienkatalog stimmten unter anderem auch die EU-Abgeordneten Josef Weidenholzer (SPÖ) und Heinz Becker (ÖVP) zu. Zentraler Punkt ist, dass Asylbewerber vorrangig anhand von persönlichen Anknüpfungspunkten zugeteilt werden sollen. Die Parlamentarier erhoffen sich dadurch – genauso wie die SPD im Zuge der Sondierungsgespräche mit der CDU/CSU zur Bildung einer neuen Regierung[390] – eine erleichterte Integration.[391]

Die praktischen Erfahrungen der vergangenen Jahrzehnte in vielen EU-Großstädten zeigen indes, dass der Familiennachzug genau das Gegenteil von dem bewirkt, was ursprünglich als Integration geplant war; er führt nämlich zu Parallelgesellschaften mit Clan- und Gang-Bildung, No-go-Areas etc.[392] Dies wird von den linken Social Engineers wie üblich ignoriert. Was nicht ins Weltbild passt, wird verdrängt und ignoriert. Egal, was die persönlichen und gesellschaftlichen Folgen (zum Beispiel deutlicher Anstieg von Vergewaltigungen) für die Menschen sind!

Dieser »Plan«, der wohl mehr eine akkordierte obligatorische »Empfehlung« darstellt, ist wieder ein treffendes Beispiel für die gleichgeschaltete Denk- und Handlungsweise der sogenannten westlichen Welt, der linksliberal-neoimperialen Welt mit ihrer geschichtsvergessenen Sicht auf die Dinge, verbunden mit einer vollständigen Ignoranz gegenüber den anthropologischen und gesellschaftlichen Naturgesetzen.

Aber mit dem bisher Aufgezeigten geben sich die Europäische Union und ihre Lenker noch lange nicht zufrieden. Um das Bild der Situation annähernd zu vervollständigen, muss noch auf den »Euro-African Dialogue on Migration and Development«, kurz auch als »Rabat-Process«[393] bezeichnet, hingewiesen werden.

Der Rabat-Prozess ist seit 2006 ein Dialogforum von Außen-, Innen- und Integrationsministern sowie hohen staatlichen Vertretern aus 55 europäischen, nord-, west- und zentralafrikanischen Staaten sowie der westafrikanischen Wirtschaftsgemeinschaft ECOWAS und der Europäischen Kommission. Algerien und Libyen besitzen einen Beobachterstatus. Der Rabat-Prozess dient dem umfassenden Management der wachsenden Migration innerhalb Afrikas und von Afrika nach Europa.[394] Namensgebend ist die Hauptstadt des Königreichs Marokko, Rabat. Der Rabat-Prozess umfasst vier Säulen:[395]

① Organisation der Mobilität und der legalen Migration (Säule 1);
② Verbesserung des Grenzmanagements und Bekämpfung der illegalen Migration (Säule 2);
③ Stärkung der Synergien zwischen Migration und Entwicklung (Säule 3) und seit 2014 Umsetzung von »(The) Rome Declaration and Programme 2014-2017«; [396]
④ Förderung des internationalen Schutzes (von Migranten).

Bisher fanden im Rahmen des Rabat-Prozesses fünf Ministerkonferenzen statt:[397]

- 2006 in Marokko: »Rabat Action Plan«;
- 2008 in Frankreich: »Paris Cooperation Programme«;

- 2011 im Senegal: »Dakar Strategy«;
- 2014 in Italien: »Rome Declaration and Programme«;
- Die fünfte Konferenz fand am 2. Mai 2018 in Marrakesch statt, bei der die »Marrakesh Political Declaration« über Maßnahmen zur Zusammenarbeit in den Bereichen Flucht und Migration für den Aktionszeitraum 2018 bis 2020 vereinbart wurde.[398]

Es ist hier nicht mehr notwendig, im Detail auf diese »Deklaration« einzugehen. Allein die Formulierung »Organisation der Mobilität und legalen Migration« (Säule 1) zeigt ganz klar, wohin die Reise gehen soll. Denn dass Europäer massenhaft nach Afrika gehen werden, ist wohl eher auszuschließen.

Die »Marrakesh Political Declaration« ist aber auch deshalb sehr aufschlussreich, da mit den darin aufgelisteten Rahmenverträgen des »Rabat Process« ganz klar bestätigt wird, dass schon sehr lange, sehr intensiv und komplex verflochten auf unterschiedlichsten Ebenen und in multiplen Organisationen an der Massenmigration und ihrer Steuerung gearbeitet wird. Die Rahmenverträge lauten:[399]

- »Joint Africa-EU Declaration on Migration and Development« (2006),
- »United Nations Declaration of the High-level Dialogue on International Migration« (2013),
- »Africa-EU Declaration on Migration and Mobility (2014),
- »2030 Agenda for Sustainable Development« (UN 2015; »leave no-one behind«),
- »New York Declaration for Refugees and Migrants« (UN 2016),
- »Political Declaration of the 5th African Union – European Union Summit« (2017).

Deshalb verwundert es auch nicht, dass in Dokumenten, Reden und Aussagen der politischen, wirtschaftlichen, kulturellen, medialen, bildungspolitischen, »wissenschaftlichen« etc. Eliten der »westlichen« Welt fast deckungsgleich immer und immer wieder dieselben Worte und Phrasen verwendet werden.

Aber zurück zum »*trickle down*/Durchsickern« der Migrationsagenda von UNO über EU zu den Mitgliedstaaten!

»Nationale« Regierungen im Dienste des Bevölkerungsaustauschs

Die Relativierung der »nationalen« Regierungen scheint geboten zu sein, da wir sehen werden, dass auch diese nicht im Interesse »ihrer« Völker arbeiten.

Wie dieses »Durchsickern« der »Vorschläge« der UNO zur »Ersatzmigration«, also des Bevölkerungsaustauschs von oben, via EU auf nationalstaatlicher Ebene umgesetzt wird, wird nun am Beispiel Österreichs illustriert.

Auch hier sind Aussagen von Akteuren sehr erhellend und in der Wortwahl natürlich typisch migrationsaffin und systemkonform. So meinte zum Beispiel Kilian Kleinschmidt vom UNHCR in Wien:

> Grenzzäune sind sinnlos, und es geht darum, die Grenzen kontrolliert aufzumachen und Arbeitsmarktvermittlung, Vermittlung von Studienplätzen und Lehrstellen für Migranten zu strukturieren.[400]

So schnell werden also aus »Flüchtlingen« dann »Migranten«, um die »Ersatzmigration« am Laufen zu halten. Sprache dient nicht nur der Kommunikation und der Manipulation, sie kann auch sehr verräterisch sein. »Man merkt die Absicht und ist verstimmt!«

Die UNO agiert in Staaten wie Österreich natürlich nicht nur durch Personen. Ihr »Resettlement Program« gibt es auch dort. Das nennt sich dann »Resettlement in Österreich«.[401] Hier finden sich auch die »üblichen Verdächtigen« aus allen möglichen Organisationen der »Asyl-Gewinnler« (in Anlehnung an die allseits bekannte und entsprechend bewertete Begrifflichkeit »Kriegs-Gewinnler«) oder, wie sie sich selbst lieber nennen, dem »European Resettlement Network«[402]. Das klingt doch auch gleich viel besser!

Resettlement in Österreich

Vorschläge der Arbeitsgruppe von
Caritas Österreich, Diakonie,
Internationaler Organisation für Migration,
Österreichischem Roten Kreuz
und UN-Flüchtlingskommissariat UNHCR
für ein Resettlement-Programm in Österreich

5. Juli 2013

Caritas Diakonie UNHCR

Abb. 16: »Resettlement in Österreich«

Die UNO und alle ihre Suborganisationen verstehen unter »Resettlement« …

> die Neuansiedlung besonders schutzbedürftiger Flüchtlinge, die wegen fortwährender Verfolgungsrisiken auf absehbare Zeit weder in ihre Heimatländer zurückkehren noch in ihren jeweiligen Erstzufluchtsstaaten adäquaten Schutz und dauerhaft Aufnahme finden können. Es ist ein humanitär ausgerichtetes Programm und bedeutet den Transfer von Flüchtlingen aus dem Erstzufluchtsstaat mit dem Ziel, diese in einen aufnahmebereiten Staat dauerhaft aufzunehmen und zu integrieren. Resettlement ist somit zugleich ein Schutzinstrument und eine dauerhafte Lösung für Flüchtlinge. Darüber hinaus ist Resettlement ein konkreter Ausdruck internationaler Solidarität mit den Erstzufluchtstaaten.[403]

So schön können es wirklich nur ausgewiesene rote wie goldene Internationalisten formulieren. Man erkennt schnell, dass hier immer wieder dieselben Begrifflichkeiten von Politikern, Einwanderungsaktivisten, Vertretern sogenannter Menschenrechtsorganisationen usw. verwendet werden. Wie schon weiter oben festgestellt werden konnte, ist dies kein Zufall, denn nicht nur die Begriffe, sondern auch die Ideen und Konzepte kommen alle aus derselben Werkstatt. Sich dies nicht immer wieder vor Augen zu führen bedeutet, die Monstrosität der geplanten Menschenverschiebung zu verkennen. Das Potenzial zur Nutzung für eine weitere humanitär argumentierte Masseneinwanderung ist enorm und ständig steigend. So führt die »Medien-Servicestelle Neue Österreicher/innen«, nach Eigenwahrnehmung »Das Portal für JournalistInnen zu Migration und Integration«, in ihrer »Factbox« mit Stand 17. August 2016 Folgendes an:

> Resettlement-Bedarf stieg von 2014 auf 2015 um 22 Prozent. Stärkster Anstieg in der Region Nahost und Nordafrika. Bedarf ist weit höher als Zahl der Flüchtlinge, die eine neue Heimat finden. 2015 schlug UNHCR 134 044 Flüchtlinge für Resettlement vor. 40 Prozent der Resettlement-Vorschläge betreffen syrische Flüchtlinge. Seit 2013 kamen 1300 Flüchtlinge durch dieses Humanitäre Aufnahmeprogramm nach Österreich.[404]

Der UNHCR gab im Juli 2017 bekannt:

> Derzeit läuft das dritte Humanitäre Aufnahme-Programm (HAP III), über das im Zeitraum 2016/2017 insgesamt 400 besonders schutzbedürftige syrische Flüchtlinge aus Jordanien und der Türkei aufgenommen werden. Das erste Aufnahmeprogramm für syrische Flüchtlinge wurde 2013 für 500 syrische Flüchtlinge gestartet, danach folgte ein weiteres Programm für 1000 Flüchtlinge.[405]

Österreich verlässt sich jedoch bei der Zuführung von Einwanderern nicht nur auf die UNO und deren übliche Helfer, sondern ist auch selbst sehr aktiv. Natürlich ganz im Sinne der UNO- und EU-Pläne und auch mit denselben Axiomen und derselben Phraseologie.

Ein Element ist der im April 2014 beim Bundesministerium für Inneres als »weisungsfreies und unabhängiges Gremium« eingerichtete »Migrationsrat für Österreich«. Der Vorsitzende, Prof. Paul Lendvai, übergab am 7. Dezember 2016 in Wien an den damaligen österreichischen Innenminister Mag. Wolfgang Sobotka den *Bericht des Migrationsrats.*[406]

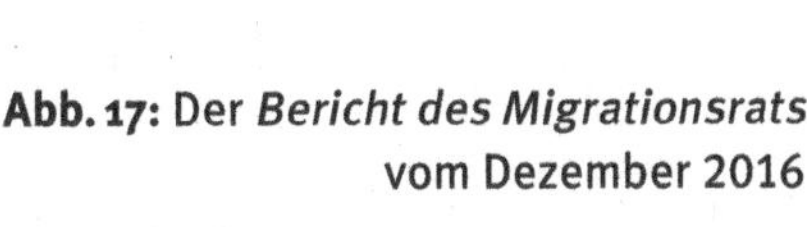
Abb. 17: Der *Bericht des Migrationsrats* vom Dezember 2016

Hier einige wesentliche Aussagen aus diesem Bericht:

① Interessen Österreichs haben klar im Mittelpunkt österreichischer Migrationspolitik zu stehen, so hat Österreich unter Berücksichtigung seiner globalen Verantwortung auch im Hinblick auf die Herkunftsregionen zu handeln.

② Die Wirtschaft benötigt gezielte und gesteuerte Zuwanderung von qualifizierten, erwerbstätigen Menschen.

③ Auch wenn die Gesellschaft demografisch altert, soll Migration nicht den gesamten Arbeitskräfterückgang ausgleichen. Ein verringertes Arbeitskräfteangebot wird auch durch Innovation und Produktivität abgefedert.

④ Österreich braucht bis 2050 (derselbe Zeitrahmen wie jener der UNO »Replacement Migration«-Studie) jährlich mindestens 21 600, besser noch 49 000 Zuwanderer.
⑤ Auf nationaler und europäischer Ebene: Vereinfachung, Rechtsbereinigung und Systematisierung des Fremdenrechts durch Einführung eines EU-Migrationskodex und eines österreichischen Migrationsgesetzbuchs.
⑥ Offene Binnengrenzen benötigen gesicherte Außengrenzen: Supranationalisierung des Außengrenzschutzes durch eine unmittelbare EU-Grenzsicherung (eine Soros-Forderung!).
⑦ Ein neues europäisches Schutzsystem sollte besonders Schutzbedürftigen legale Einreisemöglichkeiten bieten (eine Soros-Forderung!), wahrgenommen durch mobile Behörden am Rande der Konfliktregionen.
⑧ Planbare Zuwanderung ist langfristig bewältigbar, erhöht die Treffsicherheit von Schutzsystemen und generiert ein höheres Maß an Akzeptanz in der Bevölkerung.
⑨ Eine effektive, glaubwürdige Asylpolitik braucht ein neues europäisches/multilaterales Rückführungssystem.[407]

Wenngleich der Bericht nicht blauäugig nur die Vorteile von Migration darstellt, sondern auch deren Schattenseiten,[408] so lehnt er sich doch sehr an die von der UNO bereits in Bezug auf die »Replacement Migration« vorgegebenen und von bedeutenden Akteuren wie Soros und Sutherland geäußerten Zeit-, Denk-, Struktur- und Argumentationsmustern an.[409]

Besonders trifft das auf die festgelegten Grundannahmen des Berichts zu:

① Migration ist, wenn sie denn »richtig gesteuert« wird, richtig und notwendig.
② Ohne Migration können sich die Nationalstaaten nicht positiv entwickeln, und
③ nur die EU und die UNO können die Migration steuern.[410]

Diese Grundannahmen deuten wohl sehr stark auf ein und dieselbe Quelle hin. Darüber hinaus werden diese Axiome aber niemals konkret hinterfragt und schon gar nicht bewiesen. Es sind nur ideologische Annahmen. Dies ist typisch für solche »unabhängigen« Berichte.

Und die Politik nimmt die Bälle von »unabhängigen Experten« natürlich sehr gerne auf! Denn wer wollte schon »Experten«, erst recht, wenn sie so richtig »unabhängig« sind (siehe Baringhorst!), in Zweifel ziehen? So reagierte der damalige Innenminister Sobotka unverzüglich auf den Bericht. Er wolle eine »dauerhafte Kommission« zu diesem Thema einrichten. Der Bericht werde als Handlungsanleitung für das Innenministerium und die Bundesregierung dienen. Der Minister wolle im ersten Halbjahr 2017 eine Migrationsstrategie angehen. Fest stand bereits die Einrichtung einer Migrationskommission mit Heinz Faßmann, dem derzeitigen Bundesminister für Bildung, Wissenschaft und Forschung, an der Spitze. Faßmann war passenderweise im Migrationsrat im Arbeitsfeld Demografie tätig. Laut den Modellrechnungen würde die Bevölkerungszahl Österreichs ohne Zuwanderung sinken. So bräuchte es eine Nettozuwanderung von rund 50 000 Personen jährlich, um die Zahl der Erwerbsfähigen langfristig konstant zu halten, erklärte Faßmann. Er spricht sich für gezielte, strukturierte und qualifikationsorientierte Zuwanderung aus.[411]

Die Zukunft wird zeigen, wie die schwarz/türkisblaue (ÖVP/FPÖ) österreichische Bundesregierung, und hier ganz besonders der neue Innenminister Herbert Kickl (FPÖ), mit dieser Thematik tatsächlich umgeht. Man muss wohl kein großer Prophet sein, um vorauszusagen, dass der tatsächliche Umgang mit der Masseneinwanderung das Wohl oder Wehe dieser Regierungskonstellation und besonders der FPÖ als auch künftig relevante politische Partei bestimmen wird.

Aber auch das seit Jahren von diversen Interessengruppen geforderte Einwanderungsgesetz in der BRD nimmt langsam Form an. Der Innenminister Horst Seehofer (CSU) hat Mitte August 2018 die Eckpunkte für ein Gesetz zur Regelung der Fachkräftezuwanderung, im Koalitionsvertrag von CDU/CSU und SPD »Fachkräfteeinwanderungsgesetz« genannt, im Rahmen seines »Masterplans Migration« vorgelegt.[412]

Kriterien für die Einwanderung sollten die Qualifikation, das Alter, Sprachkenntnisse, der Nachweis eines konkreten Arbeitsplatzangebots und die Sicherung des Lebensunterhalts sein. Im Zentrum der Pläne stehen Einwanderer mit Berufsausbildung. Die Regierung besteht künftig nicht mehr auf der Bevorzugung einheimischer Bewerber bei der Besetzung offener Stellen, das heißt, man verzichtet auf den »Grundsatz der Vorrangprüfung«. Dies gelte nicht nur in den von der Bundesagentur für Arbeit definierten Engpassberufen, in denen akuter Fachkräftemangel herrscht, sondern für alle Berufe. Damit wird eine Forderung von Arbeitsminister Hubertus Heil (SPD) erfüllt, und die Bundesregierung erlaubt beruflich Qualifizierten die befristete Einreise zur Jobsuche auch dann, wenn kein Arbeitsplatz nachgewiesen werden kann. Und natürlich will man auch »die Potenziale der Personen mit Fluchthintergrund, die eine Beschäftigung ausüben dürfen, für unseren Arbeitsmarkt nutzen«.[413]

Kurz gesagt, die BRD-Regierung öffnet das Land weiter für einen grenzenlosen Arbeitsmarkt und setzt damit die einheimischen Arbeitskräfte der globalen Billiglohnkonkurrenz schutzlos aus. Ob das den »Antifaschisten« und »Antiimperialisten« von der vereinigten Linksfront klar ist, wenn sie auf die Straße geschickt werden, um den »Nazis« vom patriotischen Widerstand »zivilcouragiert« entgegenzutreten?

Bei all dieser Begeisterung für Massenzuwanderung klingt es dann auch sehr kohärent, dass an dem Vorwurf an die Deutsche Welle, dass sie im Vorlauf zur Masseneinwanderung 2015 offenbar massiv Werbung für eine Einwanderung in die BRD betrieben hat, wohl etwas dran ist. Dies behauptet zumindest der pakistanischstämmige Journalist Shams Ul-Haq in seinem Buch *Die Brutstätte des Terrors,* wenn er dort anführt:

> Mich wunderte bereits damals, dass der Sender in dieser Zeit Deutschland so besonders lobte, dass es schon übertrieben wirkte. Eine reiche Nation, »die ausländische Zuwanderer dringend benötige«, waren noch die harmlosesten Jubelrufe der Journalisten der Deutschen Welle.[414]

Aber nicht nur die UNO, die EU und Staaten als Organisationen verfolgen Masseneinwanderung als Zweck. Wie wir an anderer Stelle schon gesehen haben, gibt es auch wichtige Einzelpersonen im Sinne der hier verstandenen Definition von Eliten, die ihre Stellung und daher ihren enormen Einfluss für diesen Zweck geltend machen. Auch innerhalb der EU gibt es solche Personen.

Vertreter der EU und der Bevölkerungsaustausch

Um zu beurteilen, wie sich Vertreter der EU-Eliten selbst in diesem globalen Spiel sehen, mögen zwei Zitate eines der Gründungsväter der EU, Jean Monnet, genügen. Monnet war ein Mann, der die meiste Zeit seines Lebens in den Vereinigten Staaten verbrachte, der während des Zweiten Weltkrieges als das »Auge und Ohr« des US-Präsidenten Franklin D. Roosevelts galt und den der französische General Charles de Gaulle für einen US-Agenten hielt.[415] Monnet meinte:

> Auch die Europäische Gemeinschaft ist nur eine Etappe auf dem Wege zu den Organisationsformen der Welt von morgen.[416]

Das Nordamerikanische Freihandelsabkommen (NAFTA), das Transatlantische Freihandelsabkommen (TTIP), das Umfassende Wirtschafts- und Handelsabkommen (CETA) und die globale »Verpflichtung« zur Aufnahme von sogenannten Flüchtlingen muss man wohl unter der Prämisse einer Neuen Weltordnung, der Eine-Welt-Ideologie, sehen.

Monnet hat sich aber nicht nur zum Ziel, sondern auch zur verdeckten Methode der Zielerreichung bekannt und geäußert:

> Europas Länder sollten in einen Superstaat überführt werden, ohne dass die Bevölkerung versteht, was geschieht. Dies muss schrittweise geschehen, jeweils unter einem wirtschaftlichen Vorwand.[417]

Auch die Massenmigration wird den Bürgern Europas hauptsächlich unter diesem »offiziellen« Vorwand schmackhaft gemacht.

Und nicht zuletzt sollte man sich bei Maßnahmen der EU-Institution immer ihren Geist vor Augen führen, den Jean-Claude Juncker, der auch den Spitznamen »hoher Würdenträger der Goldenen Internationale«[418] trägt, so entwaffnend offen auf den Punkt gebracht hat:

> Wir beschließen etwas, stellen das dann in den Raum und warten einige Zeit ab, was passiert. Wenn es dann kein großes Geschrei gibt, weil die meisten gar nicht begreifen, was da beschlossen wurde, dann machen wir weiter, Schritt für Schritt, bis es kein Zurück mehr gibt.[419]

Diesen *point of no return*, den Punkt, ab dem »es kein Zurück mehr gibt«, versucht man ganz offenkundig mit dem Zulassen und der aktiven Förderung der Masseneinwanderung zu überschreiten. Denn die hier vorgelegten Indizien und Fakten belegen eines ganz klar: Die Europäische Union hat nicht versagt – sie wollte »versagen«! Ihre Verantwortlichen haben seit langer Zeit und mit vielen Maßnahmen die gezielte Masseneinwanderung herbeigeführt und wollen sie auch weiter vorantreiben.

Dieses Bild runden unter anderem Aussagen des 1. Vizepräsidenten der EU-Kommission, Frans Timmermans, ab, geäußert im Rahmen der Eröffnungsansprache zum »First Annual Colloquium on Fundamental Rights« in Brüssel am 1. Oktober 2015. Das Datum ist ganz besonders zu beachten. Denn jeder weiß, dass so ein hochkarätig besetztes Kolloquium nicht von heute auf morgen terminisiert, thematisch fixiert und organisatorisch vorbereitet wird.

In der Regel gibt es einen Vorlauf von mindestens einem Jahr. Auch dies ist ein Indiz dafür, dass die Migration in die EU in einer komplexen Vernetzung vonseiten der EU-Eliten strategisch angelegt und konsequent betrieben wird. Hier nur einige der von ihm genannten Themen beziehungsweise seiner »vielsagenden« Ausführungen dazu:

① Ausschließlich behandelte Themen waren: Antisemitismus und Anti-Muslim-Hass/Islamophobie.

② Die Massenzuwanderer im Herbst 2015 sah er ausnahmslos als »Zufluchtsuchende«.

③ Er beschreibt, wie sich Muslime und Juden in Europa, nur weil sie solche sind, jeden Tag (zum Beispiel im Supermarkt, in den Schulen etc.) vor Übergriffen fürchten müssen und ständig die Sündenböcke seien.

④ Der Umstand, dass Juden vermehrt Europa verlassen, weil sie sich nicht mehr sicher fühlen, raubt ihm den Schlaf – »*I started loosing sleep over!*«

⑤ Ohne Juden würde Europa schlicht und einfach aufhören zu existieren!

⑥ Die europaweite Islamophobie und die rasant steigenden Hassverbrechen gegen die Muslime sind eine der größten Herausforderungen für Europa.

⑦ Die Massenzuwanderer vom Sommer und Herbst des Jahres 2015 haben »exakt die gleiche Geschichte wie die Juden, die in den 1930er-Jahren in und aus Deutschland flüchten mussten«.
⑧ »Vielfalt« ist die Bestimmung der Menschheit! Dorthin bewegt sie sich.
⑨ Es wird keine Nation und keinen noch so entfernten Platz auf diesem Planeten geben, der sich der »Vielfalt« wird entziehen können.
⑩ Nationale Politiker betrügen ihre Wähler um ihre Zukunft, wenn sie eine homogene Gesellschaft versprechen. Die es übrigens gemäß Timmermans nie gegeben hat.
⑪ Europa wird »vielfältig« sein, wie der Rest der Welt. Die Frage ist nicht, ob, sondern wie man mit dieser »Vielfalt« umgehen wird.
⑫ Ohne den Weg in die »Vielfalt« werden die europäischen Gesellschaften einen Niedergang erleiden.
⑬ Man muss darüber nachdenken, was Erziehung machen kann und wie man »Hate Speech« im Internet und an anderen Orten bekämpfen kann.
⑭ Timmermans informierte auch darüber, dass er und die Kommissarin Jouriva zwei neue EU-Koordinatoren direkt bei Timmermans angesiedelt haben, um Antisemitismus und Islamophobie noch besser bekämpfen zu können.[420]

Eine kompaktere Zusammenstellung der Sichtweisen, Positionen und Maßnahmen der internationalistisch orientierten Massenzuwanderungsorganisatoren kann man sich eigentlich gar nicht vorstellen. Sie zeigt auch sehr präzise den Hass und die Verachtung, die Leute wie Timmermans den autochthonen Menschen Europas entgegenbringen. Kein Wort davon, dass die alteingesessenen Einheimischen sehr häufig und mit rasant steigender Tendenz Opfer von sogenannten Hassdelikten werden – und das nur deshalb, weil sie eben Einheimische sind.

Kein Wort wird auch darüber verloren, dass Juden Europa verlassen (müssen), weil sie Opfer von muslimischen Hassverbrechern werden. Nein, nur die »europäische Geschichte lehrt uns« ständig, wo die »Hassverbrecher« stehen.

Nunmehr wird nicht nur die deutsche, sondern auch die europäische Geschichte auf die »12 Jahre« reduziert! Und auch hier liegt das

Heil, nicht nur das wirtschaftliche, sondern auch das moralische, ausschließlich in den Händen der »Vielfalt«. Verzerrter, absurder und losgelöster von jeglicher Realität kann subjektive Wahrnehmung wohl nicht mehr sein! Dies ist die geistige und ideologische Basis der Eliten der »westlichen Wertegemeinschaft« für die Eliminierung der Völker Europas, für den schleichenden Bevölkerungsaustausch und den Genozid durch Masseneinwanderung.

Der Sozialdemokrat Timmermans – neben seiner Funktion als 1. Vizepräsident ist er auch Kommissar für »bessere Rechtsetzung, interinstitutionelle Beziehungen, Rechtsstaatlichkeit und Grundrechtecharta« – beschäftigt sich in unterschiedlichen Ausschüssen und Kolloquien mit den Themen Rassismus und Fremdenfeindlichkeit sowie explizit mit den Möglichkeiten zur Verhütung und Bekämpfung von antisemitisch und antimuslimisch motiviertem Hass in Europa. Er und seine Institution sind ein gutes Beispiel dafür, wie über den Hebel von Antidiskriminierungsgesetzen auf EU-Ebene getroffene Maßnahmen seit Jahren immensen Einfluss auf nationale Gesetzgebungen haben oder diese bereits ersetzen.[421]

In dieselbe hasserfüllte Kerbe schlägt BRD-Finanzminister Wolfgang Schäuble. Dieser meinte im Juli 2016:

> Die Abschottung ist doch das, was uns kaputtmachen würde, was uns in Inzucht degenerieren ließe.

In Deutschland trügen Muslime zu Offenheit und Vielfalt bei:

> Schauen Sie sich doch mal die dritte Generation der Türken an, gerade auch die Frauen. Das ist doch ein enormes innovatorisches Potenzial.

In der globalisierten Welt sei es notwendig,

> … noch einmal eine maßvolle Revolution, einen grundlegenden Wandel ohne Übertreibung zu schaffen.[422]

Der Mann, der jede Krise begrüßt, um die Welt im Sinne der globalistischen Ideologie umzugestalten,[423] lässt ebenfalls keinen Zweifel an seiner Verachtung für die autochthonen »Inzuchtprodukte« (ganz im Sinne von Coudenhove-Kalergi) und seine helle Begeisterung für alle »Bereicherer« dieser Welt! Und ganz Internationalist, wie Sutherland es war, meinte er in dessen Sinne in einem Interview mit der *New York Times*:

> Wir tragen nicht nur Verantwortung für uns selbst, wir sind auch für die Entwicklung der Weltwirtschaft verantwortlich.[424]

Wer so viel Verantwortung trägt, der kann sich wirklich nicht mehr um sein eigenes Volk kümmern! Sind das tatsächlich »unsere« Politiker, die im Sinne unseres Wohlergehens tätig sind?

Václav Klaus und Jiri Weigl geben in ihrem Buch *Völkerwanderung* auf diese Frage eine klare Antwort. Sie weisen darauf hin, dass die EU – und hier wieder ganz besonders die EU-Kommission – das Aufkommen der Massenmigration bereits 1995 im sogenannten Barcelona-Prozess mit der EURO-MED vorweggenommen hat. Bereits im Rahmen dieses Prozesses wurde die Idee fixiert, Europa und seine Bevölkerung großzügig aus dem arabischen und nordafrikanischen Raum aufzustocken. Die beiden nennen das nicht von ungefähr »ein Spiel mit dem Feuer«.[425]

Klaus und Weigl meinen dazu:

> Die europäische Öffentlichkeit will die Migrationswelle stoppen. [...] Die Politiker wollen etwas völlig anderes ... sie wollen den Zufluss der neuen Einwohner in die EU »regulieren«, legalisieren und administrativ vereinfachen. Von einem Stopp ist keine Rede.[426]

Als wäre das noch nicht Bestätigung genug für die Richtigkeit der hier vertretenen These vom gezielt durchgeführten Bevölkerungsaustausch, legte Yascha Mounk – ein deutsch-amerikanischer Politikwissenschaftler, Dozent an der Harvard University in Boston, freier Publizist unter anderem für die *New York Times, The Wall Street Journal, Foreign Affairs, slate.com* und *Zeit Online,* der auch einen Podcast mit der Bezeichnung *The Good Fight* unterhält[427] – die Karten offen auf den Tisch. In den *ARD-Tagesthemen* vom 22. Februar 2018 meinte er ganz offen:

> Zum Zweiten, dass wir hier [in der BRD; Anm. d. Verf.] ein historisch einzigartiges Experiment wagen, und zwar eine monoethnische, monokulturelle Demokratie in eine multiethnische zu verwandeln. Das kann klappen. Es wird, glaube ich, auch klappen. Aber dabei kommt es natürlich auch zu vielen Verwerfungen.[428]

Die Moderatorin bedachte diese Ausführungen mit einem schlichten »hmmm« und ging dann ganz unaufgeregt zur nächsten Frage über! Abgesehen davon, dass sie damit indirekt bestätigt hat, dass in den Medien diese Aussage kein »Aufreger«, sondern ganz offenbar Common Sense ist, zeigt diese Aussage:

① Der Bevölkerungsaustausch findet wie geplant statt, und zwar als »einzigartiges Experiment«. Wer heute noch von Verschwörungstheorie spricht, hat entweder keine Ahnung oder er lügt absichtlich.

② In diesem »einzigartigen Experiment« werden Menschen, Inländer wie auch Migranten in zynischer Art und Weise quasi als Laborratten in einem Großfeldversuch missbraucht. Das scheint aber niemanden zu stören. Schon gar nicht die »vierte Macht« im Staat, die Medien. Diese sind willige Gehilfen und Promoter in diesem perversen »Experiment«.

③ Der letzte Großfeldversuch mit mehr als 100 Millionen Toten, genannt »Kommunistische Weltrevolution«, mit ihren Versuchen der Schaffung eines »neuen Menschen«, des »Sowjetmenschen«, und des »Paradieses auf Erden« in einem »Bauern- und Arbeiterstaat«, ist wohl schon wieder zu lange her und in Vergessenheit geraten! Für die nächste Utopie ist man natürlich auch bereit, »Verwerfungen« in Kauf zu nehmen! Wie viele Millionen müssen dieses Mal wieder auf grauenhafte Weise zu Tode kommen, bis solche ideologischen Verbrecher endlich aufhören, »Experimente« am lebenden Patienten durchzuführen?

Als vorläufige Zusammenfassung kann man feststellen:

- Man war sich auf Ebene der nationalen Regierungen und auf EU-Ebene der Problematik der Masseneinwanderung schon seit sehr langer Zeit bewusst, und man hat dennoch nichts dagegen unternommen. Ganz im Gegenteil!

- Man plante schon seit langer Zeit, mit strategischer Weitsicht, immer mehr Migranten nach Europa zu bringen.
- Es dürfte klar geworden sein, dass die EU-Verantwortlichen keine dilettantischen Versager sind, sondern dass eine klare Absicht besteht, die historisch gewachsene Bevölkerung in Europa durch Massenzuwanderung zu verdrängen.
- In diesen Kreisen ist man auch bereit, die Menschen für die zu erwartenden »Verwerfungen« bluten zu lassen!

Man könnte die Beweisführung hier nun beenden. Aber es würde nicht annähernd das Ausmaß der Verschwörung – also eine geheime Absprache zum Nachteil Dritter – offenbaren. Eine Verschwörung, die durch »Ersatzmigration« (»Replacement Migration«, UNO) zum Bevölkerungsaustausch und damit zur Marginalisierung und zum weitestgehenden Verschwinden der gewachsenen europäischen Völker und ihrer Kultur führen wird.

Zur Abrundung dieser gegen die Völker Europas gerichteten Verschwörung nun noch ein Blick nach Großbritannien, das für seine Vorgehensweise in Richtung multiethnische Gesellschaft, wie wir schon gesehen haben, von Herrn Sutherland sehr gelobt wurde.

Geheimplan der Labour Party aus dem Jahr 2000

Man versucht nicht nur mit UNO- und EU-Projekten den Bevölkerungsaustausch umzusetzen, sondern man bemüht sich auch auf staatlicher Ebene diesen Intentionen mit eigenen Vorhaben gerecht zu werden. So ein Vorhaben – ein Geheimplan aus dem Jahr 2000 – wurde 2009 in Großbritannien publik. Andrew Neather, der ehemalige Berater des damaligen britischen Premierministers Tony Blair (1997–2007), hat diesen Plan offiziell bestätigt. Die europäischen Sozialdemokraten wollten nach diesem Plan den »neuen multikulturellen Menschen« schaffen. Diesen Traum wollte man durch die Öffnung der Grenzen für Zuwanderer aus allen Kontinenten realisieren. Ziel der damaligen Labour-Regierung war es, aus Großbritannien »ein absolut multikulturelles Land zu machen«, einen »neuen Einheitsmenschen« zu schaffen, der sich so lange vermischt, bis er weder durch Rasse noch Herkunft noch Sprache oder Hautfarbe unterschieden werden kann. Deshalb hatte man allein am Anfang des neuen Jahrtausends 2,3 Millionen Einwanderer aufgenommen.[429] Ähnlichkeiten zum »planetarischen Menschen« (Coudenhove-Kalergi) sind wohl nicht zufällig und vermutlich sogar erwünscht.

Andrew Neather hat diesen Plan verteidigt und vertrat die Meinung, dass die Sozialdemokratie Großbritannien damit zu einem »kosmopolitischen Land« gemacht und dass diese Zuwanderung das Land »kulturell bereichert« hat.[430] Irgendwie kommt einem diese Bereicherungsphraseologie bekannt vor, oder? Dieselbe Werkstatt eben!

Lange Jahre blieb es ziemlich ruhig um diese sensationelle Enthüllung. Was wieder einmal ein Beweis für die mediale und wissenschaftlich-universitäre Macht der »Schweigespirale« und damit der erfolgreichen Massenmanipulation ist.

Anfang 2016 gingen dann aber die Wogen richtig hoch. Grund dafür war eine neue Blair-Biografie des international bekannten investigativen Reporters Tom Bower mit dem Titel *Broken Vows: Tony Blair – The Tragedy of Power.* Im Zuge der Recherche führte Bower mehr als 200 Interviews mit hohen Staatsbeamten, Ex-Ministern und anderen Insidern.[431]

Bower stellt schonungslos dar:

① »wie der Premierminister eine stille Verschwörung anführte, um das Gesicht des Vereinigten Königreichs für immer zu verändern«;
② »wie Blair seine Minister anwies, Zehntausende von Asylbewerbern in das Vereinigte Königreich durchzuwinken«;
③ dass die Blair-Regierung die Kontrolle der Grenzen nicht als ihre Aufgabe ansah;
④ dass es das Hauptziel gewesen sei, dem Land die »Vorteile einer multikulturellen Gesellschaft vor Augen zu führen«, und
⑤ »dass Blair nicht wollte, dass die Öffentlichkeit von seinen wahren Plänen zur Immigration erfährt«.[432]

Allein diese Details sind schon erschütternd genug und würden in einem funktionierenden Rechtsstaat wohl zu einer Anklage wegen Hochverrats ausreichen. Das ganze Ausmaß einer verantwortungslosen und verbrecherischen Politik offenbarte aber Sarah Spencer, eine Wissenschaftlerin, die ab 1997 die Regierung in Einwanderungsfragen beriet. Sie gab an:

> Eine Integrationspolitik existierte nicht. Wir haben einfach geglaubt, die Migranten würden sich integrieren.[433]

Die aus dieser Aussage hervorquellende entwaffnende Dummheit und komplette Ignoranz dürfte wohl auch in den EU-Gremien und anderen Staatskanzleien Europas anzutreffen und einer der Gründe dafür sein, dass eine rationale Diskussion zum Thema »Massenimmigration« nicht geführt werden kann.

Angesichts dieser Einstellung ergibt es dann auch einen »Sinn«, dass in Großbritannien seit dem Jahr 2011 Kinder von weißen ethnischen Briten weder bei der Metropolitan Police noch bei der britischen Regierung ein bezahltes Praktikum absolvieren können. Die Praktikantenstellen sind ausdrücklich nicht mehr für weiße Jugendliche vorgesehen![434]

Dass dieser Plan wohl weiterhin verfolgt wird, sieht man allein schon daran, dass nicht nur vermeintliche und tatsächliche Asylanten sofort Anspruch auf finanzielle Unterstützung haben,[435] sondern auch islamistische Terroristen und ihre Sympathisanten nachweislich aus den Sozialtöpfen der europäischen Staaten finanziert werden. Dies ist ebenfalls eine seit Langem bekannte Tatsache![436]

Dies bedeutet jedoch, dass die politische Klasse in Europa die Autochthonen dazu zwingt, ihre eigene Abschaffung auch noch zu finanzieren! Plakativ gesprochen: Sie müssen die Schaufel sogar selbst kaufen, mit der sie dann ihr eigenes Grab ausheben! Und wer sich gegen seine physische Elimination auflehnt, wird nach alter linksutopischer Moralverwirrung als Rassist bezeichnet und »amtsbehandelt«. Geht es eigentlich noch perverser? Das ist nicht nur Rassismus pur. Das ist Völkermord pur!

Wie wir bereits bei Schäuble gesehen haben, beschränkt sich die Neigung, das eigene Volk zu vernachlässigen, zu beschimpfen und zu hassen, nicht nur auf EU- und britische Politiker. Auch die Eliten in der Mitte Europas sind überzeugte Internationalisten und daher Verächter »ihrer« Völker.

Eliten der Mitte Europas und der Bevölkerungsaustausch

Sprache kann sehr entlarvend sein. Wenn Kommunikation mittels Sprache einen Sinn haben soll, dann muss man unterstellen, dass Gesagtes auch ernst gemeint ist und man daher auch die ausgedrückte Meinung versucht in die Tat umzusetzen. Ganz nach dem Sinnspruch aus dem Talmud:

> Achte auf deine Gedanken, denn sie werden Worte. Achte auf deine Worte, denn sie werden Handlungen. Achte auf deine Handlungen, denn sie werden Gewohnheiten. Achte auf deine Gewohnheiten, denn sie werden dein Charakter. Achte auf deinen Charakter, denn er wird dein Schicksal.[437]

Wir werden uns hauptsächlich mit einigen Aussagen der Vertreter der BRD-Eliten befassen, da diese in »der Mitte Europas« und nicht nur dort tonangebend sind. Vorreiter des nationalen und ethnischen Selbsthasses sind nicht nur Bündnis 90/Die Grünen und die Linke, sondern auch die SPD, die CDU und die FDP als (einstmals) bürgerliche Parteien. Die linken Internationalisten und die transatlantisch-linksliberalen Internationalisten, also fast alle im Bundestag vertretenen Parteien (mit Ausnahme der AfD), arbeiten schon seit Langem an einem »bunten, multikulturellen, multireligiösen, entnationalisierten und internationalisierten Deutschland«.[438]

Daher sehen wir uns nun nachfolgend eine zeitlich nicht geordnete kurze Auflistung – die schon deshalb nicht annähernd den Anspruch erheben kann, vollständig zu sein – von prägnanten Aussagen von BRD-Politikern zu ihrem Land, ihrem Volk und der Einwanderung an:

> Die Deutschen werden nicht – wie jetzt – mit 5 Millionen, sondern in Zukunft mit 7, 8, vielleicht sogar 10 Millionen Ausländern zusammenleben. Dies ist kein Grund zur Angst, sondern für ein Volk der Mitte und für unsere ökonomische Entwicklung eine Selbstverständlichkeit und eine Chance. Es gibt zwar Angst vor Ausländern, aber sie ist nicht begründet.[439]
>
> — HEINER GEISSLER, 1991(!), DAMALIGER STELLVERTRETENDER VORSITZENDER DER CDU-/CSU-BUNDESTAGSFRAKTION

Nicht der Zuzug von Ausländern, sondern die mangelnde Verjüngungs- und Anpassungsfähigkeit und das Anti-Immigrationsdenken der deutschen Gesellschaft sind die eigentliche Gefahr für unsere Zukunft.[440]

—HEINER GEISSLER

Wir stehen für Offenheit und multikulturelle Gesellschaft. Wir werden uns das nicht von denen verderben lassen, die jahrelang geleugnet haben, dass Deutschland ein Einwanderungsland ist.[441]

—JÜRGEN TRITTIN, BÜNDNIS 90/ DIE GRÜNEN, EHEMALIGER UMWELTSCHUTZMINISTER

Migration in Frankfurt ist eine Tatsache, wenn Ihnen das nicht passt, müssen Sie woanders hinziehen.[442]

—NARGESS ESKANDARI-GRÜNBERG, BÜNDNIS 90/DIE GRÜNEN, 13. NOVEMBER 2007

Unser Land wird sich ändern, und zwar drastisch. Und ich freue mich drauf![443]

—KATRIN GÖRING-ECKARDT, ABGEORDNETE FÜR BÜNDNIS 90/DIE GRÜNEN IM BUNDESTAG, IN EINER REDE ZUR FLÜCHTLINGSWELLE IM NOVEMBER 2015 AUF DEM PARTEITAG DER GRÜNEN

Es gibt kein Volk, und es gibt deswegen auch keinen Verrat am Volk.[444]

—ROBERT HABECK, BUNDESVORSITZENDER BÜNDNIS 90/DIE GRÜNEN

Wissen Sie, dass die Deutschen aussterben, so wie sie bisher waren – zwei Weltkriege haben sie vom Zaun gebrochen, millionenfachen Völkermord haben sie hinter sich gebracht (…) in ihrer besonderen Art des Nationalgefühls – das kann man eigentlich nicht bedauern.[445]

—MARGARETE MITSCHERLICH, PSYCHOANALYTIKERIN

Es gibt keinerlei Rechtfertigung, dass sich kleine Gruppen aus unserer Gesellschaft anmaßen zu definieren, wer das Volk ist. Das Volk ist jeder, der in diesem Lande lebt.[446]

—ANGELA MERKEL, BUNDESKANZLERIN DER BRD

Woran Sir Arthur Harris, Henry Morgenthau und Ilja Ehrenburg[447] gescheitert sind … übernehmen die Deutschen nun also selbst … Der baldige Abgang der Deutschen aber ist Völkersterben von seiner schönsten Seite. […] Nun, da das Ende Deutschlands ausgemachte Sache ist, stellt sich die Frage, was man mit dem Raum ohne Volk anzufangen ist …: Palästinensern, Tuvaluern, Kabylen und anderen Bedürftigen schenken?[448]

— DENIZ YÜZEL, JOURNALIST
FÜR DEUTSCHE ZEITUNGEN UND TV-SENDER

Wir müssen den Islam einbürgern.[449]

RENATE KÜNAST, EX-VORSITZENDE
DER BUNDESTAGSFRAKTION BÜNDNIS 90/DIE GRÜNEN

Ich wollte, dass Frankreich bis zur Elbe reicht und Polen direkt an Frankreich grenzt.[450]

— SIEGLINDE FRIESS, BÜNDNIS 90/DIE GRÜNEN
UND VERDI-FUNKTIONÄRIN

Diese Funktionärin kennt wohl die niedergeschriebenen Gedanken und die dazugehörige Landkarte von Kaufman?

Hätte es für die hier vertretene These vom gezielten Bevölkerungsaustausch in Europa und besonders in der BRD noch einer Bestätigung bedurft, so hat sie Jakob Augstein (Journalist, Geschäftsführer, Verleger, Miteigentümer Spiegel-Verlag, Chefredakteur der Zeitschrift *Der Freitag*) mit seinem Tweet am 9. Juli 2018 erbracht. Er schrieb auf Twitter:

Plädoyer für eine andere Idee von Deutschland: Ein neuer »Schmelztiegel«, in dem Menschen aus Europa, dem Nahen Osten und Afrika gemeinsam eine neue Nation erschaffen.[451]

Womit er die Absicht unterschiedlicher Interessen am Bevölkerungsaustausch in Europas Mitte sehr plakativ auf den Punkt brachte.

Es wird wohl nicht viele Staaten auf diesem Planeten geben – sehr wahrscheinlich keinen zweiten –, wo man dem Hass auf die eigene, eingeborene Bevölkerung so offen freien Lauf lassen und dennoch als Politiker beziehungsweise Politikerin Karriere machen kann! Das ist nur in Deutschland möglich.

Wes Geistes Kind zahlreiche deutsche Spitzenpolitiker sind, offenbarte sich bereits vor mehr als einer Dekade im Zusammenhang mit dem Tag der deutschen Einheit, dem 3. Oktober. Die *Welt am Sonntag* berichtete im Jahr 2005 über die Grüne Claudia Roth (heute Bundestagsvizepräsidentin) Folgendes:

> Bei einem Rundgang durch das türkisch dominierte Berlin-Kreuzberg überraschte die Politikerin Claudia Roth ihre Gesprächspartner mit einem Geistesblitz der besonderen Art. Man könne doch, meinte die Bundesvorsitzende der Grünen, am 3. Oktober nicht nur die deutsche Einheit, sondern auch den Beginn der EU-Beitrittsverhandlungen mit der Türkei feiern. Ihre Vision: Am Nationalfeiertag der Deutschen ertrinken die Straßen in einem Meer aus roten Türkenflaggen und ein paar schwarzrotgoldenen Fahnen.[452]

Aber nicht nur von linken Internationalisten hört man derartige volksverachtenden Äußerungen. Auch die transatlantisch-liberalimperialen Internationalisten von der CDU/CSU und der FDP stimmen in diese Verachtung ein, wie weiter oben schon anhand von Äußerungen Wolfgang Schäubles festgestellt wurde. Im Übrigen ist das gar nicht so unverständlich, wie es im ersten Moment erscheinen mag, wenn man denn nach Coudenhove-Kalergi feststellen kann, dass Kommunisten, also oligarchische Staatskapitalisten, und oligarchische westliche Monopolkapitalisten nur zwei Seiten ein und derselben Medaille mit dem Namen globalistische Oligarchie sind.

Und was hat zum Beispiel Angela Merkel dazu zu sagen? Nachfolgend die Antwort:

① »Der Islam gehört zu Deutschland« (unter anderem die Diktion des früheren Bundespräsidenten Wulff, CDU).[453]
② »Zur Wahrheit gehört auch: Manchmal hat man den Eindruck, dass auch einige, die schon immer hier in Deutschland leben, dringend einen Integrationskurs nötig haben.«[454]

Übrigens, Merkel vermeidet es seit Kurzem, von »Deutschen« zu sprechen. Sie formuliert lieber »diejenigen, die schon länger hier leben« (die »Deutschen«) und stellt sie denen gegenüber, »die neu dazugekommen sind«. Diese Formulierungen stammen offenbar aus dem »Impulspapier der MigrantInnenorganisationen zur Teilhabe in der Einwanderungsgesellschaft«, das von staatlich geförderten Migrantenorganisationen beim 9. Integrationsgipfel dem Kanzleramt vorgelegt wurde. Der Titel ist schon Programm und stellt klar, dass der Bevölkerungsaustausch auch von der BRD-Regierung ganz offiziell vorangetrieben wird. Darüber hinaus fordert dieses Papier zum Beispiel auch eine Grundgesetzänderung und den Ausbau einer staatlich finanzierten Parallelbürokratie der Migranten.

Gefordert wird darüber hinaus die »nachhaltige interkulturelle Öffnung der Gesellschaft, ihrer Organisationen und Institutionen. So wird Teilhabe von Individuen, Bevölkerungsgruppen und Organisationen an Entscheidungs- und Willensbildungsprozessen strukturell verankert als Teilhabe am Haben und am Sagen.«[455]

Zur Grundgesetzänderung wird vorgeschlagen:

> Aufnahme eines neuen Staatsziels ins Grundgesetz als Art. 20b: »Die Bundesrepublik Deutschland ist ein vielfältiges Einwanderungsland. Sie fördert die gleichberechtigte Teilhabe, Chancengerechtigkeit und Integration aller Menschen.« Dadurch wird in der Verfassung verankert, dass Deutschland ein vielfältiges Einwanderungsland ist und alle staatlichen Ebenen zur Umsetzung dieses Staatsziels verpflichtet sind.[456]

Dass dieses »Deutschland« dann wohl eher ein Land der »planetarischen Menschen« (Coudenhove-Kalergi) sein wird als eines des Grundgesetzes und der Deutschen, wird offenbar nicht nur billigend in Kauf genommen, sondern von Merkel & Co. sogar dezidiert angestrebt.[457]

Man vergisst natürlich nicht, sich mit jenen zu befassen, die hiergegen eventuell (berechtigt) Einspruch erheben könnten. Dazu heißt es:

> Interkulturelle Öffnung bedeutet auch, Rassismus und Diskriminierungen nachdrücklich zu ächten und zu sanktionieren gerade vor dem Hintergrund, dass sich das gesellschaftliche Klima rapide verschlechtert.[458]

Das passt sehr gut zu Merkels Verständnis eines »demokratischen Diskurses in einer multiethnischen Gesellschaft«. Hierzu meinte sie, wie schon erwähnt, bei einem Wahlkampfauftritt:

> Und deshalb gibt es auch keinerlei Rechtfertigung, dass sich kleine Gruppen aus unserer Gesellschaft anmaßen, zu definieren, wer das Volk ist. Das Volk ist jeder, der in diesem Lande lebt.[459]

Bei diesem Verständnis von »Volk« hat sich dieser Begriff genau genommen selbst abgeschafft.

Wobei hinzuzufügen bleibt, dass Merkels seltsame Ansicht im Hinblick auf den Begriff des Volkes sogar vom Bundesverfassungsgericht in Karlsruhe unterstützt wird, das im Urteil vom 17. Januar 2017 zum sogenannten »Zweiten NPD-Verbotsverfahren« unter der Randnummer (Rn) 598 sich gegen einen sogenannten »ethnischen Volksbegriff« wendet und ausführt, dieser verstoße »gegen die Menschenwürde und [verletze] zugleich das Gebot gleichberechtigter Teilhabe aller Bürger am politischen Willensbildungsprozess.«[460]

Bemerkenswert ist auch, dass das Bundesverfassungsgericht in der Begründung zu diesem Urteil den ethnischen Volksbegriff – wie er natürlich selbstverständlich im Grundgesetz verwendet wird – in die Reihe der »zentralen Prinzipien des Nationalsozialismus« (Rn 598), wie Führerprinzip, Rassismus und Antisemitismus, stellt. Daher sei der ethnische Volksbegriff abzulehnen.[461] Dass dies natürlich dem ersten Schritt in Richtung Kriminalisierung des Begriffes »Volks« und damit der schleichenden Verdrängung aus dem Wort- und Gedankenschatz gleichkommt, sei nur noch abschließend bemerkt.

Aber zurück zu Merkel und ihrer internationalistischen Überzeugung. Im Zuge der Wissenschaftskonferenz »Falling Walls« zum 20. Jahrestag des Berliner Mauerfalls (9. November 2009) sagte sie Folgendes:

> Die Nationalstaaten müssen Kompetenzen an multilaterale Organisationen abgeben. Ein friedliches Zusammenleben in der Welt wird auf Dauer nur in einer neuen globalen Ordnung möglich sein.

Als Beispiel für eine solche multilaterale Organisation nannte Merkel die EU.[462] Da ist sie wieder, die übliche Argumentation der Internationalisten: Nur die Eine-Welt-Ordnung kann die Menschheit in die lichten Höhen des Paradieses führen! Das ist natürlich »alternativlos«, Frau Merkel, oder?

Dabei hatte Merkel schon hellere Momente. So beklagte sie im November 2004, dass viele Ausländer noch nicht integriert seien, wie folgt:

> Die multikulturelle Gesellschaft ist grandios gescheitert.[463]

Und auf dem Deutschlandtag der Jungen Union (JU) in Potsdam im Oktober 2010 sagte Merkel:

> Der Ansatz für Multikulti ist gescheitert, absolut gescheitert!

Aber wie uns Gerhard Wisnewski wissen lässt, war diese Einsicht bei Frau Merkel im Jahr 2013 schon wieder vom Tisch. Im Mai 2013 war ein mehr oder weniger identer Titel in den großen Zeitungen zu lesen, der da lautete: »Merkel setzt auf Einwanderer!«

In dieser Kampagne, die von 2013 bis 2015 andauerte, wurde sie von Politikern aller Parteien und von Wirtschaftsleuten unterstützt.[464] 2015 sollten ihre und die Wünsche aller Internationalisten dann auch mehr als nur in Erfüllung gehen!

Es verwundert dann wohl auch nicht, dass Merkel auf dem Höhepunkt der illegalen Masseneinwanderung am 13. November 2015 in der ZDF-Sendung *Was nun?* wörtlich sagte:

> Es geht darum, dass ich in der Tat kämpfe, kämpfe für den Weg, den ich mir vorstelle, für meinen Plan, den ich habe … aus Illegalität Legalität zu machen und dafür mit aller Kraft einzustehen, ja.[465]

Merkel hegt also offenbar schon sehr lange einen Plan, um »aus Illegalität Legalität zu machen«. Also aus illegaler Einwanderung eine legale werden zu lassen. Ihre bis heute fortdauernde Politik der Ermöglichung der weiteren Masseneinwanderung muss man wohl als konsequente Umsetzung ihres »Plans« verstehen. Dass das aber nicht nur ihr Plan ist, belegt nicht zuletzt, wie bereits weiter oben ausführlich dargestellt, unter anderem die UNO mit ihren zwei Plänen »*The Global Compact on Refugees*« und »*The Global Compact for Safe, Orderly and Regular Migration*«.

Die Frage nach der »überraschenden Entwicklung, die niemand vorhersehen konnte« (O-Ton Baringhorst) stellen wir uns jetzt hier nicht mehr. Der mündige Bürger sollte den Sachverhalt an sich aber im Hinterkopf behalten, wenn es wieder einmal zu »Einordnungen« – eine weitere, sehr beliebte Phrase unter BRD-System-Journalisten – von »Experten« und »Expertinnen« kommt.

Dass Merkel ihre Bevölkerungsaustauschpläne auch heute noch weiter verfolgt, stellte Steffen Seibert, der Regierungssprecher unter Merkel, in einer Twitter-Aussendung vom 7. Dezember 2017 eindeutig klar:

> Kanzlerin #Merkel hat im Gespräch mit dem libyschen MP [Ministerpräsidenten] al-Sardasch gefordert, dass Schiffe von Nichtregierungsorganisationen beim Retten von Leben auf See nicht behindert werden.[466]

Als ein weiteres Indiz dafür, dass die Masseneinwanderung auch in der BRD von langer Hand geplant war beziehungsweise ist, kann der Umstand gezählt werden, dass Bundespräsident Gauck in seiner Weihnachtsansprache 2013 überraschend ausführlich auf die Flüchtlings- und Asylpolitik einging. Wörtlich meinte er:

> Machen wir unser Herz nicht eng mit der Feststellung, dass wir nicht jeden, der kommt, in unserem Land aufnehmen können. Ich weiß ja, dass dieser Satz sehr, sehr richtig ist. Aber zu einer Wahrheit wird er doch erst, wenn wir zuvor unser Herz gefragt haben, was es uns sagt, wenn wir die Bilder der Verletzten und Verjagten gesehen haben. Tun wir wirklich schon alles, was wir tun könnten?[467]

Hier wird natürlich ganz bewusst Rationalität (»dass wir nicht jeden, der kommt, in unserem Land aufnehmen können«) mit pseudomoralisch ummantelter Irrationalität (»Aber zu einer Wahrheit wird er doch erst«) ausgehebelt. Denn dass nicht alle aufgenommen werden können, ist eine Tatsache, eine Wahrheit, wenn man so will, auch ohne dass man sich irgendetwas fragt!

Aber Gauck – und das war wohl Sinn der Übung – stimmte in sehr typischen Bildern und Argumentationsmustern die BRD-Bevölkerung auf die bereits laufende Masseneinwanderung und erst recht auf die kommende ein. Wohl ganz nach den Mottos: »Steter Tropfen höhlt den Stein« und »Durch ständige Wiederholung wird auch die größte Lüge als Wahrheit akzeptiert«.

Gauck hat sich für ein verändertes Nationalbewusstsein ausgesprochen. Die Deutschen sollten sich von dem Bild einer Nation lösen, die homogen sei und in der fast alle Menschen Deutsch als Muttersprache hätten sowie überwiegend christlich und hellhäutig seien, sagte er dem Bonner *General-Anzeiger.* Die Lebenswirklichkeit hierzulande sei schon erheblich vielfältiger.

Gauck: »Ich meine, wir müssen Nation neu definieren: als eine Gemeinschaft der Verschiedenen, die allerdings eine gemeinsame Wertebasis zu akzeptieren hat.«

Er definiert auch gleich die Feinde: »... militante Rassisten, Nationalisten und völkische Ideologen.«[468]

Frage: Wie schafft man es, dass »eine gemeinsame Wertebasis zu akzeptieren« ist? Und das bei sich teilweise gegenseitig ausschließenden Wertvorstellungen der beteiligten Kulturen, Religionen, sozialen Schichtungen und Ethnien? Ach ja, durch »Bildung«, natürlich! Oder vielleicht so, wie es eine dänische Reportage mit dem Titel »Hinter den Schleiern der Moscheen« klar aufzeigte: In allen acht unter Vorspiegelung einer falschen Identität untersuchten Moscheen wurde klar herausgearbeitet, dass von Moscheevertretern den Fernsehsendern die wohlbekannten politisch korrekten Phrasen zu Themen wie Gleichberechtigung, Anerkennung der dänischen Gesetze etc. präsentiert werden. Aber in den Moscheen wird das Gegenteil gepredigt und gelehrt![469]

Dies hat auch eine Anfang Oktober 2017 veröffentlichte Studie des Österreichischen Integrationsfonds (ÖIF) unter der Leitung des Historikers und Islamexperten Heiko Heinisch bestätigt. Darin wird festgestellt, dass in 38 Prozent der Moscheen in Wien aktiv gegen die Integration von Muslimen in die Mehrheitsgesellschaft gearbeitet wird. Im Rahmen dieser Studie wurden sechzehn Moscheen in Wien hinsichtlich ihrer Rolle im Integrationsprozess genauer untersucht. Dabei wurde festgestellt, dass mehr als ein Drittel der Moscheevereine sogar aktiv gegen die Integration arbeitet. Vor allem türkische Moscheevereine fallen hier negativ auf, insbesondere auch deshalb, weil in diesen muslimischen Gebetshäusern neben einer dezidierten Abwertung der westlichen Gesellschaft auch Weltherrschaftsansprüche gepredigt werden und dass der Koran klar über den staatlichen Regeln und Gesetzen steht.[470]

Anfang Februar 2014 legte der damalige deutsche Bundespräsident Gauck in Indien noch ein weiteres Bekenntnis zur globalen Multikulturalität ab. Um seiner Vision von der »Gemeinschaft der Verschiedenen« auch praktisch näherzukommen, warb er ganz offen für die Zuwanderung nach Deutschland:

> Wir haben Platz in Deutschland.

Die deutsche Bevölkerung werde immer kleiner, weil viele Familien nur noch ein Kind oder gar keinen Nachwuchs mehr hätten:

> Deshalb warten wir auch auf Menschen aus anderen Teilen der Welt, die bei uns leben und arbeiten wollen. Darauf freuen wir uns schon.[471]

Diese Neigung, dem Fremden alle Rechte und Möglichkeiten einzuräumen, auch auf Kosten der eigenen Klientel, zum Beispiel extremistischer Feministinnen, ist auch dem österreichischen Bundespräsidenten Alexander Van der Bellen nicht fremd:

> Wenn das so weitergeht bei dieser um sich greifenden Islamophobie, wird der Tag kommen, wo wir alle Frauen bitten müssen, ein Kopftuch zu tragen. Alle! Aus Solidarität gegenüber jenen, die es aus religiösen Gründen tun.[472]

Man könnte solche und ähnliche Zitate sowie ganz handfeste Beispiele für konkrete, systematische und alltägliche Benachteiligung von ethnischen Inländern und besonders Inländerinnen noch lange fortsetzen.[473]

Aber eines dürfte klar geworden sein: Ein Volk, das von solchen Politikern geführt wird, kann nur der Vernichtung anheimfallen. Eine Frage stellt sich jedoch nicht nur im Zusammenhang mit den Deutschen: Welches Verständnis von sich selbst hat ein Volk, das derartige »Führer« akzeptiert und sie immer und immer wiederwählt? Kann man solch ein Volk wirklich aus der Verantwortung für seine Vernichtung entlassen?

Wie tief verwurzelt der ethnische Selbsthass, die Geringschätzung des Eigenen und die degenerative Neigung zur Überhöhung des Fremden besonders bei den BRD-(West-)Deutschen aufgrund der erfolgreichen Umerziehung im Sinne von zum Beispiel Nizer bereits fortgeschritten ist, zeigte nicht zuletzt ein Redebeitrag von Frau Dr. von Berg (Grüne), Mitglied des Hamburgischen Senats, im April 2017. Darin drückte sie ihre Genugtuung darüber aus, dass es in 20 bis 30 Jahren keine ethnische Mehrheit – das heißt keine Mehrheit der Deutschen – mehr geben wird. Sie bemerkte dazu:

> Und das ist auch gut so![474]

In einem Land mit Selbstachtung und einem natürlichen Verständnis für das Richtige und das Falsche würde eine solche Politikerin wohl strafrechtlich verfolgt – Stichwort: Aufruf zum Völkermord und zu ethnischer Säuberung – und/oder mit psychiatrischer Hilfestellung bedacht.

Aber es gibt auch andere Politiker. Willy Wimmer, ein wirklicher Insider des Systems,[475] kommentierte eine Rede von Angela Merkel im Rahmen des anlaufenden Bundestagswahlkampfes für den Herbst 2017 wie folgt:

> Der Bundeskanzlerin darf man nichts mehr durchgehen lassen. Das hat das deutsche Volk bei der Migrationsentwicklung seit 2015 erfahren können. Die Bundeskanzlerin erhob sich über das Gesetz und verfügte eigenmächtig, wie zu verfahren sei. Seither hat der Deutsche Bundestag in einer All-Parteien-Bewegung die Vorgehensweise der Bundeskanzlerin gestützt. Anstatt sie wegen der Außerkraftsetzung deutschen und europäischen Rechts zur Rechenschaft zu ziehen, hat das Berliner Parlament es hingenommen, unsere Grenzen absolut schutzlos zu lassen. Die Bundeskanzlerin geht jetzt einen Schritt weiter. Sie schafft das »deutsche Volk« eigenmächtig ab. Wie die Äußerungen der Bundeskanzlerin seit einiger Zeit deutlich machen, geht sie gezielt vor. Unsere Gesetze fegt sie beiseite, denn das »deutsche Volk« sind nun mal die »deutschen Staatsbürger« und nicht alle Menschen, die sich auf dem Territorium Deutschlands aufhalten. Aber wer weiß es denn? Vielleicht wird »Deutschland« durch diese Dame abgeschafft. Anders kann man das nicht werten, was die Bundeskanzlerin vor wenigen Tagen auf dem CDU-Landesparteitag in Mecklenburg-Vorpommern von sich gegeben hat. Wir haben uns nicht für die Einheit Deutschlands eingesetzt, um als »Deutsche« beseitigt zu werden.[476]

Unterstützung erhält Willy Wimmer von Thilo Sarrazin, der auf einen Aspekt der »Migrationsdemokratie« (Begriff des Autors in Fortsetzung der Ausführungen von Mounk), die »selektive« Meinungsfreiheit, hinweist:

> Zwischen CDU, SPD, Grünen und Linken gibt es … keine … Unterschiede … [alles ist] … de facto eine nationale Einheitsfront. Viele [Bürger] hatten zudem das Gefühl, ihre Meinung nicht offen sagen zu können.[477]

Die bisher dargestellten Indizien stellen plausible Gründe dar, warum seit Beginn der Massenzuwanderung sofort von »neuer Heimat schenken« (Erzbischof Franz Lackner) und »Integration« gesprochen wurde und wird. Kann man daher wirklich noch davon ausgehen, dass die EU »versagt« hat? Nein, man muss wohl eher von einer Verschwörung der internationalistischen Eliten und dem Verrat der politischen Klasse in der EU und den Mitgliedstaaten an ihren autochthonen Völkern ausgehen!

Aber es gibt nicht nur Repräsentanten, Anhänger und Paladine der atlantischen Oligarchie, die sich für den Bevölkerungsaustausch in Europa engagieren. Es gibt noch eine weitere Anzahl von »Interessenten«.

Islamische Interessenten des Bevölkerungsaustauschs

Auch islamische Stimmen machen sich für die Masseneinwanderung nach Europa, insbesondere natürlich ihrer islamischen Glaubensbrüder, stark. In diese Richtung äußerte sich der algerische Präsident Houari Boumedienne bereits 1974 vor der UNO-Generalversammlung, als er sagte:

> Keine noch so große Zahl von Atombomben wird imstande sein, die Flut von Millionen Menschen aufzuhalten, die eines Tages den südlichen, armen Teil der Welt verlassen werden, um die … Räume der nördlichen Hemisphäre zu überschwemmen und sich dadurch ihr Überleben zu sichern.[478]

Er ließ keinen Zweifel aufkommen, welches Ziel damit verbunden ist, und führte dazu weiter aus:

> Und gewiss nicht als Freunde. Denn sie werden als Eroberer kommen. Und sie werden sie erobern, indem sie sie [die Hemisphäre; Anm. d. Verf.) mit ihren Kindern bevölkern. Der Bauch unserer Frauen wird uns den Sieg schenken![479]

Aus dem Jahr 1980 gibt es einen Geheimbeschluss der Panislamischen Konferenz im pakistanischen Lahore, in dem es heißt:

> Das ganze Gebiet [Naher Osten; Anm. d. Verf.] ist bis zum Jahr 2000 völlig zu islamisieren, und zwar im Mittleren Osten dergestalt, dass alle Lebenden, die nicht Muslime sind, die koptischen Christen in Ägypten, die Christen im Irak, im Iran, in der Türkei, im Libanon, in Syrien ... und insbesondere die Israelis, völlig ausgelöscht werden müssen.[480]

Die Panislamische Konferenz umfasste damals 42 Länder. Dass der Beschluss unter dem Vorsitz der Türkei gefasst wurde, entbehrt wohl nicht einer gewissen Pikanterie.[481]

Auf das Bestreben, insbesondere Europa dem Islam zu unterwerfen, wies auch der Islamwissenschaftler Bassam Tibi bereits im Jahr 1996 in seinem Buch *Der wahre Imam* hin, demzufolge die Islamische Weltliga sowie der Welt-Moschee-Rat im Juli 1993 in Kairo ein Arbeitspapier verabschiedet haben, wonach die Einwanderung nach Europa und der Aufbau islamischer Zentren als Mittel der Islamisierung Europas gesehen werden.[482]

Dass man diesen Beschluss tatsächlich in die Tat umsetzt, zeigen die nachfolgenden Zahlen: Die jüdische Bevölkerung in den arabischen Staaten verringerte sich im Zeitraum von 1948 bis 2001 um ganze 91 Prozent! Von ursprünglich 855 000 Bewohnern jüdischen Glaubens verblieben gerade noch 7800. Der Journalist Michael Mannheimer nennt dies:

> Eine ganz aktuelle Form des »*ethnic cleansing*«, die bislang von der westlichen Presse entweder nicht bemerkt oder totgeschwiegen wird.[483]

Aber auch den Christen ergeht es dort nicht besser. Seit der Invasion der US-Truppen im Irak im Jahr 2003 wurden die Christen dort bis zur Marginalität dezimiert. In Syrien erleben die Christen seit Jahren dasselbe Schicksal – ohne dass die »christlichen« Staaten Europas oder die Vereinigten Staaten von Amerika dagegen einschritten. Die Christen in Ägypten könnten bald die nächsten Opfer sein. So riefen die IS-Terroristen aus Saudi-Arabien in einer neuen Videobotschaft zum Massenmord an den über 10 Millionen Christen in Ägypten auf.[484]

Aber auch in der BRD selbst gibt es entsprechende Unterstützung. So sagte zum Beispiel der umtriebige Präsident der Islamischen Gemeinschaft in Deutschland e. V. (IGD), Ibrahim El-Zayat:[485]

> Die Zukunft des Islam in diesem, unserem Land, in Deutschland, gestalten wir; wir, die hier geboren und aufgewachsen sind, wir, die wir die deutsche Sprache sprechen und die Mentalität dieses Volkes kennen. Entscheidend ist, dass wir in diesem Land unsere Religionsfreiheit haben ... Dieses Land ist unser Land, und es ist unsere Pflicht, es positiv zu verändern. Mit der Hilfe Allahs werden wir es zu unserem Paradies auf der Erde machen, um es der islamischen Ummah und der Menschheit insgesamt zur Verfügung zu stellen.[486]

Das hier Gesagte ist eigentlich an Deutlichkeit kaum mehr zu übertreffen. Oder doch? Doch, es geht noch klarer! M. Walid Nakschbandi, Geschäftsführer der Fernsehproduktionsfirma AVE, ist deutscher Staatsbürger afghanischer Herkunft und meinte:

> Ihr habt nur die Chance, mit uns zu leben. Ein Leben ohne uns wird es für euch nicht mehr geben. Die Ibrahims, Stefanos, Marios, Laylas und Sorayas sind deutsche Realität. Ihr werdet es nicht verhindern können, dass bald ein türkischstämmiger Richter über euch das Urteil fällt, ein pakistanischer Arzt eure Krankheiten heilt, ein Tamile im Parlament eure Gesetze mit verabschiedet und ein Bulgare der Bill Gates eurer New Economy wird. Nicht ihr werdet die Gesellschaft internationalisieren, modernisieren und humanisieren, sondern wir werden es tun – für euch. Ihr seid bei diesem leidvollen Prozess lediglich Zaungäste, lästige Gaffer. Wir werden die deutsche Gesellschaft in Ost und West verändern.[487]

Kein Wunder, dass zum Beispiel Kenan Kolat, Vorsitzender der Türkischen Gemeinde in Deutschland (TGD), sich bereits 2013 dahingehend äußerte, dass er die Machtübernahme von Einwanderern in Deutschland erwarte. Er erklärte:

> In 20 Jahren werden Migranten 75 Prozent der Bevölkerung ausmachen. Deutschland muss diese Realität sehen.[488]

Jeder, der den Koran gelesen hat, weiß sehr genau, dass der Islam weniger eine Religion und schon gar keine »Friedensreligion« ist, sondern vielmehr eine Weltbeherrschungsideologie mit exklusivem Absolutheitsanspruch im Sinne eines »islamistischen Internationalismus« (Tibi).[489] Drei Zitate aus dem Koran[490] sollten nachfolgend beispielhaft genügen, um sich die Unmöglichkeit eines friedlichen Lebens als Nichtmuslime unter muslimischer Herrschaft vor Augen zu führen:

① »Und kämpft gegen sie, damit keine Verführung mehr stattfinden kann und [kämpft,] bis sämtliche Verehrung auf Allah allein gerichtet ist (…).« (Sure 8, 39) (Also muss der Moslem kämpfen, bis er seinen Feind vernichtet oder dieser sich unterworfen hat.)
② »Diejenigen, die glauben und auswandern und mit ihrem Gut und ihrem Blut für Allahs Sache kämpfen, nehmen den höchsten Rang bei Allah ein; sie sind es, die gewinnen werden.« (Sure 9, 20).
③ »Wahrlich, schlimmer als das Vieh sind bei Allah jene, die ungläubig sind und nicht glauben werden.« (Sure 8, 55)

Kein Wunder, wenn dann Ayatollah Chomeini, Revolutionsführer und Gründer des heutigen Iran, sagte:

> Juden und Christen sind dem Schweißgestank von Kamelen und Dreckfressern gleichzusetzen und gehören zum Unreinsten der Welt. […] Alle nichtmuslimischen Regierungen sind Schöpfungen Satans, die vernichtet werden müssen.[491]

Ist es dann erstaunlich, wenn Tibi feststellt:

> Man muss offen sagen, die Religion des Islam erlaubt die Integration nicht. Ein Muslim darf sich einem Nichtmuslim nicht fügen. Wenn er in der Diaspora lebt, dann ist das eine Notsituation, und er kann sich absondern. Das sagt die normale Religion und nicht eine fundamentalistische Variante.[492]

Es wird sicherlich spannend, »eine gemeinsame Wertebasis zu akzeptieren«, Herr Gauck.

Dass die hier dargestellten Ziele der islamischen Interessenten in realisierbare Nähe kommen werden, zeigen die Ergebnisse der Studie Europas wachsende Muslimbevölkerung (28 Mitgliederländer der Europäischen Union plus Norwegen und die Schweiz) des Washingtoner Forschungsinstituts Pew Research Center. Diese Studie zeigt auf, dass die muslimische Bevölkerung in Europa allein von Mitte 2010 mit 19,5 Millionen, das entsprach 3,8 Prozent der Gesamtbevölkerung, innerhalb von 6 Jahren bis Mitte 2016 auf circa 25,8 Millionen, also 4,9 Prozent der Gesamtbevölkerung, angestiegen ist. Die Studie untersucht drei Szenarien: das Null-Migrations-, das Mittlere-Migrations- und das Hohe-Migrations-Szenario. Wobei das Hohe-Migrations-Szenario davon ausgeht, dass die Zahlen von nach Europa kommenden Migranten (»Flüchtlingen«), wie sie zwischen 2014 und Mitte 2016 zu verzeichnen waren, auch künftig uneingeschränkt und in der gleichen religiösen Zusammensetzung (das heißt größtenteils aus Muslimen bestehend) unverändert bleiben, zusätzlich zum üblichen jährlichen Fluss von regulären Migranten.

Diese Annahme scheint auch aufgrund der gegebenen hohen Dunkelziffer bei der tatsächlichen Erfassung von Migranten gerechtfertigt zu sein.[493] Einige Eckpunkte der Entwicklung bis 2050 stellen sich wie folgt dar:

① Anstieg der muslimischen Bevölkerung von derzeit 26 Millionen auf circa 75 Millionen.
② In der BRD würden etwa 20 Prozent der Bevölkerung muslimisch sein.
③ Selbst bei sofortiger Grenzschließung würde der muslimische Anteil von derzeit 4,9 Prozent auf 7,4 Prozent steigen. Das liegt daran, dass Muslime jünger sind (durchschnittlich um 13 Jahre), und an der deutlich höheren Fertilitätsrate der muslimischen Frauen.
④ Lediglich Osteuropa und der östliche Balkan bleiben von dieser Entwicklung weitgehend verschont.
⑤ Muslime würden zwar nirgends die Mehrheit stellen, wohl aber eine kritische Masse erreichen.[494]

Muslimischer Bevölkerungsanteil in Prozent		
Land	**2016**	**2050**
Polen	0,1	0,2
Slowakei	0,1	0,7
Tschechien	0,2	1,2
Ungarn	0,4	4,5
Spanien	2,6	7,2
Italien	4,8	14,1
Finnland	2,7	15,0
Dänemark	5,4	16,0
Norwegen	5,7	17,0
Großbritannien	6,3	17,2
Frankreich	8,8	18,0
BRD	6,1	19,7
Österreich	6,9	19,9
Schweden	8,1	30,6

Abb. 18: Europa unter dem Halbmond: Entwicklung der muslimischen Bevölkerung in Europa[495, 496]

Ein »Schuft«, wer angesichts dieser Auflistung auf die Idee kommt, dass es einen Zusammenhang zwischen der Qualität des Wohlfahrtsstaates und der Massierung von »Schutzsuchenden« geben könnte. Der internationalistische Hauptstrom der Migrationserzeuger und -befürworter interpretiert diese Tabelle wohl eher so, dass die »Schutzsuchenden« aus den südlichen Teilen des Globus von der dortigen ständigen Hitze so sehr traumatisiert sind, dass sie daher so weit wie möglich in den kalten Norden wollen.

Aber Scherz beiseite. Damit sollte auch klar sein, dass der Bevölkerungsaustausch für die davon betroffenen autochthonen Europäer nicht nur marginale Bedeutung haben wird, wie zum Beispiel eine verlorene politische Wahl, sondern dass das, was wir bisher als Abendland kannten, vollkommen der Vergangenheit angehören wird.

Dass dies keine Übertreibung des Autors ist, belegt wohl sehr gut eine Aussage eines der prominentesten Islamforscher der Welt, Bernard Lewis, der Ende Mai 2018 im Alter von 102 Jahren verstorben ist. Er begründete das Fach Orientalistik neu und analysierte als einer der Ersten die Gründe für den Abstieg der alten islamischen Hochkultur und die Radikalisierung der islamischen Welt in der Gegenwart. Auf Basis dieses Fachwissens äußerte er die erschütternde Prophezeiung:

> Europa wird am Ende des Jahrhunderts islamisch sein.[497]

Da passte es dann auch gut, wenn im jordanischen Fernsehen bereits zu Jahresbeginn 2017 ein Islamgelehrter mit kaum widersprechenden TV-Moderatoren ganz offen darüber diskutierte, wie Europa nach der islamischen Machtübernahme regiert werden solle.[498]

Im Zentrum der Argumentation stand unter anderem die BRD als offenbar bereits ins Auge gefasster Übernahmekandidat. Es wurde die Frage diskutiert, wer denn nun im Dschihad angegriffen werde: die Menschen oder der Staat? Wie hoch die religiöse Zwangssteuer (Dschizza) sein müsste für Christen in der BRD, damit sie dort noch das Christentum praktizieren dürfen? Ob man nicht alle Europäer bzw. Deutschen zwingen solle, zum Islam zu konvertieren, usw.[499]

Das Leben der bisherigen europäischen Menschen wird sich dann radikal verändern. In welche Richtung? Blicken Sie in die islamischen Länder, und Sie bekommen Ihre Antwort. Umso verwunderlicher ist das Verhalten anderer Religionsführer mit nach wie vor gegebenem Gewicht in der politischen Sphäre.

Christliche Gruppierungen und der Bevölkerungsaustausch

In dieses Konzert der internationalistisch-kosmopolitischen Organisationen, die die Auflösung der gewachsenen Völker und Nationen betreiben, stimmen nicht nur Muslime und muslimische Kleriker ein. Dies ist ja nicht so ungewöhnlich. Viel ungewöhnlicher ist wohl das Verhalten der christlichen Gruppierungen und ganz besonders das ihrer obersten Repräsentanten.

Es ist hier nicht der Raum, den Beitrag von Vertretern der katholischen Kirche und jener der unüberschaubaren protestantischen Glaubensgemeinschaften[500] zur Zerstörung der bisherigen Lebensgrundlagen ihrer »Schutzbefohlen« durch ihre Unterstützung der Massenzuwanderung umfangreich darzustellen. Begnügen wir uns daher mit einigen wenigen, aber richtungsweisenden Beispielen.

Die öffentlichen Äußerungen zu diesem Thema sind von der österreichischen und deutschen Bischofskonferenz und deren Akteuren bestens bekannt. Das »heilige Recht auf Asyl«, wie es Kardinal Schönborn nannte, ist nur die Spitze des Eisbergs. Noch unverständlicher wird es, wenn der derzeitige Papst Franziskus I., von dem man ja schon in Glaubensfragen die bizarrsten Äußerungen gewohnt ist, seine Stimme erhebt. So sprach er sich im Rahmen seiner Neujahrsansprache für die Angehörigen des diplomatischen Korps beim Heiligen Stuhl am 9. Januar 2017 klar gegen Abschottung aus und bedankte sich explizit bei der BRD, Italien, Schweden und Griechenland für die Aufnahme von »Flüchtlingen«, wie er die Massenmigranten politisch korrekt natürlich nennt.[501] Dass er Österreich, das prozentuell noch mehr »Flüchtlinge« aufnahm als die BRD, dabei nicht erwähnte, zeugt wohl von mangelndem Informationsstand. Dies ist bei diesem Herrn jedoch nicht das erste Mal.

Er kann aber noch mehr. Er meinte, jeder Mensch habe ein Recht, »in andere Staaten auszuwandern und dort seinen Wohnsitz aufzuschlagen«.[502]

Bedenkt man nun die praktischen Konsequenzen dieser Forderung, dann muss man sich schon fragen, ob dieser Mann überhaupt jemals denkt, bevor er den Mund aufmacht. Eines kann man klar sagen: Egal, welches Thema er anspricht, dieser Papst ist immer sehr bestrebt, den Erwartungen der Mächtigen dieser Welt und ihren argumentativen Vorgaben in den Hauptstrommedien gerecht zu werden. So ließ er auch bei einer Fragestunde für die polnischen Bischöfe während seiner Apostolischen Reise nach Polen Ende Juli 2016 mit folgender Bemerkung aufhorchen:

> Da gibt es eine umfassende Reform, die auf Weltebene in Bezug auf diese Verpflichtung der Aufnahme [von Migranten; Anm. d. Verf.] durchzuführen ist.[503]

Eine »Reform auf Weltebene bezüglich der Verpflichtung, Migranten aufzunehmen«? Weiß dieser Papst mehr? Ist er ebenfalls ein Vertreter der internationalistisch-globalistischen Migrationsagenda? Ist wirklich etwas Wahres dran an den Gerüchten um einen von Soros, Obama und Clinton orchestrierten Putsch im Rahmen des sogenannten »katholischen Frühlings«, der ihn, nach dem überraschenden Rücktritt von Papst Benedikt XVI., auf diese machtvolle Position gebracht hat?

Eine erste Antwort darauf gibt vielleicht der Brief, den er am 15. August 2017 zum »104. Welttag der Migranten und Flüchtlinge 2018«[504] verfasst hat. Darin macht er 21 konkrete Vorschläge, »um Einwanderung menschlicher zu gestalten«:

① Schaffung von Möglichkeiten für eine sichere und legale Einreise in die Zielländer: vor allem durch die »Gewährung humanitärer Visa«, Schaffung von »erweiterten und vereinfachten Modi« und die Förderung von Familienzusammenführung.

② Schaffung von mehr »humanitären Korridoren für die am stärksten gefährdeten Flüchtlinge«, damit diese keine illegalen Wege mehr suchen müssen.

③ Erstellen eines Systems von »speziellen temporären Visa« für diejenigen, die vor Konflikten in Nachbarländern fliehen.

④ Keine »kollektive und willkürliche Abschiebung«, vor allem nicht in Länder, die »die Achtung der Würde und die Grundrechte nicht garantieren können«.

⑤ »Immer die persönliche Sicherheit der nationalen Sicherheit vorziehen«, die Grenzposten vernünftig ausbilden, damit der erste Empfang der Flüchtlinge »angemessen und würdig« verläuft.

⑥ Alternativen zur Haft für diejenigen finden, die illegal ins Land gekommen sind.

⑦ Im Ursprungsland Lösungen finden, die eine legale Auswanderung zulassen, und so gegen Schlepper vorgehen.

⑧ Im Ankunftsland »den Migranten konsularische Hilfe anbieten«, das Recht der Flüchtlinge achten, ihre Papiere bei sich zu behalten, Zugang zum Rechtswesen schaffen, die Erlaubnis gewähren, Bankkonten zu eröffnen, und ein »Existenzminimum garantieren«.

⑨ Im Ankunftsland »Bewegungsfreiheit und Zugang zu Arbeit sowie Telekommunikationseinrichtungen sichern«.
⑩ Für alle, die in ihr Land zurückkehren wollen, »berufliche und soziale Wiedereingliederungsprogramme schaffen«.
⑪ Minderjährige Flüchtlinge schützen, »jede Form von Haft vermeiden«, Zugang zur Bildung sicherstellen.
⑫ Jedem geborenen Kind die Staatsbürgerschaft verleihen.
⑬ Kampf gegen die »Staatenlosigkeit« von Migranten und Flüchtlingen durch die Schaffung eines »Bürgerrechts«.
⑭ Unbegrenzter Zugang von Migranten und Flüchtlingen zu den nationalen Gesundheits- und Rentensystemen und »Übertragung ihrer Beiträge für den Fall ihrer Rückführung«.
⑮ Garantie der Berufsfreiheit und Ausübung der Religion für alle im Gebiet anwesenden Ausländer.
⑯ Förderung der sozialen und beruflichen Integration von Migranten und Flüchtlingen, einschließlich Asylbewerbern – Sicherstellung der Möglichkeit zur Arbeit, zum Sprachtraining und zu aktiver Bürgerschaft.
⑰ Verhindern, dass minderjährige Flüchtlinge ausgebeutet werden.
⑱ Förderung der Familienzusammenführung – einschließlich Großeltern, Geschwistern und Enkelkindern –, »ohne Rücksicht auf deren wirtschaftliche Kapazitäten«.
⑲ Mehr Aufmerksamkeit und Unterstützung für Migranten, Flüchtlinge und Asylbewerber mit Behinderungen.
⑳ Entwicklungsländern, die Flüchtlinge aufnehmen, stärker helfen.
㉑ Integrieren, »ohne den Migranten ihre kulturelle Identität zu nehmen«, ein »Angebot der aktiven Bürgerschaft schaffen«, »Wirtschaftskenntnisse von Sprachkenntnissen trennen« und Flüchtlingen, die länger im Land leben, eine Legalisierung ihrer Verhältnisse anbieten.[505]

Diese Vorschläge ähneln nicht nur über weite Strecken hinweg frappierend jenen von Soros, UNO, EU etc., sondern deren Forderungen nach weiteren migrationsbedingten Zumutungen an die autochthonen Bevölkerungen Europas werden noch erweitert. Enthalten ist natürlich auch die sattsam bekannte Phraseologie der »Bereicherung« usw. Daher ist es wohl nicht ganz von der Hand zu weisen, dass dieser sogenannte Papst den Bevölkerungsaustauschprogrammen sehr »dienlich« ist. Er und seinesgleichen im Vatikan und in den diversen Bischofskonferenzen, besonders in den deutschsprachigen Ländern, wollen wohl auch um jeden Preis gern bei diesem »einzigartigen Experiment« (Y. Mounk) dabei sein. Und wenn noch so viele Menschen beziehungsweise Christen bei den zu erwartenden »Verwerfungen« ums Leben kommen!

Bedenkt man auch, dass die weit überwiegende Zahl der Massenmigranten, die Europa fluten, Muslime sind und dass der Islam im Koran eine unversöhnliche Feindschaft gegenüber Christen lehrt[506] beziehungsweise in der Realität überall dort, wo er an der Macht ist, auch lebt,[507] dann sind das Verhalten und die Argumentation des Papstes und einer großen Zahl seiner Nachgeordneten nicht nur unlogisch, sondern völlig absurd und verbrecherisch! Nach menschlichem Ermessen ergibt dieses Verhalten nur dann einen Sinn, wenn man annimmt, dass der Papst und seine entsprechenden »Würdenträger« anderen Personen, Gruppierungen und Ideen dienen als jenen, die man vordergründig aufgrund ihrer Position erwarten würde beziehungsweise annehmen könnte. Dies trifft natürlich auch auf alle Politiker zu, die diametral zu den Interessen »ihrer« Völker handeln.

Wie auch immer man das einschätzt und wenngleich sich der Widerstand gegen den Papst und seine unerhörten religiösen wie politischen Vorstellungen und Äußerungen in der katholischen Kirche mehrt,[508] so ist er doch der Papst, mit all dem damit verbundenen Einfluss. Zumindest reicht es, Gläubige wie Nichtgläubige in ihrer Haltung zu verunsichern und die Widerstandskraft zusätzlich zu schwächen.

Wie konsequent all die bisher dargestellten Akteure – und man muss immer wieder darauf hinweisen, dass dies nur die Spitze des Eisberges ist – im Sinne der hier vertretenen These der bewussten Herbeiführung der Masseneinwanderung nach Europa arbeiten, zeigt sich beispielhaft wiederum in der Massenzuwanderung 2015.

Die UNO-Verantwortlichen für das Welternährungsprogramm (WFP) hatten bereits Ende September 2014 medienwirksam darauf hingewiesen, dass ihnen das Geld für die Unterstützung der syrischen Flüchtlinge ausgehe und das WFP daher mit Datum 1. Oktober 2014 die Rationen um 40 Prozent kürzen müsse. Sogar die Regierung in Berlin wurde im Detail informiert. Es gab keine Reaktionen, weder durch die UNO selbst noch durch die Geberländer, -organisationen und -personen.[509] Man hätte angesichts dieser Dringlichkeit vielleicht erwarten können, dass die UNO intern Gelder umschichtet, dass zum Beispiel die BRD, die EU und die reichen Ölstaaten rasch einspringen, die Weltbank und/oder der IWF, die katholische Kirche, Protestanten oder superreiche Einzelpersonen, wie zum Beispiel George Soros, ihrer immer wieder von den Völkern und Steuerzahlern Europas eingeforderten »internationalen Solidarität« einmal selbst nachkommen und das Schlimmste verhindern. Aber nein! Fehlanzeige! Niemand war bereit, die relativ geringe Summe von 352 Millionen US-Dollar bis zum Jahresende 2014 aufzubringen.[510]

So kam es, wie es kommen musste: Das Welternährungsprogramm musste ab dem 1. Dezember 2014 seine auf Gutscheinen beruhende Lebensmittelhilfe für Syrer in Jordanien, in der Türkei, im Libanon, im Irak und in Ägypten einstellen. Der UN-Organisation fehlten lächerliche 64 Millionen Dollar, um das Programm im Dezember aufrechtzuerhalten. Wiederum Geld, das zwar von der Staatengemeinschaft versprochen, aber dennoch nicht zur Verfügung gestellt wurde.[511]

Im Jahr 2015 gingen die Kürzungen und Reduktionen der Unterstützung für die Flüchtlinge vor Ort weiter. Auch hier schlug das WFP immer wieder Alarm. Aber niemand reagierte. Wobei das nicht ganz stimmt: Die Regierung der BRD sagte zu, ab 2016 mehr Geld für die Entwicklungszusammenarbeit zur Verfügung zu stellen.[512] Dringend erforderliche Hilfe sieht wohl anders aus!

Bedenkt man das finanzielle Potenzial der Akteure der »Weltgemeinschaft« und die im Vergleich zu den später aufzuwendenden Milliarden zur Bewältigung der »nicht vorhersehbaren« Masseneinwanderung vom Sommer und Herbst 2015 marginalen Geldmengen zur Unterstützung vor Ort, dann ist es wohl nicht ganz abwegig, wenn man auf den Gedanken kommt, dass der Kessel wohl bewusst unter Feuer gesetzt wurde, um die Massen Richtung Europa in Bewegung zu bringen beziehungsweise zu zwingen.

Führt man sich das bisher Dargestellte vor Augen, dann kann man Richard Melisch nur zustimmen, wenn er bereits 2007 feststellte:

> Die Globalisierer führen einen Kampf gegen jede Art nationalen, konfessionellen und kulturellen Bekenntnisses.[513]

> Es geht um eine in alle Lebensbereiche ausgreifende, allumfassende Entgrenzung menschlichen Seins! Es geht um nicht mehr, aber auch nicht weniger als die lückenlose Herrschaft über die ganze Welt von wenigen aber machtvollen Entscheidungsträgern zum Zwecke der Schaffung eines erdumspannenden Weltmarktes ohne Grenzen.[514]

Bedenkt man weiterhin, welch breites Spektrum – nochmals: Das hier Dargestellte ist nur die Spitze des Eisberges! – sich zum Ziel gesetzt hat, die europäischen Völker und ihre Staaten zu vernichten, dann erahnt man vielleicht die Monstrosität der Aufgabe, die sich ein Wladimir Putin, ein Viktor Orbán, eine Marine Le Pen, ein Heinz-Christian Strache, ein Geert Wilders und all die anderen,[515] die sich dem Schutz ihrer Völker und dem patriotischen Widerstand[516] verpflichtet fühlen, aufgebürdet haben. Sie und die Völker Europas können jede Hilfe gebrauchen, die sie nur irgendwie erhalten können!

Das führt uns nun zur nächsten, zur vierten unserer Fragen: Interessen und Ziele sind eine Sache, aber kann man Massenmigration zur Nutzung eigener Interessen und Ziele überhaupt erzeugen und lenken? Kann man Migration tatsächlich erschaffen?

4. Bevölkerungsaustausch und »Migration als Waffe«

Wir beginnen die Beantwortung dieser Frage mit Hans-Henning Scharsach,[517] der sich Anfang der 1990er-Jahre in der Auseinandersetzung mit Jörg Haiders Aufstieg besonders als Systemjournalist hervorgetan hat. In seiner Kampfschrift gegen Jörg Haider aus dem Jahr 1992 mit dem viel unterstellenden Titel *Haiders Kampf* formulierte er:

> Völker wandern nicht von selbst. Allen rassistischen Horrorszenarien zum Trotz ist die Gefahr einer neuen Völkerwanderung in Wirklichkeit gering. [...] Nur wenige Menschen wandern von selbst, solange sie nicht vertrieben werden. [...] Die Völkerwanderung wird es nicht geben: Niemand ist da, der sie organisiert, niemand, der sie bezahlt. Im Gegenteil: Viele wollen sie verhindern.[518]

Die Qualität und der Wahrheitsgehalt seiner Aussage haben sich durch die Realität selbst abgeurteilt. Aber davon abgesehen sind an diesem Zitat zwei Aspekte von Interesse:

① Scharsach scheint klar zu sein, dass Völker nicht so mir nichts, dir nichts auf Wanderung gehen.
② Seiner Meinung nach muss eine »Völkerwanderung« organisiert und finanziert werden, wenn sie denn stattfinden soll.

Auf diese Aspekte gibt die Studie *Weapons of Mass Migration* aus dem Jahr 2010, verfasst von der US-Politikwissenschaftlerin Kelly M. Greenhill,[519] eine glasklare Antwort. Greenhill listet für den Zeitraum 1951 bis 2006 insgesamt 64 Fälle auf, bei denen »Migration als Waffe« beziehungsweise Migranten als »demografische Bombe« eingesetzt wurden.[520]

Darunter befinden sich unter anderem als Angreifer einmal das damalige Westdeutschland (1953) und zweimal Österreich. Greenhill zeigt auf, wie Österreich als so bezeichneter »passiver Nutznießer, als Opportunist«[521] diese »Waffe« eingesetzt hat:

① Im Falle der Ungarn-Krise 1956 verweist sie darauf, dass nur 7 Prozent der Gesamtflüchtlinge (12 000) im Lande blieben, dass alle krisenbezogenen Kosten vom Ausland getragen wurden und dass Österreich hinterher ökonomisch und politisch in einer weit besseren Verfassung war als vorher.[522]
② Im Falle der Polenkrise 1981/82 listet sie auf, dass von den 33 000 Aufgenommenen nur 10 Prozent in Österreich verblieben sind, aber dennoch erhebliche Hilfeleistung aus dem Ausland kam.[523]

Greenhill verweist darauf, dass Österreich dabei jedes Mal die Ziele »Umsiedlung« der Migranten und »Hilfe« aus dem Ausland verfolgte und beide Male damit erfolgreich war.[524] Man sieht also: Österreichische Politiker konnten in früheren Jahrzehnten durchaus geschickt und zum Wohle des eigenen Volkes verhandeln und agieren.

Wesentliche Greenhill'sche Erkenntnisse waren zudem folgende:

① Zwischen der Ratifizierung der Flüchtlingskonvention von 1951 und Ende 2006 hat es weltweit zumindest 56-64 Versuche gegeben, Migranten als »demografische Bombe« zu missbrauchen.[525]
② Diese Form der Nötigung hat relativ gute Aussichten auf Erfolg,[526] denn von mehr als 50 Versuchen »migrationsbedingter Nötigung« seit 1951 waren über die Hälfte (57-73 Prozent)[527] im Hinblick auf zumindest einige ihrer Ziele erfolgreich. Sie vergleicht dies mit der Erfolgsrate der USA bei Anwendung diplomatischer Zwänge unter Androhung konventioneller militärischer Mittel, denn diese liegt irgendwo zwischen 19 und 37 Prozent.[528]
③ Diese »*weapons of mass migration*« – Missbrauch von Menschen als politische Waffe – richten sich hauptsächlich gegen freiheitliche Demokratien. Dieses unkonventionelle Machtinstrument kann sowohl als Werkzeug der internationalen Erpressung als auch als eines der heimischen politischen Rhetorik dienen.[529]
④ Seit 2004 gab es »migrationsgestützte Nötigung« auf so wichtigen und unterschiedlichen Feldern wie Wirtschaftssanktionen und Waffenembargos (Libyen vs. EU), ethnische Konflikte, militärische Interventionen und zwischenstaatliche Kriege (Sudan vs. Tschad wegen Darfur), Verbreitung von Nuklearwaffen und Regimewechsel (China vs. Nordkorea).[530]

Ein von Greenhill verwendeter zentraler Begriff ist die »erpresserische Zwangsmigration« beziehungsweise »zwangsmigrationsgestützte Nötigung«.[531] Sie versteht diese als zweistufige, im Allgemeinen asymmetrische Gewaltstrategie, wonach die Angreifer erstens auf internationaler Ebene versuchen, das Verhalten ihrer Angriffsziele zu beeinflussen, indem sie sich inländische konkurrierende Interessen im Zielstaat oder in den Zielstaaten zunutze machen und indem sie zweitens auf die Kosten oder Risiken für deren Zivilbevölkerung einwirken.[532]

Ziel des Angreifers ist es, der betroffenen Bevölkerung Kosten aufzuerlegen, die höher sind als die der strittigen Punkte. Dazu gibt es zwei Wege:

① durch offene Drohung die Kapazitäten eines Zielstaates durch Aufnahme eines hohen Zustroms an Flüchtlingen zu überfordern;
② eine normengestützte politische Erpressung, die auf der Ausnutzung unterschiedlicher Interessen im Zielstaat beruht. Politische – und ethnische, religiöse und kulturelle müsste man hinzufügen – Heterogenität ist in diesem Falle sehr problematisch, da Migrationskrisen dazu tendieren, unterschiedliche und oftmals stark polarisierende Reaktionen in den Zielgesellschaften hervorzurufen[533] – und dies kann dann letztlich zur Destabilisierung der Zielgesellschaft führen.[534]

»Erpresserische Zwangsmigration« versucht, über drei (von fünf) Mechanismen Einfluss auf die Entscheidungsfindung im Angriffsziel zu nehmen:

① Unterhöhlung der Machtbasis,
② Auslösen von Unruhen und
③ Destabilisierung der Gesellschaft.

Jeder dieser Mechanismen beruht in unterschiedlichem Maße darauf, das Verhalten der Führung eines Opferstaats durch die Manipulation der Meinung und Einstellung der Zivilbevölkerung zu beeinflussen.[535]

Der Erfolg dieser Strategie hängt sehr wesentlich vom Bestehen innerer Zwistigkeiten und politischer Kontroversen in den Zielstaaten ab. Daher sind gemäß Greenhill liberale Demokratien besonders anfällig für diese Form der Aggression.[536] Denn insbesondere »normenbasierte Schlüsselmechanismen«, zum Beispiel juristisch festgelegte Menschenrechte und migrationsbezogene Verpflichtungen, erlauben es, die »Kosten der Heuchelei«[537] in Rechnung zu stellen.

Hier ist besonders die »westliche Wertegemeinschaft« mit ihrer enormen Widersprüchlichkeit zwischen moralischem Anspruch einerseits und realpolitischem Handeln andererseits gefährdet. Denn diejenigen, die diese Art von Nötigung anwenden, erkennen solche moralischen Widersprüche äußerst gut und nutzen sie anschließend bewusst aus.[538]

Greenhill führt in Bezug auf die »Heuchelei« ein lehrreiches Beispiel an: Als US-Präsident Jimmy Carter im Jahr 1979 den Vorsitzenden der Kommunistischen Partei Chinas und De-facto-Staatspräsidenten Deng Xiaoping besuchte, forderte Carter Menschenrechte und Reisefreiheit für alle Chinesen ein. Xiaoping fragte Carter daraufhin, wie viele Chinesen er denn haben wolle – 30, 60 oder mehr Millionen. Damit war das Thema sehr rasch vom Tisch.[539]

Innerstaatlich (in Bezug auf das Zielland) erhalten die Angreifer Unterstützung von sogenannten Liberalen, die auf die Heuchelei, also den Unterschied zwischen (moralischer) Rhetorik und machtorientierten Handlungen, verweisen.[540]

Greenhill macht darüber hinaus darauf aufmerksam, dass in das Pro-Flüchtlings-Lager lokale, nationale und internationale Nichtregierungsorganisationen (NGOs) und Interessengruppen in ein transnationales, weltumspannendes Netzwerk (Soros & Co.; Anm. d. Verf.) eingebunden sind und daher weit über ihre tatsächliche Stärke hinaus Macht und Einfluss besitzen. Die Zahl der NGOs, die sich als Basis ihres Handelns auf die Allgemeine Menschenrechtsdeklaration von 1948 berufen, hat sich allein zwischen 1973 und 1983 mehr als verdoppelt. Ihr globales Netzwerk und ihre Verbündeten in der Durchsetzung des »Menschenrechtssystems« bestehen aus Vertretern von Medien, der akademischen Welt und der Legislative, aus ethnischen und politischen Interessengruppen[541] und eben aus bedeutenden philanthropischen Finanziers à la Soros, Rockefeller, Rothschild etc.[542]

Das »Menschenrechtssystem« hat dem Ermessensspielraum der Staaten im Hinblick auf die Legitimität ihrer Politik zwei enge Grenzen gesetzt, die charakterisiert werden durch:

① das Recht auf Asyl und
② den Grundsatz der (umfassenden) Gleichbehandlung.

Die bekanntesten dieser Menschenrechtssystemnormen sind folgende:

① die Menschenrechtsdeklaration von 1948,
② die UNO-Flüchtlingskonvention von 1951 und
③ das Protokoll über die Rechtsstellung von Flüchtlingen von 1967.

Dies hat letztlich die Konsequenz, dass Regierungsentscheidungen, auch wenn sie zum Schutz der eigenen Bevölkerung sinnvoll und geboten erscheinen, immer mit dem Argument, sie verstießen gegen internationales Recht, ausgehebelt werden können[543] – sicher ganz im Sinne von Geißler, Soros, Sutherland, Papst Franziskus etc.

Bei Greenhill und ihrer sehr umfassenden Analyse dieses Phänomens bleiben jedoch drei wesentliche Perspektiven unberücksichtigt:

① Die Perspektive, dass nicht nur kleine, machtlose Staaten diese Waffe einsetzen können, sondern natürlich auch große und mächtige.[544] Sie nennt lediglich zwei Beispiele, in denen die USA diese Methode angewandt haben.[545] Die gesamte »Soft power«-Strategie lässt sie außen vor![546]
② Greenhill hat eine zu idealistische Vorstellung von der Funktionsweise sogenannter liberaler Demokratien.[547] Sie drückt sich so aus, als würde sie glauben, dass dort ein fairer Wettstreit der Meinungen herrscht und nicht das Meinungskartell des medial-politisch-ökonomischen Komplexes (MPÖK; in Anlehnung an MIK = militärisch-industrieller Komplex).
③ Es fehlt daher auch der dezidierte Hinweis darauf, dass (mächtige) Staaten oder Interessengruppen[548] (»Cooperations«, »The Deep State«, Soros etc.)[549] diese Waffe zur Destabilisierung von Zielstaaten/-gruppen einsetzen können und tatsächlich auch einsetzen.

Kelly M. Greenhills großes Verdienst ist jedoch, dass sie mit der sehr umfassenden und seriösen Erforschung dieser Thematik das Faktum der realen Anwendung aufgezeigt hat und Massenmigration als Waffe von der Gefährdung durch die Killerphrase »Verschwörungstheorie« befreit und auf die Agenda des politischen Diskurses gesetzt hat.

Abschließend ein kurzes aktuelles Beispiel: Der türkische Präsident Erdoğan drohte Europa in einem Gespräch mit EU-Kommissionschef Juncker und dem Präsidenten des Europarates Tusk bereits am 16. November 2015 auf dem G20-Gipfel in Antalya:

> Wir können jederzeit die Tore nach Griechenland und Bulgarien öffnen. Wir können sie [die Migranten; Anm. d. Verf.] sogar in Busse setzen.[550]

Das führt uns nun zur fünften und letzten Frage: Wenn es diese Ethnomorphose, den Bevölkerungsaustausch, durch gezielte Masseneinwanderung gibt, weshalb stellen sich »unsere« Eliten nicht dagegen?

5. Bevölkerungsaustausch und die Selbstwahrnehmung der Eliten Europas

Dass besonders die deutschen, aber auch die britischen und die EU-Eliten eine ausgeprägte Abneigung gegen ihre »eigenen« Völker haben, wurde bereits dargestellt. Um diese Aussagen und Sachverhalte zu verstehen, muss man sich mit dem »Wesen der Globalisierung«, wie es die »westliche Wertegemeinschaft« versteht, befassen. Melisch weist vollkommen richtig darauf hin:

> Die westliche Wertegemeinschaft versteht darunter offensichtlich eine Übereinstimmung und weitgehende Absprachen in der Außen-, Finanz- und Wirtschaftspolitik, die mit der schrittweisen Aufgabe der nationalen Souveränität einhergeht. Sowie der völligen Unterordnung unter die nirgendwo beheimateten und daher frei von allen nationalen und sozialen Verantwortungen agierenden internationalen Konzerne und Monopole zum Zwecke der Profitmaximierung für ihre »Shareholders«![551]

Man sollte hinzufügen: also für die 0,1 Prozent, für die global agierende »atlantische Oligarchie« (Engdahl).

Hier muss nun klar darauf verwiesen werden, dass gerade die Migration als Folge der neoimperialen Globalisierung und des *»global state terrorism«* – wie soll man Drohnenmorde, Kriege ohne UNO-Genehmigung, Farbrevolutionen, Putsche, politische Morde etc. anders nennen? – erst die Katastrophen schafft, die dann deren Verursacher angeblich mit *»global governance«* wieder beheben wollen.

Die mannigfachen Verbindungen des »unsichtbaren Netzes« arbeitet F. William Engdahl in seinem Buch *Die Denkfabriken – Wie eine unsichtbare Macht Politik und Mainstream-Medien manipuliert* exzellent heraus.[552]

Er beschreibt, wie wir im Interesse einer winzigen Clique sehr reicher »Atlantiker-Oligarchen« manipuliert werden. Dies geschieht auf unterschiedliche Weise:

- über »Organisationen von Experten«, die wir zum Beispiel unter den Namen UNO, IWF, EU-Kommission oder NATO kennen;
- durch elitäre »Denkfabriken« wie Council on Foreign Relations, Bilderberger, Trilaterale Kommission, Atlantic Council, Aspen Institute, The German Marshall Fund of the Unites States u. a., in denen »unsere« Politiker stark vertreten sind;
- über das menschliche Unterbewusstsein und wohlklingende Begriffe (»Demokratie«, »Sicherheit«, »Menschenrechte« ...).[553]

Wirft man zum Beispiel einen Blick auf die Mitgliederliste der Atlantik-Brücke,[554] dann kann man feststellen, dass sich dort seit 1952 das Who's who der Polit-, Wirtschafts-, Banken-, Medien- und Wissenschaftseliten der BRD quer durch alle Parteien – mit Ausnahme der Partei Die Linke und der AfD – versammeln.[555] Wen wundert es noch, wenn unabhängig vom Wahlergebnis nicht nur die gleiche, sondern immer dieselbe Politik gemacht wird? Nicht umsonst spricht der renommierte deutsche Verfassungsrechtler Hans Herbert von Arnim in Bezug auf Teile der BRD-Parteien von sogenannten Kartellparteien.

Damit sichergestellt ist, dass es auch künftig keine BRD-Führungskraft gibt, die aus dem vorgegebenen »Atlantischen System« ausbricht, verfolgt die Atlantik-Brücke das sogenannte »Young Leaders«-Programm[556]. Dort wird ebenfalls das Who's who von vielversprechenden künftigen Nachwuchsführungskräften in den oben beschriebenen Sphären von Politik bis Wissenschaft zusammengetrieben. Natürlich ebenfalls wieder quer durch alle Parteien (wieder mit den bereits erwähnten beiden Ausnahmen).[557]

Melisch fragt sich, warum »unsere« Politiker, denen die Welteroberungs- und Globalisierungspläne ja bekannt sein müssten, dies geschehen lassen beziehungsweise sogar, wie im Falle von Angela Merkel, das auch gegen den mehr oder weniger großen Widerstand der eigenen Bevölkerung durchzusetzen helfen. Er gibt – im Wissen um die oben erwähnten Zusammenhänge – auch gleich die Antwort:

① Weil sie zur »Elite der Erleuchteten« gehören und daher von den Segnungen der Weltverbrüderung überzeugt sind und/oder weil sie

② gesinnungslose Politprofis sind, die jederzeit bereit sind, ihr Volk an den Meistbietenden zu verkaufen.[558]

Bestätigt wird Melisch in seiner Einschätzung durch David Rothkopf, ein ehemaliges Mitglied der Clinton-Administration, mit seinem 2009 erschienenen bemerkenswerten Buch *Die Super-Klasse – Die Welt der internationalen Machteliten.* Besonders lehrreich sind die Äußerungen über die Selbstwahrnehmung der »Davos-Leute« (O-Ton Samuel Huntington), also dieser bemerkenswert kleinen Gruppe von Menschen, in der sich die Macht der Welt konzentriert.[559]

Man muss sich daher von der Vorstellung trennen, dass »unsere« Politiker für uns da sind. Allein die Einbindung in die internationalen Strukturen, Organisationen, privaten Netzwerke etc. zeigt klar und deutlich auf, wem gegenüber »unsere« Politiker wirklich loyal sind.[560]

6. Zusammenfassung

Die gewonnenen Erkenntnisse und Kernaussagen kann man wie folgt zusammenfassen:

① Bevölkerungsaustausch als Politikstrategie gibt es, historisch gesehen, schon lange.
② Einschmelzung, Einvolkung bzw. Ethnomorphose waren und sind in der einschlägigen Wissenschaft bekannte Phänomene.
③ Die Ethnomorphose, Ersatzmigration (UNO-Sprech) in der »Mitte Europas« durch Einvolkung fremder Ethnien kann durch Zahlen belegt werden.
④ Die Zahlen der Bevölkerungsverschiebung sprechen eine klare Sprache im Sinne der hier vertretenen These. Man kann daher feststellen, dass die Migration – sowohl Immigration als auch Emigration – als Mittel des Bevölkerungsaustauschs stattfindet. Die Situation in der BRD und in Österreich ist annähernd identisch.
⑤ Diese Entwicklung wird seit Jahrzehnten verfolgt, und viele, auch bedeutende Stimmen, haben davor gewarnt. Daher kann niemand sagen, dass die Entwicklung überraschend kam.
⑥ Es gibt eine große Anzahl von »Interessenten«, die die weißen Europäer im Allgemeinen und die ethnischen Deutschen im Besonderen aus unterschiedlichen Gründen – religiös im Sinne einer Islamisierung, spezifischer und historischer Deutschenhass, Hass auf Weiße generell, imperiale Strategien etc. – »ausdünnen« wollen.
⑦ Dieser gewollte Austausch beschränkt sich nicht nur auf die autochthone Bevölkerung Mitteleuropas, sondern erstreckt sich mittlerweile auf die ganze EU.
⑧ Der Hass auf das »eigene« Volk vonseiten der atlantischen Oligarchen und ihrer Paladine ist eindeutig belegbar und muss als pathologisch bezeichnet werden.
⑨ Die Diskriminierung der autochthonen Bevölkerung ist klar nachvollziehbar und wird auch offen kommuniziert.

⑩ Spätestens die Studie von Kelly M. Greenhill zeigt klar, dass Migration künstlich erzeugt werden kann und auch als strategische Waffe zur Durchsetzung von Machtzielen eingesetzt wurde und wird.

⑪ Die politischen Eliten in der »Mitte Europas« und in den EU-Institutionen befördern gezielt diesen Bevölkerungsaustausch, da sie sich nicht mit den einheimischen Völkern/Bevölkerungen verbunden fühlen, sondern glauben, Angehörige einer globalen Herrscherelite zu sein. Allein diesem Kreis fühlen sie sich verantwortlich.

7. Conclusio

Man muss all diese Zusammenhänge erkennen, um zu verstehen, was sich schon lange im Hintergrund und mittlerweile auch im Vordergrund, in der Öffentlichkeit, ereignet und warum.

Die »westliche Wertegemeinschaft« – man könnte sie aber auch offener als das bezeichnen, was sie wirklich ist, »the American Global System«[561] – ist ein politisches System, das nur jene Parteien an die Macht lässt, die sich der internationalistischen Ideologie des Globalismus und seines Teilaspekts, des Multikulturalismus via »Ersatzmigration«, verschrieben haben.

Diese Diener der atlantischen Oligarchie sind fanatische Überzeugungstäter. Sie arbeiten, weil sie »von der Geschichte ermächtigt« sind (Barnett), an nicht weniger als an einer »historischen Aufgabe« (Merkel), am »neuen Menschen der Zukunft«. Es ist eine Neuauflage des kommunistischen Zieles des »Sowjetmenschen«. Und jene, die sich in den Weg stellen, werden nach Barnett »gekillt«!

Wenn man der gesamten Entwicklung etwas Positives abgewinnen will, dann wohl die Tatsache, dass die Zugehörigkeit zu einer eigenen Gruppe wieder mehr ins Bewusstsein der Menschen rückt. Man entdeckt wieder, dass es eine Wir-Gruppe gibt und dass das Individuum nicht in einem luftleeren Raum ohne soziale Beziehungen herumschwebt. Der deutsche Soziologe Ralf Dahrendorf hat es mit der Formel von »der ärgerlichen Tatsache der Gesellschaft«[562] auf den Punkt gebracht.

Die abwegigen historischen, soziologischen und anthropologischen Annahmen des Hyperindividualismus, ob in Form eines entgrenzten Liberalismus oder eines konformen Massenindividualismus, wie ihn die Linke in ihrer typischen realitätsfernen utopischen Kopfwelt ersann, gehen zu Ende. Die normative Kraft des Faktischen hat noch immer alle widernatürlichen Ideologien in die Knie gezwungen. Manchmal leider, so wie beim Kommunismus aller Schattierungen, allerdings erst nach mehr als 100 Millionen Ermordeter. Aber auch dies hat die linken Weltverbesserer und Utopisten eines »Paradieses auf Erden« noch niemals von ihrem verbrecherischen Irrsinn abgehalten.

Ist bereits alles verloren?

Die hier dargestellte, zu erwartende Entwicklung auf Basis des erschütternden Zahlenmaterials in Verbindung mit den mächtigen Akteuren – und hier ist nur ein kleiner Teil davon aufgeführt worden – könnte einen vor Schreck in die Resignation treiben. Aber ist wirklich bereits alles verloren? Ich denke nicht. Ich denke, es gibt Hoffnung! Denn wie ein Sinnspruch, der Ulrich von Hutten zugeschrieben wird, besagt:

> Aus einem kleinen Fünklein kann ein großes Feuer werden.[563]

Hier nur einige »Funken der Hoffnung«:

In Ostmitteleuropa wächst der Widerstand gegen den Bevölkerungsaustausch sehr massiv. Die sogenannten Visegrad-Staaten (Polen, Ungarn, Tschechien und die Slowakei) weigern sich beharrlich, das sogenannte Flüchtlingsverteilungsprogramm der EU zu akzeptieren und anzuwenden. Sie haben von Anfang an durchschaut, dass dies nur das Trojanische Pferd der Europäischen Union ist, um auch diese Staaten mit Migranten zu fluten.

Polens nationalkonservative Regierung unter Führung von Beata Szydlo ist vollinhaltlich recht zu geben, wenn sie meint:

> Wir betonen die ganze Zeit, dass man das Flüchtlingsproblem in Europa zwar lösen muss, wir dabei aber keinerlei Illusionen verfallen dürfen. Wir müssen konkrete und wirksame Maßnahmen treffen. Daher sagen wir klipp und klar: humanitäre Hilfe und Problembewältigung außerhalb der EU-Grenzen. Wir müssen die Probleme dort anpacken, wo sie entstehen, und dürfen sie nicht auf jene EU-Mitgliedstaaten abwälzen, die für all das, was zurzeit in Europa passiert, keinerlei Verantwortung tragen.[564]

Ungarns Leistung unter Viktor Orbán seit 2015, sich an zwei Fronten gegen den Massenansturm an seinen Grenzen und gegen die Masseneinwanderungspläne der EU und anderer wichtiger Akteure nachhaltig zu behaupten, hat europäische Geschichte geschrieben: als der Anfang des politisch wirksamen Kampfes um die Rettung der Völker Europas. Ungarn unter Orbán hat der ganzen Welt gezeigt, dass man Massenmigranten mit Mauern, Stacheldraht, Tränengas & Co. sehr wohl abwehren und das immer wieder neue Aufkommen dieser Ströme bereits im Ansatz verhindern kann. Ungarn hat damit alle Refugee-Welcome-Masseneinwanderungsfanatiker Lügen gestraft, deren gebetsmühlenartig wiederholte hohle Phrase lautet:

> Kein Zaun wird verzweifelte Menschen davon abhalten können, zu uns zu kommen.

Auch in der Mitte Europas kommt der patriotische Widerstand langsam in Form und Aktion. Die jahre- und jahrzehntelange Basisarbeit von FPÖ, Pegida, AfD, Identitären und unzähligen Kleingruppierungen und Einzelpersonen trägt immer mehr Früchte. So weist der Chefredakteur von *Compact,* Jürgen Elsässer, darauf hin, dass auch in deutschen Landen, von Sachsen über Thüringen bis hinunter nach Bayern, eine blau-schwarze Mehrheit möglich wäre.[565]

Jahrzehntelange »Insider« des Systems, wie Václav Klaus und Willy Wimmer, um nur zwei der bedeutendsten Dissidenten zu nennen, wenden sich von dieser zerstörerischen Politik ab und kritisieren diese offen und schonungslos.

Nicht zuletzt gibt die schwarz/türkisblaue Regierung in Österreich Hoffnung auf den berühmten »*wind of change*«, wenn im Regierungsprogramm unter anderem diese Punkte festgeschrieben sind:

- der »Familienbonus Plus« zur Förderung der (autochthonen) Familien,
- der »Kampf gegen Asylmissbrauch und illegale Migration« inklusive Rückführung von Asylschwindlern,
- »härtere Strafen für Gewalt- und Sexualverbrecher«, die zu einem erheblichen Teil von ebendiesen massenhaft eingewanderten jungen Männern verübt werden, und
- die »Entwicklung der Europäischen Union nach dem Subsidiaritätsprinzip«.[566]

Die Hoffnung des patriotischen Widerstandes hat Viktor Orbán am Nationalfeiertag der Magyaren am 15. März 2016 auf den Punkt gebracht:

> Die Völker Europas erwachen langsam, ordnen ihre Reihen und gewinnen Boden zurück. Die Balken des auf die Unterdrückung der Wahrheit gebauten Europa knarren und knacken.[567]

Die Ungarn scheinen ihm auf diesem Weg zu folgen. Sie lohnten ihm seinen »Kampf um die Verteidigung Ungarns« gegen die Migranten und die sie unterstützende EU-Nomenklatura bei den Wahlen Anfang April 2018 mit 48,5 Prozent der Stimmen für Orbáns rechtsnationale Fidesz-Partei und bescherten ihm damit eine verfassungsändernde Zwei-Drittel-Mehrheit. Denn das ungarische Wahlrecht besteht aus einer Mischung von Verhältnis- und Mehrheitswahlrecht und verhilft der relativ stärksten politischen Kraft zu einer unverhältnismäßig hohen Zahl an Mandaten.[568]

Was gilt es zu tun?

Nun stellt sich für jeden Bürger, der diese Bezeichnung auch verdient, die Frage: Was kann man tun, um dem geplanten Bevölkerungsaustausch entgegenzutreten und dem patriotischen Widerstand zum Siege zu verhelfen? In Anlehnung und Weiterentwicklung der Gedanken von Gerhard Wisnewski[569] und Václav Klaus[570] muss man (ohne Anspruch auf Vollzähligkeit) sicherlich Folgendes umsetzen:

- Die wahren Zusammenhänge der tatsächlichen
  - globalen Herrschaftsstrukturen (zum Beispiel das Zentralbankensystem, imperiale Institutionen wie Weltbank, IWF, diverse Thinktanks),
  - Herrschaftsmittel (zum Beispiel Migration als Waffe, Divide-et-impera-Strategien, Strategie der Spannung, Krieg gegen den Terror etc.) und
  - Herrschaftsziele (zum Beispiel die Schaffung einer Eine-Welt-Herrschaft)

  sind immer und überall zu thematisieren und offen anzusprechen. Hierbei ist es besonders wichtig, sich nicht vom Vorwurf, ein »Verschwörungstheoretiker« zu sein, einschüchtern zu lassen, denn Verschwörung ist keine Theorie, sondern ein Verbrechen.
- Es ist geradezu Bürgerpflicht, sich in diesem Sinne zu engagieren, denn Demokratie braucht nun einmal Demokraten. Demokraten scheuen nicht die Diskussion. Die »gelenkte Demokratie« à la »westliche Wertegemeinschaft« hingegen grenzt Andersdenkende aus und verweigert hartnäckig jede rationale Diskussion.

- In diesem Zusammenhang ist es von ganz besonderer Bedeutung, heimattreue Parteien und Politiker zu unterstützen, zu wählen und an der Umsetzung ihrer Ziele aktiv mitzuwirken.
- Vernetzen Sie sich! Gründen Sie Selbsthilfegruppen, denn »Wir sind das Volk«! Wahre Bürger warten nicht immer darauf, dass »die da oben« etwas tun. Bürger engagieren und organisieren sich, um auch medial wirksam und innerhalb der Partei(en) Wahlversprechen und die Einhaltung der Gesetze energisch einzufordern. Die Heimattreuen des patriotischen Widerstands dürfen die sogenannte Zivilgesellschaft nicht nur den Internationalisten und den entgrenzten Totalitärliberalen überlassen.
- Die Deutungshoheit über zentrale Begriffe des menschlichen Seins im Sinne von Gaetano Mosca, insbesondere über zentrale Aspekte der Geschichtsbilder, wie es sich derzeit in Bezug auf den Ersten Weltkrieg abzeichnet, und natürlich die »Straße«, muss vom patriotischen Widerstand wieder zurückgewonnen werden.
- Dazu gehört unter anderem, dass das negative Image der »Nur-Hausfrau und Nur-Mutter« in Bezug auf Frauen überwunden wird. Darüber hinaus muss eine reale Entscheidungsfreiheit für Mütter und Väter geschaffen werden, wer von beiden zur innerfamiliären Kindererziehung zu Hause bleibt. Kinder gehören in eine Familie von Mann und Frau und nicht in staatliche Obhut! Kurz und gut: Die destruktive, weil ausschließlich materialistisch-egoistische Familien-Un-Politik der Linken und Liberalen muss im Sinne einer positiven Geburten- und Familienpolitik für die indigenen Völkern Europas überwunden werden.
- Natürlich ist auch darauf zu drängen, dass die EU- und die nationalen Außengrenzen geschützt und streng überwacht werden.
- Selbstredend sind Migranten, wo sie denn tatsächlich bedroht sind, zu schützen. Aber sie sind so lange wieder in die Nähe ihrer Heimat zu bringen, bis allen potenziellen Migranten klar ist, dass es gefährlich, teuer und sinnlos ist, den Weg nach Europa anzutreten. Hier ist auch ganz eindeutig gegen die »humanitären Schlepper«, ob staatlich oder »zivilgesellschaftlich« als sogenannte NGOs engagiert, vorzugehen. Es geht nicht an, dass Gesetze gezielt und ungestraft gebrochen werden können, nur

weil man einen einseitigen Moralmaßstab medienwirksam als den einzig richtigen darstellen kann.

- Die Zuerkennung von Asyl ist auf die ursprüngliche Intention restriktiv zu begrenzen. Alle illegal sich aufhaltenden Einwanderer sind in Schnellverfahren konsequent abzuschieben. Dazu gehören auch sogenannte Kriegsflüchtlinge, wenn sie sich bereits vorher in sicheren Ländern aufhielten.
- Selbstverständlich ist den Notleidenden beim Aufbau der Infrastruktur und kulturell angepasster stabiler Herrschaftsstrukturen in den Heimatländern Hilfe zu leisten. Als erste Schritte sind unfaire Nord-Süd-Handelsverträge aufzukündigen. Denn es hilft wieder nur der globalen Oligarchie, wenn steuergeldbasierte Entwicklungshilfe als Transferzahlung an korrupte einheimische Oligarchen genutzt wird, damit diese die Ausbeutung des eigenen Landes im Sinne dieser Oligarchie zulassen oder sogar bewerkstelligen. Frei nach Jean Ziegler:

> Es kommt nicht darauf an, den Menschen der Dritten Welt mehr zu geben, sondern ihnen weniger zu stehlen!

Man kann diese Liste natürlich noch weiterführen. Der Fantasie und dem Einfallsreichtum sind hier keine Grenzen gesetzt. Man kann die Dinge zum Positiven wenden, wenn man es nur konsequent will! Fordern wir unser Entscheidungsrecht über unsere und die Zukunft unserer Kinder und Enkelkinder wieder von einer politischen Klasse zurück, die vollkommen abgehoben und in verbrecherischer Art und Weise unsere Existenz und Zukunft gefährdet! Daher kann es nur eine Antwort geben:

»Nicht mit uns! Nein zum Bevölkerungsaustausch!«

Stellen wir uns gemeinsam, als Teil des patriotischen Widerstands, dagegen! Das Motto der national orientierten Zivilgesellschaft, des patriotischen Widerstands, muss lauten:

»Sei du die Veränderung!«

Literaturverzeichnis

ALLEN, GARY: *Die Insider – Baumeister der »Neuen Weltordnung«*, 15., erweiterte Auflage, VAP, Preußisch Oldendorf 2008. Das Original erschien 1971 unter dem Titel *None Dare Call It Conspiracy.*

BANDULET, BRUNO: Als Deutschland Großmacht war. Ein Bericht über das Kaiserreich, seine Feinde und die Entfesselung des Ersten Weltkrieges, 1. Auflage, Kopp Verlag, Rottenburg 2014.

BARGATZKY, THOMAS: »Migrationsprobleme und die ›Neue Weltordnung‹«, *http://brd-schwindel.ru/migrationsprobleme-und-die-neue-weltordnung/.*

BARNETT, THOMAS P. M.: *The Pentagon's New Map – War and Peace in the Twenty-First Century,* Penguin, New York 2004.

—: *The Pentagon's New Map – Blue Print for Action,* Penguin, New York 2005.

BECK, FRIEDERIKE: *Die geheime Migrationsagenda – Wie elitäre Netzwerke mithilfe von EU, UNO, superreichen Stiftungen und NGOs Europa zerstören wollen,* 1. Auflage, Kopp Verlag, Rottenburg 2016.

BISCHOFF, FREDERICO: »Die zehn größten Hetzer«, in: *Compact – Magazin für Souveränität,* Ausgabe 9/2015.

BRZEZIŃSKI, ZBIGNIEW: *Die einzige Weltmacht – Amerikas Strategie der Vorherrschaft,* 2. Auflage, Kopp Verlag, Rottenburg 2015.

—: *The Grand Chessboard. American Primacy And Its Geostrategic Imperatives,* Basic Books, New York 1997.

BUCHANAN, PATRICK J.: *Churchill, Hitler and the Unnecessary War – How Britain Lost Its Empire and the West Lost the World,* Crown Publisher Group, Random House, Inc., New York 2008.

—: *Irrweg Einwanderung – Die weiße Welt am Abgrund,* Bonus-Verlag, Selent 2007.

CHOMSKY, NOAM: *Die Herren der Welt. Essays und Reden aus fünf Jahrzehnten,* 6. Auflage, Promedia Druck- und Verlagsgesellschaft m. b. H., Wien 2015.

CONQUEST, ROBERT: *Stalins Völkermord – Wolgadeutsche, Krimtartaren, Kaukasier,* Europa Verlags-AG, Wien 1974.

COUDENHOVE-KALERGI, RICHARD NICOLAUS: *Praktischer Idealismus. Adel – Technik – Pazifismus,* Pan-europa-Verlag, Wien/Leipzig 1925.

COURTOIS, STÉPHANE et al.: *Das Schwarzbuch des Kommunismus. Unterdrückung, Verbrechen und Terror,* Sonderausgabe, Piper, München 1999.

EFFENBERGER, WOLFGANG und LÖW, KONRAD: *Pax Americana – Die Geschichte einer Weltmacht von ihren angelsächsischen Wurzeln bis heute,* F. A. Herbig Verlagsbuchhandlung GmbH, München 2004.

—: »Migration als Kriegswaffe – Vorboten einer westlichen Götterdämmerung?«, in: *Epoch Times,* 08.01.2016, aktualisiert am 08.07.2016, *https://www.epochtimes.de/politik/deutschland/migration-als-kriegswaffe-vorboten-einer-westlichen-goetterdaemmerung-a1297614.html.*

Elsässer, Jürgen: »Die Deutschlandhasser kommen«, in: *Compact – Magazin für Souveränität,* Ausgabe 9/2015.

—: »Nächstenliebe und Humanitätsschwindel«, in: *Compact Spezial – Magazin für Souveränität,* Sonderausgabe Nummer 7.

Engdahl, William F.: *Die Denkfabriken – Wie eine unsichtbare Macht Politik und Mainstream-Medien manipuliert,* Kopp Verlag, Rottenburg 2015.

—: Geheimakte *NGOs – Wie die Tarnorganisationen der CIA Revolutionen, Umstürze und Kriege anzetteln,* Kopp Verlag, Rottenburg 2017.

Epperson, A. Ralph: *Die unsichtbare Hand – Der Einfluss geheimer Mächte auf die Weltpolitik,* 4. Auflage, Kopp Verlag, Rottenburg 2011; Titel der US-Originalausgabe: *The Unseen Hand,* 1985.

GegenArgumente (Red.): »Strömt herbei, ihr Völkerscharen: vom Asyl(EUn) wesen«, in: *GegenArgumente,* Ausgabe 03/2014.

Greenhill, Kelly M.: *Massenmigration als Waffe – Vertreibung, Erpressung und Außenpolitik,* Kopp Verlag, Rottenburg 2016.

—: *Weapons of Mass Migration: Forced Displacement; Coercion; and Foreign Policy,* Cornell University Press, Ithaca/London 2010.

Haider, Jörg: *Die Freiheit, die ich meine. Das Ende des Proporzstaates. Plädoyer für die Dritte Republik,* Ullstein Verlag GmbH, Frankfurt a. M./Berlin 1993.

Hartmann, Michael: *Eliten und Macht in Europa. Ein internationaler Vergleich,* Campus Verlag, Frankfurt a. M. 2007.

Ibn Ahmad Ibn Rassoul und Abu-r-Rida' Muhammad (Übers.): *Der edle Qur'an – Al Qur'an Al Karim – Die ungefähre Bedeutung in der deutschen Sprache,* 14. Auflage, Lies-Stiftung, ohne Ort, 2013.

Identitäre Bewegung Deutschland (Red.): »Der große Austausch«, Zitat vom 12.12.2015, *http://deraustausch.de/.*

Info-Direkt (Red.): »Jimmy Carter: Die USA sind eine ›Oligarchie‹«, 11.08.2015, *http://www.info-direkt.eu/jimmy-carter-dieusa-sind-eine-oligarchie-wo-unbegrenzte-politische-bestechungherrscht/.* [Die Quelle war mit Stand der Drucklegung des Buches nicht mehr verfügbar. Alternativ findet sich die Aussage des früheren US-Präsidenten Jimmy Carter zum Beispiel unter *https://www.cashkurs.com/beitrag/Post/ex-us-praesident-jimmy-carter-*

usa-sind-keine-demokratie-sondern-von-korruptheit-und-bestechung-dur/ und im Videobeitrag »Jimmy Carter on Whether He Could Be President Today: ›Absolutely Not‹« unter *http://www.oprah.com/own-super-soul-sunday/Why-Jimmy-Carter-Says-He-Couldnt-Be-President-Today-Video.*]

KAUFMAN, THEODORE NATHAN: *Deutschland muss untergehen!*, Originaltitel: *Germany must Perish!*, 1941. Verfügbar unter *https://archive.org/details/DeutschlandMussUntergehen.*

KLAUS, VÁCLAV und WEIGL, JIRI: *Völkerwanderung – Kurze Erläuterung der aktuellen Migrationskrise*, 2. Auflage, Manuscriptum Verlagsbuchhandlung Thomas Hoof KG, Waltrop und Leipzig 2016.

KLEINA, EBERHARD: »Flüchtlingsströme nach Europa eine getarnte Masseneinwanderung?«, in: KEIM, WALTER: *Regionale Information der Bekenntnisbewegung »Kein anderes Evangelium«*, Nummer 180, Ausgabe 9/2015. Online: *http://paxeuropa.de/hintergruende/hintergrund-artikel/fluechtlingsstroeme-nach-europa-eine-getarnte-masseneinwanderung/.*

KOPP ONLINE (Red.): »Willy Wimmer: Das ganze Land ist zivilisatorisch zurückgeworfen worden«, 08.01.2016, zu finden bei: *http://brd-schwindel.ru/willy-wimmer-das-ganze-land-ist-zivilisatorisch-zurueckgeworfen-worden/.*

KORN, DAVID: *Wem dient Merkel wirklich?*, FZ-Verlag GmbH, München 2006.

KUNZE, WERNER: *Die Moderne – Ideologie, Nihilismus, Dekadenz*, Verlag Bublies, Beltheim-Schnellbach 2011.

LAQUEUR, WALTER: *Die letzten Tage von Europa – Ein Kontinent verändert sein Gesicht*, 2. Auflage, Propyläen Ullstein Buchverlag GmbH, Berlin 2006.

MARFAING, LAURENCE und HEIN, WOLFGANG: »Das EU-Einwanderungsabkommen – kein Ende der illegalen Migration aus Afrika«, German Institut of Global and Area Studies | Leibnitz-Institut für Globale und Regionale Studien, 2008. Online verfügbar unter *https://www.giga-hamburg.de/de/system/files/publications/gf_global_0808.pdf.*

MEE, CHARLES L.: *Die Teilung der Beute – Die Potsdamer Konferenz 1945*, Verlag Fritz Molden, Wien/München/Zürich/Innsbruck 1977.

MELISCH, RICHARD: *Der letzte Akt – Die Kriegserklärung der Globalisierer an alle Völker der Welt*, Hohenrain-Verlag GmbH, Tübingen 2007.

MEYSSAN, THIERRY: »Die gefälschte ›Flüchtlingskrise‹«, 07.09.2015, *http://www.voltairenet.org/article188622.html.*

MÖLZER, ANDREAS: *Chaos Tage – EU-Untergang, Europas Umvolkung, PC-Ungeist*, Edition »Zur Zeit«, Band 22, W3 Verlagsgesellschaft m. b. H., Wien 2015.

NOLTE, ERNST: *Die faschistischen Bewegungen*, Deutscher Taschenbuch Verlag GmbH & Co. KG, München 1966.

QUIGLEY, CARROLL: *Tragedy and Hope. A History of the World in Our Time,* Reprint Edition – New Millennium Edition, Dauphin Publications, Inc., New York 1966; dt.: *Tragödie und Hoffnung – Eine Geschichte der Welt in unserer Zeit,* Kopp Verlag, Rottenburg 2016.

RODE, BERNHARD: *Das Eurasische Schachbrett – Amerikas neuer Kalter Krieg gegen Russland,* Hohenrain-Verlag, Tübingen 2012.

RÖMER, RUTH: *Geistige Brandstifter von Links – Wie Anti-Demokraten an den Hochschulen den Ton angeben. Am Beispiel Bielefeld,* Aula-Verlag, Graz 2007.

ROTHKOPF, DAVID: *Die Super-Klasse – Die Welt der internationalen Machteliten,* 1. Auflage, Wilhelm Goldmann Verlag, München 2009.

SCHARSACH, HANS HENNING: *Haiders Kampf,* Verlag Orac im Verlag Krenmayr & Scheriau, Wien 1992.

SEIFERT, THOMAS: *Politische Korrekheit – Des Westens neue Religion,* Aula Verlag GmbH, Graz 2015.

TOMASCHITZ, BERNHARD: »Millionen wollen nach Europa – Nach dem ›Arabischen Frühling‹ droht eine Zuwanderungswelle ungeahnten Ausmaßes«, in: Andreas Mölzer (Hg.): *Der Albtraum von der Islamisierung Europas,* Edition »Zur Zeit«, Band 15, S. 327-340, W3 Verlagsgesellschaft m.b.H, Wien 2011.

ULFKOTTE, UDO: *Albtraum Zuwanderung – Lügen, Wortbruch, Volksverdummung,* 1. Auflage, Kopp Verlag, Rottenburg 2011.

—: »Blick in die Zukunft 2016: Warum der große Ansturm an Asylbewerbern erst noch kommt«, in: *Epoch Times,* 05.01.2016, *https://www.epochtimes.de/politik/deutschland/blick-in-die-zukunft-2016-warum-der-grosse-ansturm-an-asylbewerbern-erst-noch-kommt-a1296684.html.*

—: Die Asylindustrie. Wie Politiker, Journalisten und Sozialverbände von der Flüchtlingswelle profitieren, 1. Auflage, Kopp Verlag, Rottenburg 2015.

—: *Heiliger Krieg in Europa – Wie die radikale Moslembruderschaft unsere Gesellschaft bedroht,* Eichborn AG, Frankfurt a. M. 2007.

—: *Vorsicht Bürgerkrieg! Was lange gärt, wird endlich Wut,* 1. Auflage, Kopp Verlag, Rottenburg 2009.

VOGT, MICHAEL: »Destabilisierung mittels der Migrationswaffe«, Beitrag auf der zwölften Veranstaltung der AZK – AntiZensur-Koalition, 16.12.2015, Zitat abgerufen am 19.12.2015, *https://www.youtube.com/watch?v=LIFX7kfN-hs.*

WALDSTEIN, THOR VON: *Wer schützt die Verfassung vor Karlsruhe?,* Steigra: Institut für Staatspolitik, Steigra 2017.

WISNEWSKI, GERHARD: *Operation 9/11. Der Wahrheit auf der Spur. 10 Jahre danach: neue Beweise,* Knaur Taschenbuch Verlag, München 2011.

Abbildungsverzeichnis

Abb. 18: Europa unter dem Halbmond: Entwicklung der muslimischen Bevölkerung in Europa [Tabelle, vom Verlag grafisch nacherstellt].

Abkürzungsverzeichnis

Anm. d. Verf.	Anmerkung des Verfassers
AdR (EU-)	Ausschuss der Regionen
AEMR	Allgemeine Erklärung der Menschenrechte
BND	Bundesnachrichtendienst
BP	British Petroleum
CETA	Comprehensive Economic and Trade Agreement/ Umfassendes Wirtschafts- und Handelsabkommen
CFR	Council on Foreign Relations/Rat für auswärtige Beziehungen
CIR	Consiglio Italiano per I Refugiati/Italienischer Flüchtlingsrat
DVPW	Deutsche Vereinigung für Politikwissenschaft
ECFR	European Council on Foreign Relations/ Europäischer Rat für auswärtige Beziehungen (Ableger des CFR)
ECOWAS	Economic Community of West African States/ Wirtschaftsgemeinschaft westafrikanischer Staaten
EMFZ	Euro-mediterrane Freihandelszone
EPSC	European Political Strategy Centre/Europäisches Zentrum für politische Strategie
EPU	Europäische Parlamentarier-Union
ESI	European Stability Initiative/Europäische Stabilitätsinitiative
EU	Europäische Union
EuGH	Europäischer Gerichtshof
EUNavFor Med	European Union Naval Force – Mediterranean/ EU-Marinekräfte im Mittelmeer (Operation »Sophia«)
EURO-MED	Euro-mediterrane Partnerschaft; Handels- und Kooperationsabkommen
Eurostat	Statistisches Amt der Europäischen Union
FDI	Foreign Direct Investments/Ausländische Direktinvestitionen
FED	Federal Reserve Bank/US-Zentralbank
FPÖ	Freiheitliche Partei Österreichs

GAMM	Global Approach to Migration and Mobility/ Globaler Ansatz für Migration und Mobilität
GATT	General Agreement on Tariffs and Trade/ Allgemeines Zoll- und Handelsabkommen
HAP III	Drittes Humanitäres Aufnahmeprogramm
IDW	Institut der deutschen Wirtschaft
IGD	Islamische Gemeinschaft in Deutschland e. V.
ILO	Internationale Arbeitsorganisation
IOM	International Organisation for Migration
IWF	Internationaler Währungsfonds
MENA	Middle East & North Afrika/Naher Osten und Nordafrika
NAFTA	North American Free Trade Agreement/ Nordamerikanisches Freihandelsabkommen
NGO	Non-governmental organization/ Nichtregierungsorganisation
NMO	Nahmittelost
ÖIF	Österreichischer Integrationsfonds
ÖVP	Österreichische Volkspartei
Pegida	Patriotische Europäer gegen die Islamisierung des Abendlandes
Rn	Randnummer
RT	Russia Today
SAR	Search and Rescue (Operation)
SPÖ	Sozialdemokratische Partei Österreichs
TGD	Türkische Gemeinde in Deutschland
TPN	Transatlantic Policy Network (eine Lobbyorganisation europäischer und US-amerikanischer Großkonzerne)
TTIP	Transatlantic Trade and Investment Partnership/ Transatlantische Handels- und Investment-Partnerschaft
UNHCR	United Nations High Commissioner for Refugees/ Hochkommissar der Vereinten Nationen für Flüchtlinge
UN(O)	United Nations (Organization)
USAID	U. S. Agency for International Development/Behörde der Vereinigten Staaten für internationale Entwicklung
WB	World Bank/Weltbank

Anmerkungen

Quellenverweise nach dem Muster »Beck, 2016, S. 7« beziehen sich auf das Literaturverzeichnis.

1 »Migration« bedeutet grundsätzlich einmal nur »Wanderung«. Im gegenständlichen Kontext wird der Fokus hauptsächlich auf den Aspekt der Massenimmigration in die BRD und nach Österreich gerichtet. Dabei leistet die Emigration von Teilen der autochthonen Bevölkerung ebenfalls einen nicht unwesentlichen Beitrag zum Bevölkerungsaustausch.

2 »Europas Mitte« wird hier vom Autor verstanden als BRD und Österreich. Es kann jedoch festgestellt werden, dass die hier behandelte Entwicklung mehr oder weniger ähnlich in allen EU-Staaten abläuft, wenn auch im Detail mitunter große Unterschiede bestehen können.

3 Siehe hierzu: *https://www.google.at/search?q=familie+deutschland+2001&tbm=isch&tbo=u&source=univ&sa=X&ved=oahUKEwj-kqv7qv_YAhUFPVAKHXQdDAIQ7AkIQA&biw=1027&bih=489*, Zugriff: 30.11.2015. Darüber hinaus »Familie Deutschland«-Informationskampagne der Bundesregierung 2001 (Copyright »Familie Deutschland«: Herlinde Koelbl), *https://www.google.at/search?hl=de&tbm=isch&source=hp&biw=1027&bih=489&ei=Dx3gWpKDO46lwQKuj5WoDw&q=Prozent22Familie+DeutschlandProzent22+Herlinde+KOELBL&oq=Prozent22Familie+Deutschland Prozent22+Herlinde+KOELBL &gs_limg.3...2236.2236.0.3299.1.1.0.0.0.0.76.76.1.1. 0....0...1ac.1.64.img..0.0.0....0.b9 EMvIqSoxo#imgrc=1VgCC4kgVc4KvM:&spf=1524636948243*, Zugriff: 25.04.2018.

4 Der Begriff »Globalismus« umfasst zunächst alle Ideen, Ziele, Bemühungen und Maßnahmen, die auf weltweit, also international, ausgerichtete Lösungen hinauslaufen. In spezifischer Bedeutung des Begriffs benennt Globalismus eine – als Ergebnis ökonomischer »Wissenschaft« oder als bloße technische Notwendigkeit propagierte – gewollte Einebnung kultureller Besonderheiten. Der Begriff »Globalismus« entstammt nach *Wikipedia* (*https://de.wikipedia.org/wiki/Globalismus*, Zugriff: 30.08.2018) »den Theorien der internationalen Beziehungen und geht davon aus, dass die Staaten durch die erfolgende Globalisierung als internationale Akteure massiv an Bedeutung verlieren und neue transnationale Akteure

(wie etwa Firmen als Global Players) auftauchen, sodass sich ein weltweites Mehrebenensystem herausbildet, in dem Probleme durch Kooperation zwischen sämtlichen Akteuren mittels Weltinnenpolitik oder Global Governance gelöst werden müssen und können. Der Begriff ist der Großtheorie des Liberalismus zuzuordnen und richtet sich explizit gegen die staatszentrierten Grundvorstellungen von Realismus und Neorealismus, die er in der sogenannten Globalismus-Realismus-Kontroverse kritisierte. Abseits davon wird er in öffentlichen und soziologischen Debatten dazu benutzt, um Grundannahmen der marktliberalen Globalisierung als ›neoliberal‹ zu kritisieren. ›Globalismus‹ erscheint in diesem Sprachgebrauch als polemisches Synonym für eine Ideologie des globalisierten Marktradikalismus.« Das heißt, es geht um die Entmachtung und Zerstörung der demokratischen Nationalstaaten als organsiertes System zum Schutze der Interessen der Bürger vor der geballten Macht der global agierenden und organisierten Interessen des (Finanz-)Kapitals.

5 »Multikulturalismus« (zumeist abwertend auch »Multi-Kulti« oder »Multikulti«) »ist der Oberbegriff für eine Reihe sozialphilosophischer Theorieansätze mit Handlungsimplikationen für die Gesellschaftspolitik eines Staates. Multikulturalisten treten für den Schutz und die Anerkennung kultureller Unterschiede ein: ›Multikulturalismus ist die Idee, dass Menschen „nicht trotz ihrer Unterschiede gleich, sondern wegen dieser Unterschiede verschieden" zu behandeln seien.‹ (Kenan Malik, zitiert nach Thierry Chervel in *Das Schinkenbrot*) Die Theorien stehen dem Gedanken einer dominanten Nationalkultur ebenso entgegen wie dem in den USA weitverbreiteten Gedanken des Melting Pot, der von einer Angleichung der verschiedenen Kulturen und der daraus resultierenden Herausbildung einer gemeinsamen, nationalen Kultur ausgeht.« (Quelle: *https://de.wikipedia.org/wiki/Multikulturalismus,* Zugriff: 30.08.2018) Dass dieser Ansatz keine Solidar- und Schicksalsgemeinschaft, also eine Wir-Gruppe, aufkommen lässt und damit zur Zersplitterung, Handlungsunfähigkeit und Marginalisierung von Gesellschaften und gesellschaftlichen Gruppen in allen Lebensbereichen führt, wird wohlwollend zur Kenntnis genommen – wenn es nicht überhaupt das Ziel ist, ganz nach dem Motto: Teile und herrsche.

6 Klaus et al., 2016, S. 9.

7 Ebd., S. 15.

8 Ebd., S. 15)

9 Beck, 2016, S. 7.

10 Martina Salomon: »Das Ende der Gewissheit«, *https://kurier.at/meinung/das-ende-der-gewissheit/177.908.443* vom 30.01.2016, Zugriff: 30.01.2016.

11 Kelly M. Greenhill (geb. 1970) ist eine US-amerikanische Politikwissenschaftlerin an der Tufts University in Boston, die auch als Buchautorin tätig ist. Sie forscht in den Bereichen internationale Sicherheit, militärische Gewalt, Bürgerkriege, Interventionen und Aufstände sowie über internationale Migration. In Europa wurde sie durch die Veröffentlichung ihres Buches *Weapons of Mass Migration – Forced Displacement, Coercion, and Foreign Policy* bekannt, das sich mit der Thematik gesteuerter Flüchtlingsströme und deren Auswirkungen beschäftigt; *https://de.wikipedia.org/wiki/Kelly_Greenhill*, Zugriff: 18.02.2016.

12 Unbekannter Ursprung, aber in der Migrationsliteratur häufig verwendet (GREENHILL, 2016, S. 15).

13 ALLEN, 2008, S. 10.

14 Ulrich Grillo, *https://de.wikipedia.org/wiki/Ulrich_Grillo*, Zugriff: 18.02.2016.

15 MEYSSAN, 2015.

16 Schreiben von Dr. Lackner, Erzbischof von Salzburg, vom 27.07.2015 an alle Pfarreien der Erzdiözese Salzburg. Das Original ist beim Autor hinterlegt.

17 KLAUS et al., 2016, S. 32.

18 Jacques Schuster: »Dieses Plädoyer ist eine Katastrophe für die Flüchtlingspolitik«, *https://www.welt.de/debatte/kommentare/article162005945/Dieses-Plaedoyer-ist-eine-Katastrophe-fuer-die-Fluechtlingspolitik.html* vom 11.02.2017, Zugriff: 18.02.2017.

19 BECK, 2016, S. 11.

20 ULFKOTTE, 2015, S. 71–73.

21 Ebd., S. 70 f.

22 LAQUEUR, 2006, S. 22 f.

23 *https://www.bamf.de/SharedDocs/Anlagen/DE/Publikationen/Forschungsberichte/fb07-vor-den-toren-europas.pdf?__blob=publicationFile*, Zugriff: 08.10.2018.

24 ULFKOTTE, 2015, S. 70.

25 *http://ec.europa.eu/economy_finance/publications/european_economy/2014/pdf/ee8_en.pdf.*

26 Ebd., S. 55 f.

27 TOMASCHITZ, 2011, S. 338 ff.

28 *Die Presse*, 06.07.2011, S. 1.

29 WALTER LAQUEUR: 2006, S. 22 f.

[30] George Soros: »Der Umbau des Asylsystems«, *https://www.project-syndicate.org/commentary/rebuilding-refugee-asylum-system-by-george-soros-2015-09/german* vom 26.09.2015, Zugriff: 09.07.2017.

[31] »Siegener Politologin: Bürokratie erschwert Flüchtlingshilfe«, *https://www.nrz.de/politik/siegener-politologin-buerokratie-erschwert-fluechtlingshilfe-id10962118.html?service=mobile*, vom 07.08.2015, Zugriff: 05.06.2017.

[32] Ulfkotte, 2016, S. 69.

[33] Klaus et al., 2016, S. 68.

[34] Definition für Eliten, wie sie hier verstanden wird, siehe S. 17.

[35] Hartmann, 2007, S. 17 ff.

[36] Mölzer, 2015, S. 23.

[37] *http://www.unhcr.org/dach/de/faq-fluechtlinge*, Zugriff: 05.06.2017.

[38] *https://de.wikipedia.org/wiki/Asyl*, Zugriff: 05.06.2017.

[39] *https://correctiv.org/echtjetzt/artikel/2017/05/16/faktencheck-fluechtlinge-italien-prozent/* vom 16.05.2017, Zugriff: 09.11.2017.

[40] *http://www.unhcr.org/dach/de/faq-fluechtlinge*, Zugriff: 05.06.2017.

[41] *https://de.wikipedia.org/wiki/Asyl*, Zugriff: 05.06.2017.

[42] Umschlagteil der *Sonntagskrone, Kronen Zeitung*, 21.01.2018, S. 8.

[43] *www.faz.net/aktuell/politik/fluechtlingskrise/Merkel-grundrecht-auf-asyl-kennt-keine-obergrenze-13797029.html* vom 11.09.2015, Zugriff: 31.01.2018.

[44] *http://www.unhcr.org/dach/de/faq-fluechtlinge*, Zugriff: 05.06.2017.

[45] Mölzer, 2015, S. 26.

[46] *Demopædia – Mehrsprachiges Demographisches Wörterbuch* (zweite Ausgabe 1987), *http://de-ii.demopaedia.org/wiki/Bevölkerungsaustausch*, Zugriff: 12.12.2015.

[47] *https://de.wikipedia.org/wiki/Vertrag_von_Lausanne*, Zugriff: 12.12.2015.

[48] Das Abkommen sah außerdem einen Bevölkerungsaustausch vor: 1,4 Millionen Griechen aus Kleinasien wurden ins Mutterland umgesiedelt, 360 000 Türken von den ostägäischen Inseln nach Anatolien geschickt (*Frankfurter Rundschau*, 07.01.1998, S. 3), Angaben nach *Universal-Lexikon*, 2012, *http://universal_lexikon.deacademic.com/326980/Bevölkerungsaustausch*, Zugriff: 12.12.2015.

[49] Conquest, 1974, S. 9–12.

[50] *https://www.deutscheundpolen.de/ereignisse/ereignis_jsp/key=die_vertreibung_der_deutschen_1945.html*, Zugriff: 05.06.2017.

[51] Buchanan, 2008, S. 308, 381.

52 *https://de.wikipedia.org/wiki/Vertrag_von_Lausanne,* Zugriff: 12.12.2015.

53 Ilse Schwidetzky, verheiratete Rösing (geb. 6. September 1907 in Lissa, Provinz Posen; gest. 18. März 1997 in Mainz), war eine deutsche Anthropologin und Hochschullehrerin. Siehe *https://de.wikipedia.org/wiki/Ilse_Schwidetzky,* Zugriff: 12.02.2016.

54 Ilse Schwidetzky: *Grundzüge der Völkerbiologie,* Stuttgart 1950, S. 112–115.

55 *http://www.bamf.de/SharedDocs/Meldungen/DE/2016/20160620-statements-weltfluechtlingstag.html?nn=1367522* vom 20.06.2016, Zugriff: 06.06.2017.

56 *UNHCR-Report: Weltflüchtlingszahlen 2014, https://www.uno-fluechtlingshilfe.de/fluechtlinge/zahlen-fakten/weltfluechtlingszahlen-2014/,* Zugriff: 11.02.2016.

57 *https://www.uno-fluechtlingshilfe.de/fluechtlinge/zahlen-fakten/weltfluechtlingszahlen-2014.html,* Zugriff: 11.02.2016.

58 *https://www.uno-fluechtlingshilfe.de/fluechtlinge/zahlen-fakten.html,* Zugriff: 06.06.2017.

59 *UNHCR, Global Report 2016, https://reliefweb.int/sites/reliefweb.int/files/resources/Book_GR_2016_ENGLISH_Complete.pdf,* S. 3, Zugriff: 28.06.2017.

60 Ebd., S. 16.

61 Ebd., S. 17.

62 *https://www.uno-fluechtlingshilfe.de/fluechtlinge/zahlen-fakten/,* Zugriff: 29.08.2018.

63 *http://data2.unhcr.org/en/situations/mediterranean#_ga=2.259342402.938960994.1498646789-1077191216.1498646789,* Zugriff: 10.02.2018.

64 *https://de.wikipedia.org/wiki/Fl%C3%BCchtlingskrise_in_Europa_ab_2015,* Zugriff: 11.02.2016.

65 *http://data2.unhcr.org/en/situations/mediterranean#_ga=2.259342402.938960994.1498646789-1077191216.1498646789,* Zugriff: 28.06.2017.

66 »Asylkrise in Italien alarmiert Österreich: ›Dramatische Lage‹«, 15.08.2016, 17.00 Uhr, *https://www.krone.at/524485,* Zugriff: 23.08.2016.

67 European Political Strategy Centre, *EPSC Strategic Notes,* Issue 22, 02.02.2017, »Irregular Migration via the Central Mediterranean From Emergency Responses to Systemic Solutions«, *https://ec.europa.eu/epsc/publications/strategic-notes/irregular-migration-central-mediterranean_en,* Zugriff: 07.06.2017.

68 *http://data2.unhcr.org/en/situations/mediterranean,* Zugriff: 28.06.2017.

69 »Flucht aus der Türkei nimmt zu«, *Die Presse,* 08.11.2017, S. 5.

70 Umschlagteil der *Sonntagskrone, Kronen Zeitung,* 21.01.2018, S. 8.

71 *https://data2.unhcr.org/en/situations/mediterranean,* Zugriff: 29.08.2018.

72 *https://data2.unhcr.org/en/situations/mediterranean/location/5226.*

73 Bei dieser Berechnung wurde vom Autor unterstellt, dass sich die Entwicklung der Immigration in Spanien im Jahr 2018 linear fortsetzt.

74 *https://www.welt.de/politik/deutschland/article174355927/Fluechtlingskrise-Migranten-nutzen-zunehmend-Flugrouten-nach-Deutschland.html* vom 09.03.2018, Zugriff: 11.04.2018.

75 *https://de.statista.com/statistik/daten/studie/451902/umfrage/asylantraege-in-deutschland-nach-bundeslaendern/*, Zugriff: 02.09.2018.

76 *https://de.statista.com/statistik/daten/studie/293189/umfrage/asylantraege-in-oesterreich/*, Zugriff: 02.09.2018.

77 Umschlagteil der *Sonntagskrone, Kronen Zeitung*, 21.01.2018, S. 8.

78 European Political Strategy Centre, *EPSC Strategic Notes*, Issue 22, 02.02.2017, »Irregular Migration via the Central Mediterranean From Emergency Responses to Systemic Solutions«, *https://ec.europa.eu/epsc/publications/strategic-notes/irregular-migration-central-mediterranean_en*, Zugriff: 07.06.2017.

79 »Aufgedeckt: 6 Mio. Flüchtlinge wollen nach Europa«, *http://www.oe24.at/welt/Aufgedeckt-6-Mio-Fluechtlinge-wollen-nach-Europa/269923308*, Zugriff: 22.02.2017.

80 *https://de.wikipedia.org/wiki/Flüchtlingskrise_in_Europa_ab_2015*, Zugriff: 11.02.2016.

81 Vorschlag Verordnung Dublin IV, *https://eur-lex.europa.eu/legal-content/EN/TXT/?qid=1542185970268&uri=CELEX:52016PC0270(01)* vom 04.05.2016, Zugriff: 29.08.2018.

82 »EU-Asylreform: Standpunkt des Parlaments zur Dublin-Verordnung«, *http://www.europarl.europa.eu/news/de/headlines/world/20180615STO05927/eu-asylreform-standpunkt-des-parlaments-zur-dublin-verordnung* vom 20.06.2018, Zugriff: 29.08.2018.

83 »Balkan-Länder ratlos: ›Flüchtlinge kommen von allen Seiten‹«, *http://mobil.krone.at/1711734* vom 23.05.2018, Zugriff: 28.05.2018.

84 »Balkan-Länder ratlos: ›Flüchtlinge kommen von allen Seiten‹«, *http://mobil.krone.at/1711734* vom 23.05.2018, Zugriff: 28.05.2018.

85 »Die EU hat 512 Millionen Einwohner«, *Die Presse*, 11.07.2017, S. 5.

86 *Russia Today* (RT), 01.07.2017, 18:06 Uhr.

87 »Größter Teil in Wien. Kindergeld: 257 Millionen Euro für Ausländer«, *https://www.krone.at/588591* vom 14.09.2017, Zugriff: 15.09.2017.

88 *https://kurier.at/politik/inland/tuerken-privileg-seit-1970-vertrag-verbietet-integrationsmassnahmen/400028596* vom 29.04.2018, Zugriff: 03.05.2018.

89 ELSÄSSER, 9/2015, S. 12 f.

90 Ebd.

91 Migrationshintergrund« (Definition): »Eine Person hat dann einen Migrationshintergrund, wenn sie selbst oder mindestens ein Elternteil nicht mit deutscher Staatsangehörigkeit geboren ist.« Die Definition umfasst im Einzelnen folgende Personen:
① zugewanderte und nicht zugewanderte Ausländer;
② zugewanderte und nicht zugewanderte Eingebürgerte;
③ (Spät-)Aussiedler;
④ mit deutscher Staatsangehörigkeit geborene Nachkommen der drei zuvor genannten Gruppen. Quelle: Statistisches Bundesamt: Fachserie 1, Reihe 2.2 »Bevölkerung und Erwerbstätigkeit, Bevölkerung mit Migrationshintergrund, Ergebnisse des Mikrozensus«, Wiesbaden 2017. Abweichend hiervon werden im Zensus 2011 als Personen mit Migrationshintergrund alle zugewanderten und nicht zugewanderten Ausländer/-innen sowie alle nach 1955 auf das heutige Gebiet der BRD zugewanderten Deutschen und alle Deutschen mit zumindest einem nach 1955 auf das heutige Gebiet der BRD zugewanderten Elternteil definiert. Quelle: Statistisches Bundesamt: »Zensus 2011: Ausgewählte Ergebnisse«, Wiesbaden 2013, S. 26, *https://www.destatis.de/DE/PresseService/Presse/Pressekonferenzen/2013/Zensus2011/Pressebroschuere_zensus2011.pdf?__blob=publicationFile*, Zugriff: 20.10.2017.

92 »Die soziale Situation in Deutschland: Bevölkerung mit Migrationshintergrund I«, *http://www.bpb.de/nachschlagen/zahlen-und-fakten/soziale-situation-in-deutschland/61646/migrationshintergrund-i*, Zugriff: 03.01.2017.

93 GEGENARGUMENTE, 2014, S. 4.

94 ELSÄSSER, 9/2015, S. 12 f.

95 n-tv, 14.07.2016, 16:02 Uhr.

96 *Russia Today* (RT), *SophieCo:* »Ex-BND-Chef August Hanning: Geheimdienste in Zeiten von Flüchtlingskrise und Terrorismus«, 13.05.2016, 07:15 Uhr, *https://deutsch.rt.com/inland/38279-ex-bnd-chef-august-hanning/* (ab 10:34 Minuten).

97 *Zeit Online*: »Migration – Nie kamen mehr Menschen nach Deutschland als 2015«, 14.07.2016, *https://www.zeit.de/politik/deutschland/2016-07/migration-fluechtlinge-deutschland-statistisches-bundesamt-2015-zuwanderung*.

98 »90 Prozent der Zuwanderer wollen in Deutschland bleiben«, *https://www.welt.de/wirtschaft/article161217316/90-Prozentder-Zuwanderer-wollen-in-Deutschland-bleiben.html* vom 16.01.2017, Zugriff: 22.11.2018.

99 »Erwartungen der Bundesregierung: Über dreieinhalb Millionen Flüchtlinge bis 2020«, *https://de.sputniknews.com/gesellschaft/20160225308075933-bundesregierung-3-5-millionen-fluechtlinge-2020/* vom 25.02.2016 (aktualisiert: 25.02.2016 um 10.00 Uhr), Zugriff: 27.02.2017.

100 »Die soziale Situation in Deutschland: Bevölkerung mit Migrationshintergrund I«, *http://www.bpb.de/nachschlagen/zahlen-und-fakten/soziale-situation-in-deutschland/61646/migrationshintergrund-i*, Zugriff: 03.01.2017.

101 Hartmut Bauer, Christiane Büchner, Olaf Gründel (Hg.): *Demografischer Wandel – Herausforderung für die Kommunen*, 3. Auflage, Universitätsverlag Potsdam, Potsdam 2015, S. 24.

102 *https://www.welt.de/politik/deutschland/plus171222706/Deutschland-bleibt-Europas-Asylmagnet.html* vom 04.12.2017, Zugriff: 07.02.2018.

103 *https://www.welt.de/politik/deutschland/article174355927/Fluechtlingskrise-Migranten-nutzen-zunehmend-Flugrouten-nach-Deutschland.html* vom 09.03.2018, Zugriff: 11.04.2018.

104 Statistisches Bundesamt, 2015: »Höchststände bei Zuwanderung und Wanderungsüberschuss in Deutschland«, *https://www.destatis.de/DE/PresseService/Presse/Pressemitteilungen/2016/07/PD16_246_12421.html*, Zugriff: 09.07.2017.

105 Dorothea Siems: »Deutschlands Talente verlassen in Scharen das Land«, *https://www.welt.de/politik/deutschland/article138249483/Deutschlands-Talente-verlassen-in-Scharen-das-Land.html* vom 10.03.2015, Zugriff: 09.07.2017.

106 Ulfkotte, 2011, S. 84 ff.

107 *Migration & Integration – Zahlen. Daten. Indikatoren 2014*, S. 8, *https://www.integrationsfonds.at/fileadmin/content/Statistisches_Jahrbuch_2014.pdf*.

108 Ebd, S. 9.

109 Ebd., S. 17.

110 Aladin El-Mafaalani: Vortrag »Was bedeutet es, ein Einwanderungsland zu sein?«, *http://www.uni-stuttgart.de/zlw/bilder/stuttgart_6_2016_El-Mafaalani.pdf* vom 03.06.2016, Zugriff: 03.07.2017.

111 *https://m.kurier.at/chronik/wien/integrationsmonitor-jeder-dritte-wiener-im-ausland-geboren/298.328.649* vom 16.11.2017, Zugriff: 01.02.2018.

112 *Migration & Integration – Zahlen. Daten. Indikatoren 2015*, S. 3, *https://www.integrationsfonds.at/fileadmin/content/Statistisches_Jahrbuch_migration_integration_2015_.pdf*, Zugriff: 08.10.2018.
113 »Migrationsreform ohne drei«, *Die Presse*, 16.12.2018, S. 8.
114 *https://www.integrationsfonds.at/fileadmin/content/Statistisches_Jahrbuch_migration_integration_2015_.pdf*, S. 7, Zugriff: 22.11.2018.
115 Ebd., S. 8.
116 *Migration & Integration – Zahlen. Daten. Indikatoren 2016*, S. 8, *https://www.integrationsfonds.at/fileadmin/content/migrationintegration-2016.pdf*, S. 7, Zugriff: 22.11.2018.
117 Ebd., S. 8.
118 *Migration & Integration – Zahlen. Daten. Indikatoren 2017*, *Statistisches_Jahrbuch_migration_integration_2017.pdf* (Download-Datei), S. 7, Zugriff: 26.11.2018.
119 Ebd., S. 8 f.
120 »Zuwanderung deutlich gesunken«, *Die Presse*, 24.05.2017, S. 8.
121 *http://oesterreich.orf.at/stories/2893954/* vom 06.02.2018, Zugriff: 12.04.2018.
122 *https://www.tichyseinblick.de/kolumnen/alexander-wallasch-heute/eskalation-bei-zuwanderungs-studien-daten-werden-einfach-gefaelscht/* vom 05.02.2018, Zugriff: 08.02.2018.
123 *http://diepresse.com/home/innenpolitik/5117853/38939-illegal-Eingereiste-wurden-bis-Ende-August-aufgegriffen*, Zugriff: 08.06.2017.
124 38939:30 Kalenderwochen = 1297,97.
125 Migrationsrat für Österreich, *Bericht des Migrationsrats: Migration verstehen – Migration steuern*, Bundesministerium für Inneres, Herrengasse 7, A-1010 Wien, Büro für visuelle Kommunikation, Fressbronn, 2016, S. 20, *http://www.infografiken.com/bmi-at/Flipbook.html#p=20*.
126 »Österreich: Ohne Zuwanderung schrumpft die Bevölkerung«, *http://diepresse.com/home/panorama/oesterreich/5077790/Ohne-Zuwanderung-schrumpft-die-Bevoelkerung* vom 31.08.2016, Zugriff: 23.01.2017.
127 Beck, 2016, S. 64.
128 »Wir werden alle sterben«, *Die Presse*, 22.11.2017, S. 26, *https://diepresse.com/home/meinung/gastkommentar/5325117/Gastkommentar_Wir-werden-alle-sterben*.
129 »Wirtschaft will stärkere Zuwanderung«, *Die Presse*, 22.11.2017, S. 15.
130 »Flucht nach Europa: Der größte Andrang kommt erst«, 15.08.2016, *https://www.krone.at/524820*, Zugriff: 22.08.2016.
131 Ebd.

132 Ebd.
133 *Russia Today* (RT), 14.07.2017, 07:18 Uhr.
134 KLEINA, 2015, S. 2 f.
135 *https://www.kleinezeitung.at/politik/aussenpolitik/4789829/Mali_Weg-wollen-wir-hier-alle?from=suche.intern.portal*, Zugriff: 31.07.2015.
136 *Gallup World Poll: The Many Faces of Global Migration, No. 43, IOM Migration Research Series*, 2011, S. 13, *https://publications.iom.int/system/files/pdf/mrs43.pdf.*
137 Ebd., S.2.
138 Ebd., S. 13 f.
139 »Geheimbericht: 200 000 Afrikaner wollen noch heuer nach Europa!«, 01.09.2016, *https://www.krone.at/527432*, Zugriff: 01.09.2016.
140 »Ruhe vor dem Sturm: Kommt jetzt das nächste Flüchtlingschaos?«, *http://m.oe24.at/welt/Kommt-jetzt-das-naechsteFluechtlingschaos/266761043* vom 25.01.2017, Zugriff: 27.01.2017.
141 VOGT, 2015, siehe im Video ab 9 Minuten, 28 Sekunden.
142 *Kronen Zeitung*, 28.01.2018, S. 22.
143 ORF Zib2, 25.02.2016, Zugriff über YouTube: *https://www.youtube.com/watch?v=zyGWcxjRmoI*, veröffentlicht am 25.02.2016; Zugriff: 28.02.2016.
144 *http://www.spiegel.de/politik/ausland/gerd-mueller-warnt-vor-100-millionen-fluechtlingen-aus-afrika-a-1152670.html* vom 18.06.2017, Zugriff: 11.07.2017.
145 »Große Migrationswelle kommt noch«, *Die Presse*, 21.11.2017, S. 11.
146 »Afrika: Neue Welle von Jobmigranten«, *Die Presse*, 23.01.2018, S. 15.
147 »Afrika: Neue Welle von Jobmigranten«, *Die Presse*, 23.01.2018, S. 15.
148 *Salzburger Nachrichten*, 18.03.2016, S. 4.
149 »Israels Losung: ›Flugticket oder Gefängnis‹«, *Die Presse*, 12.01.2018, S. 4.
150 *https://www.zeit.de/politik/ausland/2018-04/asylpolitik-israel-abschiebung-stopp-fluechtlinge-afrika* vom 24.04.2018, Zugriff: 03.05.2018.
151 Stephanie Pack: »Totale Abschottung wird nicht funktionieren«, Leitartikel, *Salzburger Nachrichten*, 18.03.2016, S. 1.
152 Der bekannte Autor Udo Ulfkotte (2017 verstorben) hat den Begriff »Migrationsindustrie« geprägt. Diese Bezeichnung wird hier nicht verwendet, da Industrie etwas erschafft. Dies kann man in Bezug auf die Migrationsbetreiber nicht erkennen. Vielmehr verbrauchen und vernichten sie Volksvermögen und Ressourcen!
153 ENGDAHL, 2015.
154 BARGATZKY, 2016.

155 *https://de.wikipedia.org/wiki/Richard_Nikolaus_Coudenhove-Kalergi*, Zugriff: 11.02.2016.

156 Ebd.

157 *https://www.euractiv.de/section/osterreich/news/juncker-erhalt-coudenhove-kalergi-europapreis/*, Zugriff:11.02.2016.

158 *https://de.wikipedia.org/wiki/Richard_Nikolaus_Coudenhove-Kalergi*, Zugriff: 11.02.2016.

159 Klaus et al., 2016, S. 50.

160 Coudenhove-Kalergi, 1925.

161 Ebd., S. VI.

162 Ebd., S. IV.

163 Ebd., S. 9.

164 Ebd., S. 10.

165 Im Übrigen ist »Sozialismus« hier im weitesten Sinne gemeint, also im Sinne des Kommunismus. Coudenhove-Kalergi hat auch eine sehr hohe Meinung von der bolschewistischen Revolution in Russland im Allgemeinen (Coudenhove-Kalergi, 1925, S. 33) und von Lenin und Trotzki im Besonderen (Coudenhove-Kalergi, 1925, S. 45).

166 Coudenhove-Kalergi, 1925, S. 11.

167 Allein die wohl überall als abschätzig empfundene Bezeichnung »Inzuchtprodukt« lässt wohl schon klar darauf schließen, dass das Herz dieses Herrn eher nicht für diese Gattung von Mensch schlägt!

168 Coudenhove-Kalergi, 1925, S. 20 f.

169 Ebd., S. 22.

170 Ebd., S. 23.

171 Ebd., S. 22.

172 Ebd., S. 28.

173 Ebd., S. 28.

174 Ebd., S. 22.

175 Ebd., S. 31.

176 Ebd., S. 32 f.

177 Ebd., S. 33.

178 Ebd., S. 36.

179 *https://de.wikipedia.org/wiki/Barbara_Coudenhove-Kalergi*, Zugriff: 03.05.2018.

180 *https://derstandard.at/2000010102927/Eine-Voelkerwanderung* vom 07.01.2015, Zugriff: 03.05.2018.

181 Ebd.

182 *https://www.bundesregierung.de/Content/DE/Mitschrift/Pressekonferenzen/2016/07/2016-07-28-bpk-Merkel.html*, Zugriff: 24.08.2016.

183 Coudenhove-Kalergi, 1925, S. 57.

184 Wer sich eingehender mit den Verbrechen des Kommunismus beschäftigen will, dem sei Das Schwarzbuch des Kommunismus von Courtois et al., 1999, empfohlen.

185 *http://www.spektrum.de/lexikon/psychologie/todestrieb/15627*, Zugriff: 19.07.2017.

186 »Das Kriegsende. Der Unfriede von Versailles«, *http://www.spiegel.de/spiegelspecial/a-296153.html* vom 30.03.2004, Zugriff: 04.07.2017.

187 *https://de.wikipedia.org/wiki/Theodore_Newman_Kaufman*, Zugriff: 08.10.2018.

188 Ebd., Zugriff: 12.02.2016.

189 Kaufman, 1941, S. 3.

190 Klaus Wiegrefe: »Churchill und die Deutschen: ›Feist, aber machtlos‹«, *Spiegel Online*, 13.08.2010.

191 Effenberger et al., 2004, S. 314, 336.

192 Buchanan, 2008, S. 312.

193 Buchanan, 2008, S. 406.

194 Kaufman, 1941, S. 2 f.

195 Ebd., S. 4.

196 Ebd., S. 10.

197 Römer, 2007, S. 29.

198 Kaufman, 1941, S. 68.

199 Ebd., S. 66.

200 Ebd., S. 70.

201 *https://en.wikipedia.org/wiki/Germany_Must_Perish!*, Zugriff: 11.09.2017.

202 *https://de.wikipedia.org/wiki/Earnest_Hooton*, Zugriff: 11.02.2016.

203 Ebd.

204 Ebd.

205 »Hooton-Plan. Wie lasse ich ein Volk verschwinden«, *http://www.anonymousnews.ru/2016/08/28/hooton-plan-wie-lasse-ich-ein-volk-verschwinden/*, 28.08.2016, Zugriff: 06.07.2017.

206 *https://en.wikipedia.org/wiki/Louis_Nizer*, Zugriff: 28.01.2016.

207 »Hooton-Plan, Wie lasse ich ein Volk verschwinden«, *http://www.anonymousnews.ru/2016/08/28/hooton-plan-wie-lasse-ich-ein-volk-verschwinden/*, 28.08.2016, Zugriff: 06.07.2017.

208 *http://www.afd-troisdorf.de/ntd/uploads/DerProzent20Hooton-PlanProzent20.pdf*, Zugriff: 28.01.2016, (bei Redaktionsschluss war dieser Link leider nicht mehr zugänglich und auch sonst nicht mehr auffindbar).

209 *https://en.wikipedia.org/wiki/Louis_Nizer*. Siehe hier unter »External Links«, Punkt 2 (»Works related to What To Do With Germany at Wikisource«), den Verweis auf Nizers Buch unter *https://en.wikisource.org/wiki/What_To_Do_With_Germany*, Zugriff: 28.01.2016.

210 Ebd.

211 *https://archive.org/details/whattodowithgermoonizerich/page/n3*, Zugriff: 08.10.2018.

212 Ebd.

213 *https://de.wikipedia.org/wiki/Earnest_Hooton*, Zugriff: 11.02.2016.

214 Effenberger et al., 2004, S. 344 und 348 f.

215 Ebd., S. 376.

216 *https://de.wikipedia.org/wiki/Eleanor_Roosevelt*, Zugriff: 31.08.2016.

217 Effenberger et al., 2004, S. 348 f. und Buchanan, 2008, S. 312, 370 f.

218 Buchanan, 2008, S. 312.

219 Effenberger et al., 2004, S. 348 f.

220 Buchanan, 2008, S. 370 f.

221 Effenberger et al., 2004, S. 348 f.

222 Ebd.

223 Buchanan, 2008, S. 370.

224 Buchanan, 2008, S. 371.

225 Buchanan, 2008, S. 406.

226 Effenberger et al., 2004, S. 349.

227 Buchanan, 2008, S. 371.

228 Effenberger et al., 2004, S. 357.

229 Mee, 1977, S. 23.

230 *http://www.afd-troisdorf.de/ntd/uploads/DerProzent20Hooton-PlanProzent20.pdf*, Zugriff: 28.01.2016 (bei Redaktionsschluss war dieser Link leider nicht mehr zugänglich und auch sonst nicht mehr auffindbar).

231 Wobei natürlich jedem klar sein muss, dass »multikulturelle Demokratie« ein Widerspruch in sich selbst ist. Denn Demokratie setzt eine relativ homogene ethnisch-kulturelle Bevölkerung mit im Wesentlichen sehr ähnlichen Wert- und Lebensvorstellungen voraus. Sich zum Teil gegenseitig ausschließende Wert- und Lebensvorstellungen (zum Beispiel Rolle der Frau im Christentum vs. Islam) können nicht der demokratischen Entscheidungsmethode von 51 gegen 49 Prozent unterworfen werden.

232 Sehr detailliert siehe RODE, 2012, S. 45–140.
233 Titel einer DVD des Kopp Verlags: *Geopolitik-Kongress in Augsburg: Warum die Welt keinen Frieden findet!*, 29.10.2016.
234 RODE, 2012.
235 BRZEZIŃSKI, 1997.
236 BRZEZIŃSKI, 2015.
237 *https://de.wikipedia.org/wiki/Halford_Mackinder*, Zugriff: 11.02.2016.
238 RODE, 2012, S. 20.
239 *https://de.wikipedia.org/wiki/Heartland-Theorie*, Zugriff: 12.02.2016.
240 *https://de.wikipedia.org/wiki/Karl_Rove*, Zugriff: 11.02.2016.
241 WISNEWSKI, 2011, S. 5.
242 *https://de.wikipedia.org/wiki/Zbigniew_Brzeziński*, Zugriff: 11.02.2016.
243 BRZEZIŃSKI, 2015, S. 15 f.
244 MELISCH, 2007, S. 25.
245 *https://de.wikipedia.org/wiki/George_Friedman*, Zugriff: 12.02.2016.
246 *https://www.youtube.com/watch?v=LvrvlZCmZQA* bei 10 Minuten, 13 Sekunden, Zugriff: 13.11.2018.
247 *https://www.youtube.com/watch?v=LvrvlZCmZQA* bei 11 Minuten, 30 Sekunden, Zugriff: 13.11.2018.
248 EFFENBERGER, 2016.
249 ENGDAHL, 2015, S. 55.
250 MELISCH, 2007, S. 23.
251 *https://de.wikipedia.org/wiki/Thomas_P._M._Barnett*, Zugriff: 11.02.2016.
252 *https://en.wikipedia.org/wiki/Clash_of_Civilizations*, Zugriff: 06.07.2017.
253 *https://de.wikipedia.org/wiki/Thomas_P._M._Barnett*, Zugriff: 11.02.2016.
254 MELISCH, 2007, S. 35.
255 BARNETT, 2004 und BARNETT, 2005.
256 MELISCH, 2007.
257 BARNETT, 2004, S. 196 ff.
258 BARNETT, 2004, S. 122.
259 MELISCH, 2007, S. 43.
260 BARNETT, 2004, S. 197 f.
261 BARNETT, 2004, S. 301.
262 BARNETT, 2004, S. 199 ff.
263 BARNETT, 2004, S. 205.
264 BARNETT, 2004, S. 171.
265 BARNETT, 2004, S. 356.
266 BARNETT, 2004, S. 376.

267 Melisch, 2007, S. 57–60.
268 Barnett, 2005, S. 51 ff.
269 Melisch, 2007, S. 57–60.
270 Barnett, 2005, S. 270.
271 Barnett, 2005, S. 282.
272 Barnett, 2005, S. 272 ff.
273 Melisch, 2007, S. 11 f.
274 Engdahl, 2015, S. 8; als Beispiele führt er an: Rockefeller, Rothschild, Soros, Buffet (Engdahl, 2015, S. 12) sowie Gates, Russel, Astor, Bundy, DuPont, Freeman … und ihre rund 150 global agierenden Konzerne, angeführt von den Banken der Wall Street und der City of London (Engdahl, 2015, S. 19 f.).
275 Brzeziński, 2015, S. 8.
276 Friederike Beck: »Wie ein Zusammenschluss von Stiftungen der superreichen Weltelite und durch sie finanzierte und mit Steuergeldern geförderte NGOs die Migration nach Europa leiten – Teil I: Die ›International Migration Inititative‹ der Zwölf«, *http://web.archive.org/web/20170702044015/http://info.kopp-verlag.de/hintergruende/geostrategie/friederike-beck/wie-das-big-money-die-migrationskorridore-nach-europa-steuert-teil-i-die-international-migration.html* vom 10.10.2015, Zugriff: 13.11.2018.
277 *http://www.breitbart.com/london/2015/09/15/hungarianpm-slams-soros-funded-advocacy-groups-they-are-drawing-aliving-from-the-immigration-crisis/* vom 15.09.2015, Zugriff: 09.07.2017.
278 Ebd.
279 Friederike Beck: »Wie ein Zusammenschluss …« (siehe Anm. 276).
280 *Russia Today* (RT), 16.08.2016, 12:20 Uhr; *https://de.wikipedia.org/wiki/Farbrevolutionen*, Zugriff: 09.07.2017; *https://www.pravda-tv.com/2016/05/clinton-ist-eine-marionette-von-george-soros-das-haessliche-gesicht-hinter-vielen-protestbewegungen/* vom 26.05.2016, Zugriff: 10.07.2017.
281 *https://www.pravda-tv.com/2016/05/clinton-ist-eine-marionette-von-george-soros-das-haessliche-gesicht-hinter-vielen-protestbewegungen/* vom 26.05.2016, Zugriff: 10.07.2017.
282 Eigenbeschreibung gemäß Quelle (siehe unten): »Avaaz.org ist ein weltweites Kampagnennetzwerk mit 47 Millionen Mitgliedern, das sich zum Ziel gesetzt hat, den Einfluss der Ansichten und Wertvorstellungen aller Menschen auf wichtige globale Entscheidungen durchzusetzen. (›Avaaz‹ bedeutet ›Stimme‹ oder ›Lied‹ in vielen Sprachen). Avaaz-Mitglieder gibt es in jedem Land dieser Erde; unser Team verteilt sich über 18 Länder und

sechs Kontinente und arbeitet in 17 verschiedenen Sprachen. Erfahren Sie hier etwas über einige der größten Aktionen von Avaaz oder folgen Sie uns auf Facebook oder Twitter. … oder rufen Sie uns an unter: +1 1-888-922-82 29 (USA).« Quelle: E-Mail | Von: »René Engel – Avaaz« <avaaz@avaaz.org>, Datum: 29. August 2018, 07:43:07 MESZ. An: »>, Betreff: Chemnitz«.

283 E-Mail | Von: »René Engel – Avaaz« <avaaz@avaaz.org>, Datum: 29. August 2018, 07:43:07 MESZ. An: »>, Betreff: Chemnitz«.

284 *https://www.mmnews.de/vermischtes/86774-regisseur-fordert-napalm-auf-sachsen?utm_source=Nachrichten-Fabrik.de&utm_content=link* vom 28.08.2018, Zugriff: 31.08.2018. Darüber hinaus siehe *https://www.journalistenwatch.com/2018/08/28/der-hass-chemnitz/* vom 28.08.2018, Zugriff: 08.10.2018.

285 *https://www.statistik.sachsen.de/html/40866.htm*, Zugriff: 31.08.2018.

286 Ein Sittenbild des politisch-medialen Komplexes der BRD und seines Bevölkerungsaustauschprogrammes ist der in allen »Qualitätsmedien« und von Vertretern aller Systemparteien vertretene und natürlich »verurteilte« Narrativ der angeblichen »Hetzjagden« in Chemnitz im Zusammenhang mit dem vorangegangenen Mord an Daniel H. und den anschließenden weitgehend friedlichen Demonstrationen. Eine einzige, sekundenkurze Videoaufnahme, die angeblich eine Hetzjagd zeigen soll, wurde von einer Organisation mit Namen »Antifa Zeckenbiss« gefilmt und ins Netz gestellt. Zur »Hetzjagd« hochstilisiert wurde diese Kurzsequenz dann durch die Behauptung des Regierungssprechers Seibert, der von »Zusammenrottungen, Hetzjagden auf Menschen anderen Aussehens und anderer Herkunft« sprach, und von Merkel, die angab: »Wir haben Videoaufnahmen darüber, dass es Hetzjagden gab, Zusammenrottungen.« Dieser Darstellung widersprach Wolfgang Klein, Sprecher der Generalstaatsanwaltschaft Sachsen, mit den Worten: »Nach allem uns vorliegenden Material hat es in Chemnitz keine Hetzjagd gegeben.« Dies zeigt zum wiederholten Male die inländerfeindliche Zusammenarbeit der extremen und gewaltbereiten Linksradikalen mit der Spitze der Bundesregierung auf. Und es macht darüber hinaus deutlich, dass Merkel auch persönlich nicht vor diffamierenden Lügen zurückschreckt, um den Widerstand der autochthonen Bevölkerung gegen ihre Überfremdungspolitik zu brechen. Quelle: *https://www.journalistenwatch.com/2018/09/02/generalstaatsanwalt-merkel-luege/* vom 02.09.2018, Zugriff: 02.09.2018.

287 *https://www.pravda-tv.com/2017/02/wikileaks-clintonobama-und-soros-*

stuerzten-papst-benedikt-bei-einem-putschim-vatikan/ vom 08.02.2017, Zugriff: 10.07.2017.

288 »Migration, Gefahr für Menschenschlepper und ihre Helfer: Schiff der ›Identitären‹ auf dem Weg nach Sizilien«, *https://philosophia-perennis.com/2017/07/22/defend-europe/* vom 22.07.2017, Zugriff: 13.09.2017.

289 George Soros: »Der Umbau des Asylsystems«, *https://www.project-syndicate.org/commentary/rebuilding-refugee-asylum-system-by-george-soros-2015-09/german* vom 26.09.2015, Zugriff: 09.07.2017.

290 Die Bezeichnung »Irrsinn« für das Verhalten der EU in der Migrationsfrage stammt nicht vom Autor dieser Arbeit. Sie stammt vom belgischen Minister für Migration. Dieser sagte wörtlich: »EU's migration rescue operation Sophia is lunacy (Irrsinn).« *Russia Today* (RT), 18.07.2017, 08:02 Uhr.

291 George Soros: »Der Umbau des Asylsystems«, Quelle siehe Anm. 289.

292 Ebd.

293 Ebd.

294 Ebd.

295 *https://www.project-syndicate.org/commentary/refugee-reform-europe-by-mohamed-a--el-erian-2015-09?version=german&barrier=accessreg* vom 21.09.2015, Zugriff: 10.07.2017. (Für diese Website ist eine Registrierung erforderlich.)

296 Andreas von Rétyi: »Merkel, Migranten und Manipulation: Wie George Soros die Bundeskanzlerin berät«, *https://de.news-front.info/2016/03/23/merkel-migranten-und-manipulation-wie-george-soros-die-bundeskanzlerin-berat-vonandreas-von-retyi/*, Zugriff: 09.10.2018.

297 *https://www.welt.de/politik/deutschland/article153370532/Das-Geld-aus-Europa-ist-kein-schmutziger-Deal.html* vom 16.03.2016, Zugriff: 09.10.2018.

298 Andreas von Rétyi: »Merkel, Migranten ...«, Quelle siehe Anm. 296.

299 *http://www.ecfr.eu/council/members*, Zugriff: 01.02.2018.

300 *https://www.info-direkt.eu/2017/10/03/christian-kern-gibt-zu-ich-habe-enges-verhaeltnis-zu-soros/* vom 01.10.2017, Zugriff: 01.02.2018.

301 *https://web.archive.org/web/20180223195826/https://opposition24.com/Merkel-co-ein-haus/354709* vom 15.09.2017, Zugriff: 15.11.2018.

302 *Russia Today* (RT), 12.07.2017, 11:20 Uhr.

303 *https://www.un.org/press/en/2017/sga1712.doc.htm* vom 09.03.2017, Zugriff: 12.04.2018.

304 Friederike Beck: »Die Kriegserklärung der globalen Elite an die

Nationalstaatlichkeit Europas« vom 15.11.2015, *https://plus.google.com/102362902270752381288/posts/NagD4Nej5sE*, Zugriff: 09.10.2018.

305 Ebd.

306 *https://www.cfr.org/event/global-response-mediterranean-migration-crisis* vom 30.09.2015, Zugriff: 10.07.2017.

307 *https://news.un.org/en/story/2015/10/511282-interview-refugees-are-responsibility-world-proximity-doesnt-define* vom 02.10.2015, Zugriff: 10.07.2017.

308 Friederike Beck: »Die Kriegserklärung …«; Quelle siehe Anm. 304.

309 Ebd.

310 Ebd.

311 Siehe Anm. 307

312 Ebd.

313 *https://de.wikipedia.org/wiki/9._Sinfonie_(Beethoven)#Text*, Zugriff: 10.07.2017.

314 Siehe Anm. 307.

315 Ebd.

316 *https://www.cfr.org/event/global-response-mediterranean-migration-crisis* vom 30.09.2015, Zugriff: 09.10.2017.

317 Ebd.

318 Melisch, 2007, S. 34.

319 Ebd., S. 31 f.

320 *alles roger? Das Querformat für Querdenker,* Ausgabe September 2018, S. 12.

321 Gerhard Frey: *Wer? Was? Wann? – Zitate entlarven Prominente,* DSZ-Verlag GmbH, München, 2008, S. 70 f.

322 Korn, 2006, S. 43.

323 Melisch, 2007, S. 21.

324 *https://diepresse.com/home/innenpolitik/4944049/Kardinal-Schoenborn_Koennen-uns-auf-Dauer-nicht-einmauern* vom 11.03.2016, Zugriff: 24.08.2016.

325 Michael Laczynski: »EU fixiert Zweckehe mit Ankara«, *Die Presse,* 19.03.2016, S. 1.

326 Susanne Güsten: »Türkei als ›Freiluftgefängnis‹ für Flüchtlinge?«, *Die Presse,* 22.03.2016.

327 »Replacement Migration: Is It a Solution to Declining and Ageing Populations?«, ST/ESA/SER.A/206, United Nations Publication, Sales No. E.01.XIII.19, ISBN 92-1-151362-6, *http://www.un.org/esa/population/publications/migration/migration.htm*, 2001, Zugriff: 13.03.2016.

328 Abteilung Bevölkerungsfragen, Vereinte Nationen: »Bestandsehaltungs-migration: Eine Lösung für abnehmende und alternde Bevölkerungen?«, *http://www.un.org/esa/population/publications/migration/execsumGerman.pdf*, 2001, Zugriff: 13.03.2016.

329 *http://www.un.org/esa/population/publications/migration/execsumGerman.pdf*, Zugriff: 01.02.2018.

330 Ebd.

331 Ebd.

332 »Replacement Migration: Is It a Solution to Declining and Ageing Populations?«, ST/ESA/SER.A/206, United Nations Publication, Sales No. E.01.XIII.19, ISBN 92-1-151362-6, *http://www.un.org/esa/population/publications/migration/migration.htm*, 2001, Zugriff: 13.03.2016.

333 *http://www.un.org/esa/population/publications/ReplMigED/chap5-Concl.pdf*, 2001, S. 99, Zugriff: 13.03.2016.

334 *http://www.un.org/esa/population/publications/ReplMigED/Germany.pdf*, 2001, S. 42, Zugriff: 13.03.2016.

335 *https://data2.unhcr.org/en/documents/download/57367*, Zugriff: 11.07.2017.

336 *https://diepresse.com/home/ausland/aussenpolitik/5352085/Vereinte-Nationen_Plaedoyer-fuer-Migranten* vom 11.01.2018, Zugriff: 01.02.2018.

337 *https://en.wikipedia.org/wiki/António_Guterres#Other_activities*, Zugriff: 01.02.2018.

338 UNHCR, »The UN Refugee Agency«, *http://www.unhcr.org/new-york-declaration-for-refugees-and-migrants.html*, Zugriff: 26.08.2018.

339 *https://refugeesmigrants.un.org/declaration* vom September 2016, Zugriff: 26.08.2018.

340 UNHCR, »The UN Refugee Agency«, *http://www.unhcr.org/new-york-declaration-for-refugees-and-migrants.html*, Zugriff: 26.08.2018.

341 Deutsche Gesellschaft für die Vereinten Nationen e. V., *https://www.dgvn.de/meldung/globaler-pakt-fuer-eine-sichere-geordnete-und-regulaere-migration/* vom 17.07.2018, Zugriff: 26.08.2018.

342 Ebd.

343 *https://www.epochtimes.de/politik/europa/pakt-verleitet-millionen-menschen-zur-auswanderung-ungarn-zieht-sich-aus-un-migrationsdeal-zurueck-a2496926.html?text=1#* vom 18.07.2018, aktualisiert am 19.07.2018, 18:32 Uhr, Zugriff: 27.08.2018.

344 *https://www.tagesschau.de/ausland/un-migration-pakt-101.html* vom 14.07.2018, 01:55 Uhr, Zugriff: 27.08.2018.

345 Deutsche Gesellschaft für die Vereinten Nationen e. V., *https://www.dgvn.*

de/meldung/globaler-pakt-fuer-eine-sichere-geordnete-und-regulaere-migration/ vom 17.07.2018, Zugriff: 26.08.2018.

346 »Global Compact for Safe, Orderly And Regular Migration«, final draft, *https://www.un.org/pga/72/wp-content/uploads/sites/51/2018/07/migration.pdf* vom 11.07.2018, Zugriff: 28.08.2018.

347 ZDF-Sendung »Was nun?« vom 13.11.2015, *https://www.youtube.com/watch?v=25RiywQZ3xw*, von 29:52 bis 30:06, Zugriff: 17.05.2018.

348 *http://www.lse.ac.uk/website-archive/newsAndMedia/newsArchives/2016/06/Migration-does-not-slow-rate-of-ageing-population.aspx* vom 14.06.2016, Zugriff: 11.07.2017.

349 Tassilo Wallentin: »Das Ende einer Illusion«, *Die Krone*, 27.05.2016, S. 10.

350 »Warnung aus Schweiz: Zuwanderung kommt den Bürgern langfristig teuer«, *https://www.krone.at/1763081*, 29.08.2018, Zugriff: 31.08.2018.

351 Peter Rabl: »Statt über Studien streiten einfach hinschauen und zuhören«, *Die Presse*, 11.07.2017, S. 23.

352 *http://www.citizensuk.org/missing_muslims* vom 03.07.2017, Zugriff: 11.07.2017.

353 »Das gemeinsame Neuansiedlungsprogramm der EU«, *https://eur-lex.europa.eu/legal-content/DE/TXT/?uri=LEGISSUM:jl0029* vom 11.12.2009, Zugriff: 25.01.2017.

354 »Verbesserung der legalen Migrationskanäle: Kommission schlägt EU Neuansiedlungsrahmen vor«, Europäische Kommission – Pressemitteilung, *http://europa.eu/rapid/press-release_IP-16-2434_de.htm*, Brüssel, 13.07.2016, Zugriff: 21.01.2017.

355 Ebd.

356 Siehe Anm. 354: *http://europa.eu/rapid/press-release_IP-16-2434_de.htm.*

357 Stephanie Pack: »Mühsamer Weg zur Einigung mit Ankara«, *Salzburger Nachrichten*, 19.03.2016, S. 4.

358 *https://data2.unhcr.org/en/documents/download/57367* vom 19.06.2017, Zugriff: 11.07.2017.

359 Beck, 2016, S. 9.

360 Die Europäische Agentur für die operative Zusammenarbeit an den Außengrenzen der Mitgliedstaaten der Europäischen Union, kurz Frontex (Akronym für französisch frontières extérieures, »Außengrenzen«), ist eine Gemeinschaftsagentur der Europäischen Union mit Sitz in Warschau. Sie ist zuständig für die Zusammenarbeit der Mitgliedstaaten an den Außengrenzen der Europäischen Union. Siehe dazu *https://de.wikipedia.org/wiki/Frontex*, Zugriff: 18.02.2016.

361 Beck, 2016, S. 65.
362 Ebd., S. 32 f.
363 Ebd., S. 33.
364 Ebd., S. 35–38.
365 »Mittelmeer: Küstenwache rettete erneut Tausende Flüchtlinge«, *https://www.zeit.de/gesellschaft/zeitgeschehen/2016-09/fluechtlinge-mittelmeer-italien-libyen-kuestenwache-14000-gerettet* vom 02.09.2016, Zugriff: 02.09.2016.
366 »Ruhe vor dem Sturm: Kommt jetzt das nächste Flüchtlingschaos?«, *https://m.oe24.at/welt/Kommt-jetzt-das-naechste-Fluechtlingschaos/266761043* vom 25.01.2017, Zugriff: 27.01.2017.
367 *Russia Today* (RT), 18.07.2017, 08:02 Uhr.
368 *https://www.welt.de/politik/ausland/article154000871/Europaeische-Union-will-Asylverfahren-an-sich-ziehen.html* vom 05.04.2016, Zugriff: 05.04.2016.
369 »Ungarn muss Flüchtlinge aufnehmen«, *Die Presse*, 07.09.2017, S. 9.
370 Urteil des Gerichtshofes (Große Kammer), 19.06.2018, *http://curia.europa.eu/juris/document/document.jsf?text=&docid=203108&pageIndex=0&doclang=DE&mode=req&dir=&occ=first&part=1*, Zugriff: 29.08.2018.
371 »Flüchtlingsrat droht mit Asyl-Massen am Brenner«, *Kronen Zeitung*, 16.07.2017, S. 3.
372 Beck, 2016, S. 7.
373 Ebd., S. 26 f.
374 Ebd., S. 27 f.
375 Ebd., S. 63 ff.
376 Ebd., S. 24 ff.
377 »EU-Kommissar: Brauchen über 70 Mio. Migranten in 20 Jahren«, *Salzburger Nachrichten* vom 03.12.2015, *https://www.sn.at/politik/weltpolitik/eu-kommissar-brauchen-ueber-70-mio-migranten-in-20-jahren-1917877* Zugriff: 03.05.2018.
378 Beck, 2016, S. 50.
379 Ebd., S. 50.
380 Ebd., S. 50 f.
381 Ebd., S. 48 ff.
382 Ebd., S. 50.
383 Vergl. Marfaing et al., 2008, S. 3.
384 *https://www.youtube.com/watch?v=E8QsOz4u54M*, von Critical-News.tv veröffentlicht am 25.06.2017, Zugriff: 03.05.2018.

385 Nick Fagge: »Secret plot to let 50 million African workers into EU«, *https://www.express.co.uk/news/uk/65628/Secret-plot-to-let-50million-African-workers-into-EU*, 11.10.2008, Zugriff: 02.02.2016.

386 Ebd.

387 Ebd.

388 Ebd.

389 »Islamexperte Lüders zum Anschlag in Nizza: ›Wir müssen lernen, mit dem Terror zu leben‹«, *http://www.n-tv.de/mediathek/videos/politik/Wir-muessen-lernen-mit-dem-Terror-zu-leben-article18202871.html* vom 15.07.2016, Zugriff: 13.09.2017.

390 n-tv, 30.01.2018, 06:44 Uhr.

391 *https://kurier.at/politik/ausland/eu-parlament-fuer-dublin-reform-und-fluechtlingsverteilung/298.338.205*, 16.11.2017, Zugriff: 30.01.2018.

392 Beispiele finden sich unter anderem bei Udo Ulfkotte: *Vorsicht Bürgerkrieg! Was länge gärt, wird endlich Wut* oder in dem Artikel »Gangs von Kopenhagen«, *Die Presse,* vom 30.11.2017, S. 8.

393 »Marrakesh Political Declaration«, *https://ec.europa.eu/home-affairs/sites/homeaffairs/files/20180503_declaration-and-action-plan-marrakesh_en.pdf*, Zugriff: 27.08.2018.

394 Ebd.

395 Schweizerische Eidgenossenschaft, Staatssekretariat für Migration, SEM, »Rabat-Prozess«, *https://www.sem.admin.ch/sem/de/home/internationales/internat-zusarbeit/multilateral/regio-migdialoge/rabat-prozess.html*, Zugriff: 27.08.2018.

396 International Centre for Migration Policy Development, ICMPD, *https://www.icmpd.org/our-work/migration-dialo gues/rabat-process/*, Zugriff: 27.08.2018.

397 Ebd.

398 *https://ec.europa.eu/home-affairs/sites/homeaffairs/files/20180503_declaration-and-action-plan-marrakesh_en.pdf*, Zugriff: 27.08.2018.

399 Ebd.

400 *GegenArgumente.at*, Ausgabe 03/2015, S. 7.

401 »Das österreichische Resettlement-Programm«, *http://www.unhcr.org/dach/at/was-wir-tun/resettlement/resettlementnachoesterreich* vom 05.07.2013, Zugriff: 15.11.2018.

402 *http://www.resettlement.eu/country/austria* und *http://www.resettlement.eu/page/who-we-are*, Zugriff: 12.07.2017.

403 »Das österreichische Resettlement-Programm«, *http://www.unhcr.org/dach/*

at/was-wir-tun/resettlement/resettlementnachoesterreich vom 05.07.2013, Zugriff: 15.11.2018.

404 *http://medienservicestelle.at/migration_bewegt/2016/08/17/humanitaeres-resettlement-bedarf-soll-2017-auf-119-mio-plaetze-steigen/* vom 17.08.2016, Zugriff: 12.07.2017.

405 *http://www.unhcr.org/dach/at/was-wir-tun/resettlement/resettlementnachoesterreich* vom 05.07.2013, Zugriff: 15.11.2018.

406 »Bericht des ›Migrationsrats für Österreich‹ an Innenminister übergeben«, OTS0125, 07.12.2016, 12:36 Uhr, *https://www.ots.at/presseaussendung/OTS_20161207_OTS0125/bericht-des-migrationsrats-fuer-oesterreich-an-innenminister-uebergeben*, Zugriff: 03.01.2017.

407 Migrationsrat für Österreich, *Bericht des Migrationsrats, Migration verstehen – Migration steuern*, Bundesministerium für Inneres, Herrengasse 7, A-1010 Wien, Büro für visuelle Kommunikation, Fressbronn, 2016.

408 Ebd., S. 4.

409 Ebd., S. 25 ff. und 29 ff.

410 Ebd., S. 25.

411 oe24: »Österreich braucht 50 000 Zuwanderer jährlich«, *https://www.oe24.at/oesterreich/politik/Oesterreich-braucht-50-000-Zuwanderer-jaehrlich/262291899* vom 15.12.2016, 10.24 Uhr, Zugriff: 03.01.2017.

412 Kurier.at: »Eckpunkte für deutsches Einwanderungsgesetz liegen vor«, *https://kurier.at/politik/ausland/eckpunkte-fuer-deutsches-einwanderungsgesetz-liegen-vor/400091624* vom 16.08.2018, Zugriff: 27.08.2018.

413 Ebd.

414 *https://www.unzensuriert.at/content/0025015-Jedem-Fluechtling-ein-Haus-Pakistanischer-Journalist-Shams-Ul-Haq-entlarvt-Merkel-Co* vom 16.09.2017, Zugriff: 31.01.2018.

415 *https://www.telegraph.co.uk/business/2016/04/27/the-european-union-always-was-a-cia-project-as-brexiteers-discov/* vom 27.04.2016, Zugriff: 13.07.2017.

416 Melisch, 2007, S. 31.

417 *https://fassadenkratzer.wordpress.com/2013/11/22/hintergrunde-der-europaischen-integrationsbewegung/*, Zugriff: 10.01.2016. Das Original erschien im *Focus*, 34/2010.

418 Melisch, 2007, S. 31.

419 Ebd., S. 32.

420 »First Vice-President Frans Timmermans at the First Annual Colloquium

on Fundamental Rights«, *http://europa.eu/rapid/press-release_SPE-ECH-15-5754_en.htm* vom 01.10.2015, Zugriff: 28.08.2016.

421 Birgit Stöger: »Monokulturelle Staaten ausradieren«, *https://marbec14.wordpress.com/2016/05/07/monokulturelle-staaten-ausradieren/.*

422 *Handelsblatt*: »Wolfgang Schäuble: Abschottung Europas ließe uns ›in Inzucht degenerieren‹«, *http://www.handelsblatt.com/politik/deutschland/wolfgang-schaeuble-abschottung-europas-liesse-uns-in-inzucht-degenerieren/13705120.html* vom 08.06.2016, 12.17 Uhr, Zugriff: 28.08.2016.

423 »Seeing in Crisis the Last Best Chance to Unite Europe«, *https://www.nytimes.com/2011/11/19/world/europe/for-wolfgang-schauble-seeing-opportunity-in-europes-crisis.html?pagewanted=1&_r=1*, 18.11.2011, Zugriff: 13.07.2017.

424 Ebd.

425 Klaus et al., 2016, S. 68 f.

426 Ebd., S. 94.

427 *https://de.wikipedia.org/wiki/Yascha_Mounk*, Zugriff: 07.03.2018.

428 *ARD-Tagesthemen* vom 22.02.2018, *https://www.youtube.com/watch?v=ZkagBIUVaVU*, Zugriff: 06.03.2018.

429 Ulfkotte, 2011, S. 278 f.

430 Ulfkotte, 2011, S. 279.

431 Gerhard Wisnewski: »Medien schweigen Briten-Skandal tot: Premier Blair plante schon vor 15 Jahren Migrantenwelle für Großbritannien«, *http://info.kopp-verlag.de/hintergruen de/deutschland/gerhard-wisnewski/medien-schweigen-britenskandal-tot-premier-blair-plante-schon-vor-15-jahren-migrantenwelle-fuer-gr.html* vom 09.03.2016, Zugriff: 24.03.2016. [Bei Drucklegung des Buches war die angegebene Quelle nicht mehr verfügbar. Eine Alternative mit vielen Details ist zu finden unter *https://www.dailymail.co.uk/news/article-3466485/How-Blair-cynically-let-two-million-migrants-Explosive-biography-reveals-PM-s-conspiracy-silence-immigration-debate.html* vom 26.02.2016, Zugriff: 08.10.2018.]

432 *http://www.dailymail.co.uk/news/article-3466485/HowBlair-cynically-let-two-million-migrants-Explosive-biography-reveals-PM-s-conspiracy-silence-immigration-debate.html* vom 26.02.2016, Zugriff: 13.07.2017.

433 Ebd.

434 Ulfkotte, 2011, S. 68.

435 Ulfkotte verweist in diesem Zusammenhang auf einen bahnbrechenden Entscheid des Europäischen Gerichtshofes aus dem Jahr 2010, der Zuwan-

derern erheblich mehr Leistungen aus den Sozialsystemen der EU-Staaten sicherstellt. Vgl. ULFKOTTE, 2011, S. 280.

436 Vgl. LAQUEUR, 2006, S. 109.

437 *https://www.aphorismen.de/zitat/19331*, Zugriff: 14.07.2017.

438 KLEINA, 2015, S. 8.

439 »Kein Grund zur Angst«, *http://www.spiegel.de/spiegel/print/d-13490787.html* vom 07.10.1991, Zugriff: 10.10.2018.

440 Ebd.

441 *http://www.faz.net/aktuell/politik/die-gruenen-fehlender-funke-1208539.html* vom 09.02.2005 (aktualisiert), Zugriff: 09.10.2018.

442 *http://www.fr.de/rhein-main/dossier/spezials/wie-eine-gebets mueh-le-a-1189327* vom 13.11.2007, Zugriff: 10.10.2018.

443 *http://www.spiegel.de/politik/deutschland/gruener-parteitag-delegierte-bekennen-sich-zu-notwendigkeit-von-abschiebungen-a-1063923.html* vom 21.11.2015, Zugriff: 10.10.2018.

444 *https://www.sueddeutsche.de/news/politik/parteien-es-gibt-kein-volk-habeck-wehrt-sich-gegen-angriffe-dpa.urn-news-mldpa-com-20090101-180508-99-223101* vom 08.05.2018, Zugriff: 14.10.2018.

445 *https://www.zeit.de/1987/30/keine-friedfertige-frau* vom 17.07.1987, Zugriff: 10.10.2018

446 *https://www.welt.de/politik/deutschland/article162407512/Das-Volk-ist-jeder-der-in-diesem-Lande-lebt.html* vom 26.02.2017, Zugriff: 14.10.2018.

447 Ilja Grigorjewitsch Ehrenburg (1891–1967) war ein sowjetischer Schriftsteller, Journalist und verbrecherischer Volksverhetzer. In Deutschland und der ziviliierten Welt erlangte er vor allem wegen seiner germanophoben Mord- und Vergewaltigungsaufrufe als Propagandist der Roten Armee einen zweifelhaften Ruhm. Ehrenburgs Hasspropaganda war wegbereitend für den insbesondere gegen Ende des Zweiten Weltkrieges eskalierenden Rachefeldzug gegen das deutsche Volk. Siehe dazu: *https://www.welt.de/print-wams/article123848/Deutschenhasser-Ilja-Ehrenburg.html* vom 20.02.2005, Zugriff: 08.10.2018. Und: *http://www.spiegel.de/spiegel/print/d-45141455.html* vom 05.09.1962, Zugriff: 08.10.2018.

448 »Kolumne Geburtenschwund: Super, Deutschland schafft sich ab!«, *http://www.taz.de/!5114887/* vom 04.08.2011, Zugriff: 14.10.2018.

449 *https://www.zeit.de/politik/deutschland/2010-09/kuenast-sarrazin-integration* vom 03.10.2010, Zugriff: 14.10.2018.

450 *http://www.spiegel.de/spiegel/print/d-13507379.html* vom 19.02.1990, Zugriff: 14.10.2018.

451 *https://twitter.com/augstein/status/1016342869769060352.*

452 *https://www.welt.de/print-wams/article122863/HinterList.html* vom 06.02.2005, Zugriff: 14.10.2018.

453 Kleina, 2015, S. 8; ferner *https://www.zeit.de/2015/09/christian-wullf-angela-merkel-islam-deutschland* vom 12.03.2015, Zugriff: 14.10.2018.

454 Naemi Goldapp und Vera Weise: »Bei uns in Deutschland heißt es: Gesicht zeigen«, *https://www.welt.de/politik/deutschland/article160016612/Bei-uns-in-Deutschland-heisst-es-Gesicht-zeigen.html* vom 06.12.2016, Zugriff: 19.12.2016.

455 *https://de.scribd.com/document/330725895/Impulspapier-MigrantInnenorganisationen-zur-Teilhabe-in-der-Einwanderungsgesellschaft-2016*, Zugriff: 14.07.2017.

456 Ebd.

457 Ebd.

458 Ebd.

459 »›Das Volk ist jeder, der in diesem Lande lebt‹: Aufregung um Zitat von Kanzlerin Merkel«, *https://www.bild.de/politik/inland/angela-merkel/aufregung-um-merkel-zitat-volk-ist-wer-hier-lebt-50606620.bild.html#fromWall* vom 26.02.2017, 15.26 Uhr, Zugriff: 16.11.2018.

460 Waldstein, 2017, S. 7.

461 Ebd., S. 7.

462 *ZDFtext heute,* Nachrichten vom 09.11.2009, 17:04 Uhr.

463 *http://www.faz.net/aktuell/politik/integrationsdebatte-schroeder-warnt-vor-kampf-der-kulturen-1191509.html*, 20.11.2004, Zugriff: 28.02.2016.

464 Gerhard Wisnewski: *verheimlicht – vertuscht – vergessen. Das andere Jahrbuch 2016,* S. 65 ff. So führt Wisnewski zum Beispiel an: den sächsischen Ministerpräsidenten Stanislaw Tillich (CDU), den thüringischen Ministerpräsidenten Bodo Ramelow (Die Linke), Ursula von der Leyen (CDU) und Josef Schlarmann, den Bundesvorsitzenden der Mittelstands- und Wirtschaftsvereinigung der Union (CDU). Auch die OECD (Organisation für wirtschaftliche Zusammenarbeit und Entwicklung) fordert für die BRD eine Nettozuwanderung von 40 000 Menschen jährlich!

465 ZDF-Sendung *Was nun?* vom 13.11.2015, *https://www.youtube.com/watch?v=25RiywQZ3xw*, von 29:52 bis 30:06, Zugriff: 17.05.2018.

466 *Compact,* Magazin für Souveränität, Ausgabe 1/2018, S. 8.

467 *http://www.spiegel.de/politik/deutschland/gauck-weihnachtsansprache-des-bundespraesidenten-im-wortlaut-a-940732.html* vom 24.12.2013, Zugriff: 07.02.2018.

468 *https://jungefreiheit.de/politik/deutschland/2015/gauck-wir-muessen-nation-neu-definieren/* vom 31.05.2015, Zugriff: 31.08.2015.

469 n-tv, 13.07.2017, ab 17:07 Uhr.

470 »Neue Studie: 38% der Moschee arbeiten aktiv gegen Integration«, *https://www.krone.at/591467* vom 02.10.2017, Zugriff: 01.02.2018.

471 *http://www.rp-online.de/politik/ausland/wir-haben-platz-in-deutschland-aid-1.4020830* vom 08.02.2014, Zugriff: 28.02.2016.

472 *https://diepresse.com/home/innenpolitik/5207179/Wir-werden-alle-Frauen-bitten-muessen-ein-Kopftuch-zu-tragen-aus* vom 26.04.2017, Zugriff: 13.07.2017.

473 Elsässer, 9/2015, S. 11 ff.

474 *https://www.youtube.com/watch?v=TjnI_WtgJGw*, veröffentlicht am 29.02.2016, Zugriff: 13.07.2017.

475 Willy Wimmer gehörte 33 Jahre lang dem Deutschen Bundestag an. Er war zunächst verteidigungspolitischer Sprecher der CDU/CSU und anschließend Parlamentarischer Staatssekretär im Verteidigungsministerium (Kopp Online, 2016).

476 »Willy Wimmer: Merkel schafft das deutsche Volk ab«, *https://alexandrabader.wordpress.com/2017/02/27/willy-wimmer-Merkel-schafft-das-deutsche-volk-ab/* vom 27.02.2017, Zugriff: 28.02.2017.

477 *http://info.kopp-verlag.de/hintergruende/deutschland/peterbartels/wie-bild-mit-der-sarrazin-wurst-nach-der-afd-speckseite-wirft.html* vom 21.03.2016, Zugriff: 23.03.2016. [Bei Drucklegung des Buches war diese Quelle nicht mehr erreichbar. Ein Artikel mit ähnlicher inhaltlicher Aussage findet sich unter *https://rp-online.de/politik/deutschland/thilo-sarrazin-cdu-und-spd-sind-schuld-am-afd-aufstieg_aid-19760691* vom 21.05.2016, Zugriff: 09.10.2018.]

478 Buchanan, 2007, S. 187.

479 Ulfkotte, 2007, S. 20.

480 *https://www.journalistenwatch.com/2017/02/24/saudische-is-terroristen-rufen-zum-voelkermord-an-10-millionen-aegyptischen-christen-auf/* vom 24.12.2017, Zugriff: 14.07.2017.

481 *http://paxeuropa.de/2015/10/20/fluechtlingsstroeme-nach-europa-eine-getarnte-masseneinwanderung/* vom 15.10.2015, Zugriff: 15.07.2017.

482 Kleina, 2015, S. 6.

483 *https://www.journalistenwatch.com/2017/02/24/saudische-is-terroristen-rufen-zum-voelkermord-an-10-millionen-aegyptischen-christen-auf/* vom 24.12.2017, Zugriff: 14.07.2017.

484 Ebd.

485 »Ibrahim El-Zayat ist der Sohn des ägyptischen Imams Farouk El-Zayat und einer Deutschen aus Ostpreußen. Er ist in Marburg aufgewachsen, wo er bis ins Jahr 1987 hinein die Martin-Luther-Schule (Gymnasium) besuchte. Danach studierte er Wirtschaftsingenieurwesen, Jura und Volkswirtschaft in Darmstadt, Marburg und Köln. Seine Diplomarbeit befasste sich mit der ›kritischen Würdigung von Konzepten einer islamischen Wirtschaftsordnung‹. Ibrahim El-Zayat ist verheiratet mit Sabiha El-Zayat-Erbakan und Vater vierer Töchter. Seine Frau ist die Schwester des IGMG-Funktionärs Mehmet Sabri Erbakan.« Quelle: *https://de.wikipedia.org/wiki/Ibrahim_El-Zayat*, Zugriff: 14.04.2016.

486 *https://1truth2prevail.wordpress.com/2014/06/07/unverfalschte-zitate-von-brd-politikern-und-anderen-einflussreichen-personen-in-der-brd-uber-das-deutsche-volk/*, Zugriff: 15.07.2017.

487 Ebd.

488 Ebd.

489 *http://www.focus.de/politik/ausland/ausland-4500-web-seiten-zum-gottes-krieg_aid_212212.html*, vom 18.07.2005, Zugriff: 15.07.2017.

490 Ibn Ahmad ibn Rassoul, 2013.

491 *https://www.journalistenwatch.com/2017/02/24/saudische-is-terroristen-rufen-zum-voelkermord-an-10-millionen-aegyptischen-christen-auf/* vom 24.12.2017, Zugriff: 14.07.2017.

492 *http://www.focus.de/politik/ausland/ausland-4500-web-seiten-zum-gotteskrieg_aid_212212.html* vom 18.07.2005, Zugriff: 15.07.2017.

493 *http://www.pewforum.org/2017/11/29/europas-wachsende-muslimische-bevolkerung/*, 29.11.2017, Zugriff: 07.01.2018.

494 *Compact – Magazin für Souveränität,* Ausgabe 01/2018, S. 16.

495 Ebd., S. 16 und 17 (Karte).

496 Ebd., S. 16 f.

497 *https://diepresse.com/home/zeitgeschichte/5436230/Europa-wird-am-Ende-des-Jahrhunderts-islamisch-sein*, 28.05.2018, Zugriff: 28.05.2018.

498 »Islam diskutiert im Fernsehen, wie Europa nach Machtübernahme regiert werden soll«, *https://www.youtube.com/watch?v=22whs47A9gI*, ins Netz gestellt von Lutz Markiewicz am 10.01.2017, Zugriff: 02.09.2018.

499 »Islam diskutiert im Fernsehen, wie Europa nach Machtübernahme regiert werden soll«, *https://www.youtube.com/watch?time_continue=4&v=h-cXEvbWDbFM*, ins Netz gestellt am 30.11.2017, Zugriff: 16.11.2018.

500 Zur Vertiefung der Thematik »Protestantismus und die Politik der Schuld

als moralische Grundlage des Multikulturalismus« vgl. Paul Edward Gottfried: *Multikulturalismus und die Politik der Schuld – Unterwegs zum manipulativen Staat?*, deutsche Ausgabe, Ares Verlag, Graz 2004.

501 Redaktion: »Jeder hat das Recht auszuwandern«, *Der 13.*, 33. Jg./Nr. 1, 13.01.2017, S. 1.

502 *https://www.welt.de/politik/deutschland/article161002625/Papst-dankt-Deutschland-und-ermahnt-Migranten.html* vom 09.01.2017, Zugriff: 12.02.2017.

503 »Papst Franziskus: ›Ich weiß nicht … ich rede zu viel!‹«, *http://www.kath.net/news/56230* vom 04.08.2016, 12:30, Zugriff: 23.01.2017.

504 »Botschaft von Papst Franziskus zum 104. Welttag des Migranten und Flüchtlings 2018« [14. Januar 2018], *http://w2.vatican.va/content/francesco/de/messages/migration/documents/papa-francesco_20170815_world-migrants-day-2018.html* vom 15.08.2017, Zugriff: 12.09.2017.

505 »Papst Franziskus schlägt 21 Maßnahmen zur Erleichterung der Immigration vor«, *https://deutsch.rt.com/international/56231-papst-franziskus-schlaegt-21-massnahmen-zur-erleichterung-der-immigration-vor/*, 24.08.2017, Zugriff: 04.09.2017.

506 Vgl. z. B. Sure 8, 39; Sure 8, 55; Sure 9, 5; Sure 9, 14; Sure 9, 23; Sure 9, 29. Quelle: Ibn Ahmad Ibn Rassoul, 2013.

507 *https://www.opendoors.de/christenverfolgung/weltverfolgungsindex/weltverfolgungsindex-karte*, Zugriff: 11.07.2017.

508 Giulio Meotti: »Stärkung des Islam in Europa – mit dem Segen der Kirche«, *https://de.gatestoneinstitute.org/9928/kirche-staerkung-islam* vom 10.02.2017, Zugriff: 12.02.2017.

509 *https://www.n-tv.de/politik/UN-kuerzen-Nahrung-fuer-syrische-Fluechtlinge-article13700036.html* vom 30.09.2014, Zugriff: 19.04.2018.

510 Ebd.

511 *https://www.tagesspiegel.de/weltspiegel/kein-geld-fuer-syrische-fluechtlinge-un-streichen-nahrungsmittelhilfe/11059010.html* vom 01.12.2014, Zugriff: 19.04.2018.

512 *https://www.stuttgarter-zeitung.de/inhalt.syrische-fluechtlinge-un-kuerzen-essensrationen-fuer-syrer.3b381644-5436-4a53-b4eb-ee14033ce8b2.html* vom 04.07.2015, Zugriff: 19.04.2018.

513 Melisch, 2007, S. 11.

514 Ebd., S. 12 f.

515 Donald Trump wurde hier bewusst nicht aufgenommen, da aus der Sicht des Autors es noch nicht klar ist, in welche Richtung er sich tatsächlich

wenden wird und wie lange er überhaupt im Amt sein wird. Jedenfalls muss man Trump zugutehalten, dass er bis Redaktionsschluss keinen neuen Krieg begonnen hat. Für einen US-Präsidenten ist das eher ungewöhnlich, aber sehr positiv.

516 Der Autor bevorzugt den Terminus »patriotischer Widerstand« gegenüber dem Terminus »nationaler Widerstand«, weil ersterer nach dem Verständnis des Autors so nicht an eine bestimmte Ethnie gebunden ist. Im patriotischen Widerstand ist nach der Intention des Autors jeder willkommen, der sich der Lebensweise und der Geschichte der autochthonen Bevölkerung im Sinne einer Schicksalsgemeinschaft verpflichtet fühlt.

517 Hans-Henning Scharsach: 1990 wurde er Leiter des außenpolitischen Ressorts der überregionalen Tageszeitung *Kurier*. Von 1994 bis 2004 arbeitete er als stellvertretender Chefredakteur und Leiter des Auslandsressorts des Nachrichtenmagazins *News*. 2004 wurde er pensioniert. *https://de.wikipedia.org/wiki/Hans-Henning_Scharsach*, Zugriff: 02.02.2016.

518 Scharsach, 1992, S. 64 f.

519 Greenhill, 2016.

520 Ebd., S. 34 f. und 12.

521 Ebd., S. 50 f.

522 Ebd., S. 365 ff.

523 Ebd., S. 384 f.

524 Ebd., S. 53 und 54.

525 Ebd., S. 12.

526 Ebd., S. 12.

527 Ebd., S. 58.

528 Ebd., S. 16.

529 Ebd., 2016, S. 13.

530 Ebd., S. 22.

531 Ebd., S. 30.

532 Ebd., S. 17.

533 Ebd., S. 18.

534 Ebd., 2016, S. 56.

535 Ebd., S. 59.

536 Ebd., S. 18 f.

537 Ebd., S. 38.

538 Ebd., S. 19.

539 Ebd., S. 38.

540 Ebd., S. 25.

541 Ebd., S. 69 ff.

542 ENGDAHL, 2015 und ENGDAHL, 2017.

543 GREENHILL, 2016, S. 71 f.

544 Ebd., S. 28 und 42.

545 G. W. Bush vs. Nordkorea und Kennedy vs. UdSSR. Vgl. GREENHILL, 2016, S. 50.

546 Die sogenannte »Soft Power«. Entworfen wurde diese Strategie vom Harvard-University-Professor Joseph Ney. Dabei geht es um die Manipulierung von Ländern und Menschen durch subtile, oft ganz unmerkliche Methoden im Gegensatz zu Zwang und Gewalt (»Hard Power«). Ney vertrat die Ansicht: »Verführung ist stets wirksamer als Zwang, und Werte wie Demokratie, Menschenrechte und individuelle Chancen sind sehr verführerisch!« Daher kauft man zum Beispiel Journalisten in allen wichtigen Staaten der Welt, oder man kauft sich »Revolutionen«, wie beispielsweise die in Jugoslawien 1999, die mittels der Otpor!-Bewegung in Szene gesetzt wurde. Das Ganze geschieht in enger Zusammenarbeit mit staatlichen US-Behörden (State Departement) und sogenannten NGOs wie etwa der privaten Stiftung und Denkfabrik National Endowment for Democracy, den Open Society Foundations des George Soros oder dem German Marshal Fund of the USA, der eng mit Guido Goldman verbunden ist. Allein in Bezug auf den Jugoslawien-Konflikt wurden zusammen immerhin 41 Millionen US-Dollar für den Sturz von Miloševićs aufgewandt. (ENGDAHL, 2015, S. 92 ff.) Das war allerdings noch relativ preiswert im Vergleich zu den von Victoria Nuhland bekannt gegebenen 5 Milliarden US-Dollar, die für die Vorbereitungen des Putsches in der Ukraine im Februar 2014 aufgewandt wurden, der zum Sturz des demokratisch gewählten Präsidenten Viktor Janukowitsch führte. Siehe hierzu: *http://www.informationclearinghouse.info/article37599.htm*, Zugriff: 14.02.2016.

547 GREENHILL, 2016, S. 19 und 25 f.

548 Ebd., S. 35.

549 ENGDAHL, 2017.

550 *https://erwacheblog.wordpress.com/2016/02/26/eu-fluechtlingskommissar-warnt-es-drohen-anarchistische-zustaende-der-brd-schwindel/* vom 27.02.2016 (ursprünglich geschrieben für *Kopp Online* von Tyler Durden), Zugriff: 16.11.2018.

551 MELISCH, 2007, S. 11.

552 ENGDAHL, 2015, S. 7.

553 Ebd, S. 8 f.

554 Die Atlantik-Brücke e.V. wurde 1952 als private, überparteiliche und gemeinnützige Organisation mit dem Ziel gegründet, eine wirtschafts-, finanz-, bildungs- und militärpolitische Brücke zwischen den Vereinigten Staaten und Deutschland zu schlagen. Zu den Mitgliedern der Atlantik-Brücke zählen heute über 500 führende Persönlichkeiten aus dem Bank- und Finanzwesen, aus Wirtschaft, Politik, Medien und Wissenschaft. Die Atlantik-Brücke fungiert als Netzwerk und privates Politikberatungsinstitut. Sitz des Vereins ist das MagnusHaus in Berlin. Quelle: *https://de.wikipedia.org/wiki/Atlantik-Brücke*, Zugriff: 10.02.2018.

555 *https://de.wikipedia.org/wiki/Liste_von_Mitgliedern_der_Atlantik-Brücke*, Zugriff: 10.02.2018.

556 Das deutsch-amerikanische Young-Leaders-Programm der Atlantik-Brücke existiert seit 1973. Die Atlantik-Brücke organisiert für die Alumni des Programms regelmäßig Veranstaltungen und Konferenzen, um den Austausch von Nachwuchsführungskräften über den Atlantik hinweg zu fördern. Das Netzwerk der Alumni umfasst mittlerweile rund 1500 deutsche und amerikanische Führungskräfte. Zu Jahresbeginn werden von Young-Leaders-Alumni oder Mitgliedern der Atlantik-Brücke potenzielle Konferenzteilnehmer im Alter zwischen 28 und 35 Jahren vorgeschlagen, die dann zur Bewerbung aufgefordert werden. Mithilfe eines »Steering Committee« werden aus diesen Bewerbungen jeweils 25 deutsche und 25 amerikanische Young Leaders ausgewählt. Young Leaders sollten:

- im Beruf bereits erste Führungskompetenz gezeigt haben;
- sich neben ihrer beruflichen Tätigkeit gesellschaftlich engagieren;
- nachgewiesenes Interesse an transatlantischen Themen haben.

Quelle: *https://de.wikipedia.org/wiki/Liste_von_Young_Leaders_der_Atlantik-Brücke*, Zugriff: 10.02.2018.

557 Ebd.

558 Melisch, 2007, S. 34.

559 Rothkopf, 2009.

560 Vgl. dazu auch ganz besonders Rothkopf, 2009.

561 Brzeziński, 1997, S. 56.

562 *https://de.wikipedia.org/wiki/Homo_sociologicus*, Zugriff: 13.04.2018.

563 *https://www.sprichwoerter.net/index.php?option=com_search&Itemid=45&searchword=F%FCnklein&submit=Suchen&searchphrase=all*, Zugriff: 05.02.2018.

564 »Die Visegrad-Gruppe, Bremsklotz der europäischen Flüchtlingspolitik«, *https://www.deutschlandfunk.de/die-visegrad-gruppe-bremsklotz-der-*

europaeischen.724.de.html?dram:article_id=364088 vom 25.08.2016, Zugriff: 07.02.2018.

565 *Compact – Magazin für Souveränität*, Ausgabe 01/2018, S. 13.

566 »Zusammen. Für unser Österreich. Regierungsprogramm 2017-2022«, FPÖ-Bildungsinstitut, 2018, S. 4 f.

567 *Compact – Magazin für Souveränität*, Ausgabe 01/2018, S. 23.

568 *https://www.sn.at/politik/weltpolitik/viktor-orban-gewinnt-grosse-schlacht-in-ungarn-26401702* vom 09.04.2018, Zugriff: 12.04.2018.

569 Gerhard Wisnewski: *verheimlicht – vertuscht – vergessen. Das andere Jahrbuch 2016*, S. 275 f.

570 KLAUS et al., 2016, S. 88 ff.

Über den Autor

Hermann Heinrich Mitterer,
Jahrgang 1964, Offizier im Österreichischen Bundesheer, Studium der Politik- und Erziehungswissenschaft sowie der Soziologie. Hermann H. Mitterer beschäftigt sich seit Jahren beruflich wie privat mit sicherheitspolitisch relevanten Themen und nimmt mit Artikeln für Zeitungen und Blogs an der öffentlichen Diskussion teil.

Der Autor ist Vater von drei erwachsenen Kindern, deren sichere Zukunft seine Hauptmotivation darstellt.